W0234354

Jean-Pierre Luminet

Alexandria
642

Jean-Pierre Luminet

Alexandria
642

Roman des antiken Weltwissens

*Aus dem Französischen übersetzt
von Annette Lallemand*

Verlag C.H.Beck

Titel der Originalausgabe:
Jean-Pierre Luminet, Le bâton d'Euclide
Le roman de la Bibliothèque d'Alexandrie
© 2002, éditions Jean-Claude Lattès

Mit 1 Karte

1. Auflage 2003
2. Auflage 2003

Zur Erinnerung an André Balland

3. Auflage 2003

Für die deutsche Ausgabe
© Verlag C.H.Beck oHG, München 2003
Satz: Fotosatz Janß, Pfungstadt
Druck und Bindung: Friedrich Pustet KG, Regensburg
Gedruckt auf säurefreiem, alterungsbeständigem Papier
(hergestellt aus chlorfrei gebleichtem Zellstoff)
Printed in Germany
ISBN 3 406 50956 8

www.beck.de

Inhalt

Alexandria
anno 642

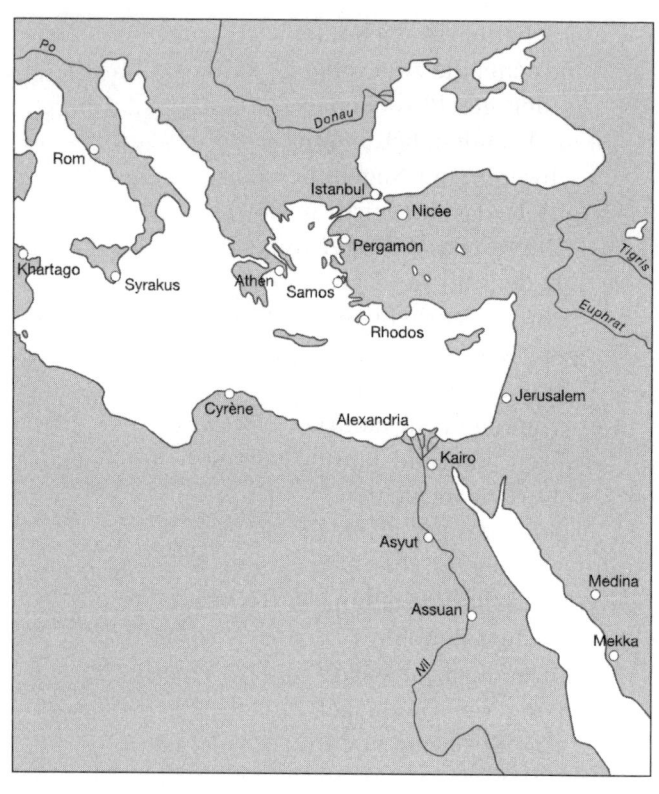

I

Wie ein Schattenriß zeichneten sich unter der schmalen Mondsichel die zwei völlig gleichen Türme ab, die
das Tor der geschlossenen Stadt auf beiden Seiten
rahmten. Nachdenklich betrachtete Emir Amr ibn al-
As die schweren, mit Nägeln beschlagenen Portale des
Palastviertels, das nur leicht in der Dunkelheit schimmerte, während das Zeltlager von den lodernden Flammen und dem an- und abschwellenden Lichtbündel
des Leuchtturms erhellt wurde. Der Befehlshaber der
Gläubigen, Kalif Omar im fernen Medina, hatte ihm
den Auftrag erteilt, alle Spuren von Heidentum in diesem hochmütigen Alexandria zu beseitigen, die Stadt
zu zerstören. Tausend Jahre Zivilisation durch Feuer
und Schwert zu vernichten.

Amr gefiel das gar nicht. Er war zwar Krieger, überzeugte den Gegner aber lieber durch Worte als durch
Gewalt. Und die Vorstellung, die Nachwelt könne mit
seinem Namen den eines Zerstörers verbinden, gefiel
ihm noch weniger. Er starrte in den Nachthimmel, als
könnten die wie Goldnägel funkelnden Sterne ihm
helfen, eine Botschaft zu enträtseln. Morgen also würde er in Alexandria einmarschieren. Diesmal kam er
aber nicht wie damals als Händler mit Kamelen, die
Packtaschen prall gefüllt mit Seide und Gewürzen,
nein, er kam als Krieger, als Eroberer von Ägypten, an
der Spitze seiner Beduinen. Bei der Einnahme der Vorstädte hatte er Großmut gezeigt. Kein heidnischer
Tempel war zertrümmert, kein Haus, ob von Christen

oder Juden bewohnt, geplündert, keiner Frau war Gewalt angetan worden. Seine Beduinen hatten sich wie Befreier benommen, so, wie er es ihnen befohlen hatte. Aber morgen würde alles anders sein. Das Residenzviertel war reich, und seine Soldaten würden es nicht verstehen, wenn er ihnen untersagte, sich kräftig zu bedienen. Aber was tun mit all diesen Standbildern von heidnischen Gottheiten, die die Griechen als Kunstwerke hegten und pflegten? Diese Götzenbilder mit dem Antlitz Gottes und seiner Propheten – sie mußten weg! Vor allem aber mußten diese Bücher aus vergangenen Zeiten weg, die nur Aberglaube und Lügen predigten – die mußten verbrannt werden!

Amr, der auf alles Fremde so neugierig war, empfand keine Freude bei dem Gedanken, dies alles zerstören zu müssen. Als Händler war er viel gereist. Seine Karawanen hatten ihn bis nach Antiochia im Norden, bis Ispahan im Morgenland und natürlich auch bis hierhin nach Alexandria im Abendland geführt. Damals schwankte er noch in seinem Glauben an das Wort des Propheten, und er hatte daher, sobald die Ware in den fremden Städten abgesetzt war, Wahrsager, Priester oder den Rabbiner aufgesucht und ihnen unzählige Fragen zu ihrem Kult, ihren Legenden, ihren Vorstellungen von Erde und Weltall gestellt. So hatte er die anderen kennen- und verstehen gelernt. Ihn hatte alles interessiert, selbst die Nahrung der Fremden, und mit der Zeit hatte er sich einiges Wissen angeeignet; deswegen galt er in Medina und Mekka als ein gebildeter Mann, auf den die Alten und die Dichter hörten. Aber das war vorbei: Nun gab es nur noch den heiligen Krieg. Wie die Woge den Sand, würde Amr mit seinen kriegerischen Horden aus der Wüste Alexandria überschwemmen. Deswegen war er zurückgekehrt.

II

Der Reiter der Apokalypse war schon recht ungeduldig, dachte Philoponos bei sich und lächelte bitter: Hätte er nicht noch dreiundzwanzig Jahre warten können? Alexandria hätte dann sein Millennium in Feuer und Blut feiern und das Reich des Antichristen ausrufen können.

Aber war es nicht vielleicht schon da, das Ende der Zeiten? Der langsame und schleichende Tod, unter den von Säulen umgebenen Innenhöfen des Museion, wo Steinbrech die Marmorplatten aufgebrochen hatte und die Säulen mit obszönen Zeichnungen besudelt waren? Und auch in den Sälen der Bibliothek, wo die Fensterstreben zerbrochen, die Schränke von Insekten zerfressen waren, wo Hitze und Feuchtigkeit die Papyrusrollen und die gehefteten Pergamente aufblähten, vergilbten und rissig machten, wogegen selbst die dünne Staubschicht keinen Schutz mehr bot?

Und er, Johannes Philoponos, war er nicht auch schon vom Staub der Jahre bedeckt? Sein ganzes Leben, fast ein Jahrhundert, hatte er damit zugebracht, tausend Jahre mühevoller Arbeit und all das Wissen zu bewahren, das Menschen zusammengetragen hatten auf ihrer Suche nach der Wahrheit des Universums. Morgen würde es endgültig vernichtet werden, das Wissen, das seit tausend Jahren in einer immer größer werdenden Unordnung aufgehäuft worden war. Schon lange gab es keine geduldigen Kopisten mehr, die die aus allen Himmelsrichtungen hier gehorteten Manuskripte abschreiben, keine gelehrten Übersetzer, die die Legenden, Mythen und Wissenschaften aus den Reichen vom Sonnenaufgang ins Griechische hätten übertragen können. Und es gab auch keine Gelehrten mehr, die die Werke der Antike ordnen, sichten, dabei wiederentdecken und mit ihren Anmerkungen hätten versehen können. Nur ihn gab es noch, Johannes Philoponos, Philosoph, Grammatiker und der letzte Bibliothekar – doch auch ihn würde der Tod bald holen kommen. Ihn – und noch Rhazes, den Arzt, der mit ihm über die Bibliothek wachte wie über seine kranken Patienten. Doch leider war dieser noch junge Mann Jude. Undenkbar, daß ein Jude Bibliothekar des Museions von Alexandria werden könnte! Ebenso undenkbar wie die Vorstellung, an die Spitze der größten Bibliothek der Welt die schöne Hypatia zu berufen, die Großnichte des alten Grammatikers, die doch offenkundig lieber Euklid und Ptolemaios studierte, anstatt Paulus und Augustinus zu lesen. Außerdem war sie nur eine Frau.

Schon seit vielen Jahren kamen keine Schiffe mehr über das Meer, beladen mit Wein, Öl, Gewürzen, Gold und Silber oder gar Büchern. Rom war in die Hände von Barbaren gefallen, Athen zum fernen Vorort von Konstantinopel geworden, Pergamon ein Adlerhorst ohne Eier und Jerusalem ein armseliges Dorf, das Kameltreiber den Hunden streitig machten.

Zwar legten von Zeit zu Zeit noch Händler im Hafen an, die Philoponos irgendwelche Schriftstücke feilboten. Doch die müden Augen des Greises entdeckten immer nur die ewig wiedergekäuten Kommentare, die ewig gleiche stümperhafte Ausdeutung verstümmelter Zitate von Origenes, Basilio oder Augustinus.

Vor einigen Jahren war Philoponos mit einem dieser arabischen Händler ins Gespräch gekommen; er hatte versucht, ihm sein heiliges Buch zu verkaufen, das Werk eines jener zahllosen falschen Propheten, von denen es zwischen Jerusalem und dem Glücklichen Arabien nur so wimmelte, lauter Halbirre und Scharlatane. Die Bilderschrift vermochte Philoponos nicht zu enträtseln, aber die Schriftzeichen fand er ausgesprochen schön, auch wenn sie auf Schulterblätter von Dromedaren oder Ziegenhaut gekritzelt waren, die grobschlächtige Verwandte des Pergaments. Er bat den Händler, ihm daraus vorzulesen.

Der Inhalt war eine naive Version des Alten und Neuen Testaments gewesen, in der ein vagabundierender Prophet, dieser Mohammed, den Heiden von Moses, Maria und Jesus erzählte, in der Art, wie man Kindern Märchen zu erzählen pflegt. Es war eine schändlich blasphemische Geschichte, in der dieser Mohammed es wagte zu behaupten, die Christen seien Polytheisten und der Erlöser nur ein Prophet unter unzähligen anderen. Mit dieser simplen Darstellung auf niedrigstem Niveau waren Bauern und Hirten durchaus zu beeindrucken. Der Beweis dafür war ja dieses Beduinenheer, dem sich das einfache Volk Ägyptens, obwohl sie Heiden waren, nicht widersetzt hatte, weder in Heliopolis noch hier in den Vororten von Alexandria. Und jetzt wartete der Eroberer nur noch die Morgenröte ab, um die Tore der griechischen Festung zu sprengen, diesen letzten Schutzwall der Zivilisation. Dann würde alles zerstört, was noch zu zerstören blieb, alles verbrannt, was noch brennbar war.

Philoponos hätte das besagte Buch behalten und versuchen können, die arabische Sprache zu erlernen, aber selbst hier in Alexandria mußte er stets auf der Hut sein. Seine Feinde, die Theologen aus Byzanz, hätten ihn nur zu gerne bezichtigt, mit der Sekte dieser Barbaren zu liebäugeln. Daher hatte er den Händler wieder ziehen lassen, voller Verbitterung darüber, daß er sich nicht getraut hatte, wie einst seine Vorgänger zu handeln, deren Ehrgeiz darin bestanden hatte, alle Bücher der Welt zu sammeln. Der Händler hatte ihm versichert, daß das Buch nur einen geringen Teil der öffentlich vorgetragenen Worte Mohammeds enthalte, da der sogenannte Prophet, der ungebildet war, seine Worte nicht schriftlich festgehalten hatte. Seine Gefährten kannten die sechstausendzweihundertsechsunddreißig Verse jedoch auswendig; sie glaubten, Gott habe sie ihm unmittelbar eingegeben.

Heute bedauerte es Philoponos, daß er die Schrift nicht erworben hatte. Vielleicht hätte er sie ja als Waffe gegen die Barbaren, die morgen die Stadt einnehmen würden, richten können. Welches Schicksal würde wohl diese Abermillionen Gedankensplitter erwarten? Es grenzte ohnehin schon an ein Wunder, daß Philoponos sie so viele Jahre hatte schützen können. Weder die Perser noch die Bischöfe von Byzanz hatten gewagt, die Bibliothek zu zerstören oder zu plündern. Aber diesmal war sie in höchster Gefahr. Daher harrte Johannes Philoponos in den langen, stummen Sälen des verwahrlosten Museion der Erlösung.

III

«Das also ist das Werk von Zul-Karnein, dem Zweihörnigen!»

Amr sprach diese rätselhaften Worte in einem fast tadellosen, nur leicht gutten klingenden Griechisch. Philoponos hob den Kopf und musterte den Eindringling voller Erstaunen.

«Der Zweihörnige? Ich weiß nicht, von wem du sprichst. Meinst du eines eurer blutrünstigen Idole, vielleicht Baal oder Moloch, für die ihr Frauen und Kindern die Kehle durchschneidet in euren Wüsteneien?»

Philoponos hoffte, der Araber würde in Wut geraten ob dieser unverschämten Bemerkung und kurzen Prozeß machen. Doch entgegen dieser Erwartung brach jener in schallendes und freimütiges Gelächter aus.

«Hättest du das Buch, das ich dir damals anbot, behalten, dann wüßtest du, edler Greis, daß ich von demjenigen spreche, der bei euch Alexander heißt und den der Prophet Zul-Karnein oder auch Iskander nannte.»

Der war's also! Der quirlige Händler, der ihm diese geritzten Schulterblätter hatte verkaufen wollen, war also in der Rüstung des arroganten Kriegers zurückgekehrt. Doch jetzt waren es keine holprigen Verse mehr, die er Philoponos hinhielt, sondern ein Schwert. Den alten Philosophen brachte das nur kurz aus dem Konzept. Dieser Beduine, sagte er sich, war vielleicht gar nicht so schlimm, wie es den Anschein hatte. Er mußte lächeln. Die Märchen von Alexander dem Großen waren also bis ans Ende der Welt gelangt! In der Hoffnung, noch zu Lebzeiten Götterstatus zu erlangen, hatte Alexander selbst sich zu der Behauptung verstiegen, der ägyptische Gott Amun, der mit dem Widderkopf, habe ihn in der Oase Siwa höchstpersönlich inthronisiert. Deshalb hatte er angeordnet, daß alle seine in Alexandria hergestellten Bildnisse auf der Stirn die Hörner dieses Götzen zu tragen hatten.

Amr hatte das skeptische Lächeln des Greises bemerkt. Mit hochfahrender Geste wies er seiner Eskorte die Tür, holte sich einen Stuhl und setzte sich, als wäre er hier zu Hause.

«Selbst ein so ungebildeter Beduine wie ich, hochge-
lehrter Philoponos, hat begriffen, daß dies nur eine Parabel war, die der Allmächtige seinem Propheten diktierte, um anzudeuten, daß Allah – wie Alexander mit
seinem bronzenen Schutzwall – Dschehannam, die Hölle, als Herberge für die Ungläubigen bereitet hatte.»

Philoponos fühlte sich unbehaglich. Da hatte er sich
nun die ganze Nacht auf einen glorreichen Tod unter
dem Fausthieb einer Bestie vorbereitet, und nun plau-
derte er mit diesem liebenswürdigen Mann von etwa
vierzig Jahren mit einer einschmeichelnden Stimme,
graziösen, sinnlichen Gesten, tiefschwarzen, lebhaften
Augen, elegant gekleidet in ein langes Gewand aus wei-
ßer, mit Gold verzierter Seide.

Er begann wieder zu hoffen. Noch war nicht alles
verloren. Von einer Bestie hatte dieser Amr nun wirklich nichts. Eine seiner Schwächen hatte er ja auch
schon preisgegeben: Wie jeder Soldat träumte auch er
davon, so ruhmreich zu werden wie Alexander. Man
durfte ihn nicht verschrecken. Philoponos beschloß,
seine Taktik zu ändern, seinen bisher sarkastischen
Ton einzutauschen gegen den väterlichen, resignier-
ten Habitus eines alten Weisen.

«Du hast recht, General. Diese Stadt entstand aus
dem Willen Alexanders. Der größte Feldherr des Universums ruht übrigens hier. Sein Leichnam wurde in
einem goldenen Sarg aus Babylon überführt. Leider
wurde sein Mausoleum von irgendwelchen Eindring-
lingen geplündert.»

Das war zwar eine offensichtliche Geschichtsfäl-
schung, doch der Araber würde die Anspielung schon
verstehen und seine Absichten enthüllen.

«Diese Tatsache war mir unbekannt», entgegnete
Amr mit einem Anflug von Spott in der Stimme. «Als

ich damals aus meinen Wüsteneien als Händler hier-
herkam, befragte ich meine Kunden auch nach dem
Grab Alexanders. Sie erzählten mir, ein ehemaliger König deiner großen Stadt habe das Sakrileg begangen,
die im Mausoleum geborgenen Schätze zu rauben, um
damit sein Heer und einen Feldzug gegen den eigenen
Bruder, der ihm den Thron streitig machte, zu bezahlen. Aber das war gewiß auch nur wieder eines dieser
Märchen, kolportiert von Jahrmarkt zu Jahrmarkt, das
ein so leichtgläubiger Beduine wie ich naiv in sich auf-
sog ...»

Philoponos biß sich auf die Lippen. Schon wieder
hatte er die Kenntnisse seines Gegenübers unter-
schätzt. Amr tat so, als bemerke er die Verlegenheit des
anderen nicht und fuhr fort: «Unsere Grabstätten, ich
meine die der Schüler des Propheten, können glückli-
cherweise nicht entweiht werden, weil wir unsere To-
ten direkt in der Erde bestatten, damit sie nackt in Allahs Gärten ankommen können, wo für sie gesorgt sein
wird. Nackt auch am Tag der Auferstehung und am
Tag des Gerichts.»

«Wir werden nicht nackt sein am Tag des Gerichts,
vielmehr beladen mit unseren Sünden und Verbrechen.
Und diejenigen, die stehlen, plündern, töten, das Werk
des Schöpfers zerstören, der doch dem Menschen im
Gegensatz zum Tier die Fähigkeit verlieh, die Welt zu
begreifen, um IHN anzubeten, diejenigen werden auf
ewig in der Hölle brennen. Weißt du das, Amr?»

«Das weiß ich, und ich weiß auch, warum der Schöpfer Sodom und Gomorrha vernichtete.»

«Du bist nicht der Todesengel», erwiderte Philoponos milde. «Und Alexandria ist kein neues Babylon.»

Schweigend musterten sie einander eine Weile. Amr
atmete einmal kräftig durch und sagte dann: «Es

stimmt, ich bin nur ein Händler, der sich Gott als Soldat in Dienst gestellt hat. Es stimmt auch, daß du, Philoponos, ein tugendsamer und gelehrter Mann bist, aber es stimmt ebenfalls, daß die ranghohen Priester deiner Religion reich sind, trotz der beispielhaften Armut des Propheten Jesus, den ihr als Gott ausgebt. Ich sagte schon: Ich bin Soldat. Ich gehorche den Befehlen meines Kalifen Omar ibn al-Chattab, Befehlshaber der Gläubigen. Wenn er beschließt, die Stadt müsse gestraft werden, dann werde ich strafen. Läßt er Milde walten, werde ich mit Freuden gehorchen.»

Philoponos hatte sich Amr und seine Truppen wie jene Horden vorgestellt, die aus den Ebenen des Nordens heranstürmten und über die Christenheit herfielen, angeführt von Kriegsherren, die sich mit dem Titel eines Königs schmückten und deren einziger Gott und deren einziges Ideal das Gold und die Reichtümer waren, die sie hinter den Mauern Roms oder Konstantinopels zu finden glaubten. Doch hier saß ihm nun ein echter Feldherr gegenüber, gehorsam den Befehlen jenes Omar, König oder Papst von Arabien, der das Alte und das Neue Testament kannte. Freilich glaubten diese Häretiker, es sei sinnvoll, neben diese heiligen Bücher ein drittes Buch zu stellen, diesen Koran, der nicht einmal dem törichtsten theologischen Streitgespräch standhalten würde. Eines zumindest war beruhigend: Es waren Leute der Schrift, und es war daher zu hoffen, daß sie die anderen Schriften, die die Bibliothek enthielt, respektieren würden. Der alte Philosoph glaubte überdies aus Amrs Ton, als er von seinem «Kalifen» sprach, herausgehört zu haben, daß der General seinem Monarchen gegenüber nicht die gebührliche Hochachtung empfand. Das konnte vielleicht hilfreich sein.

«Ich weiß zwar nicht», sagte er schließlich, «für welches Verbrechen dein Herr diese Stadt strafen will, die doch die größte der Welt war und die man das neue Athen nannte. Oder ist es etwa ein Verbrechen, einem Eindringling Widerstand zu leisten? Und wer leistete denn Widerstand in jener letzten Schlacht? Die Schiffe und Soldaten von Byzanz flohen. Die Stadt gehört dir, und als Besiegten siehst du nur einen Greis, der darauf hofft, seine letzten Tage der Bewahrung all dieses Wissens, das uns hier umgibt, widmen zu dürfen. Dieses Wissen ist das einzige Heer, das dir Widerstand zu leisten vermöchte.»

Amr stieg das Blut ins Gesicht. Indem Philoponos seinen Sieg kleinredete, hatte er den Kriegsstrategen beleidigt.

«Welche Kraft haben denn schon diese Bücher, welche Macht gegenüber den Soldaten Gottes, gegenüber dem Wort des Propheten, gegenüber dem letzten von ihnen, dem höchsten, dem größten? Erzählen sie etwas anderes, als Moses, Jesus und Mohammed sagten und das der Hohe, der Erhabene, ihnen eingab? Denn alles ist in Bibel und Koran längst gesagt! Wer anders schriebe, würde sich der von der Stimme Gottes verkündeten Wahrheit widersetzen. Das wäre dann die Stimme des Dämons.»

Amr hatte diese Worte sehr bestimmt, aber in ruhigem Ton gesprochen. Nicht der Schatten eines Zweifels hatte seine von Sand und Sonne gegerbte breite Stirn gestreift. Philoponos dachte bei sich, dieser Wüstenkrieger argumentiere wie jene Kirchenlehrer, denen er so lange die Stirn geboten hatte. Doch diesmal würde es kein subtiles Navigieren in den launischen Gewässern der Dialektik mehr geben. Hier saß dem alten Philosophen ein Fels der Gewißheit gegen-

über, ein Mann, dessen Glaube schlicht und unver-
schnörkelt war.

«Der Dämon sitzt in uns allen, General, und vielleicht hat er sich ja auch in diese Regale geschlichen.
Aber Gott hat uns auch mit der Liebe zum Schönen,
mit der Liebe zum Nützlichen begabt, und was gibt es
Schöneres und Nützlicheres als das All, das ER für uns
schuf? Diese Schönheit, diese Nützlichkeit suchen die
uns hier umgebenden Schriften seit Urväter Zeiten zu
preisen.»

«Und was wissen sie mehr als der Koran?»

«Das weiß ich nicht, denn ich habe deinen Koran ja
nicht gelesen. Und das bedauere ich heute zutiefst, das
kannst du mir glauben.»

«Wenn sie doch zu nichts nutze sind, warum stapelt
ihr sie denn hier im Staub?»

«Bevor du urteilst, bevor du verbrennst, Amr, erfah-
re zumindest, was in ihnen geschrieben steht.»

«Gut! Versuche, mich zu überzeugen.»

«Ich bin alt, mein Sohn, und ich weiß viel zuviel. Ich
wüßte nicht, wo ich beginnen sollte. Laß mich Hilfe
holen. Wo das Alter, weil es angefüllt ist mit Wissen,
nicht wüßte, was es dir sagen soll, da könnte die Jugend
einspringen.»

«Und wer sind die jungen Leute?»

«Ein Jude und eine Frau.»

IV

Eiligen Schrittes liefen Hypatia und Rhazes durch die beiden Säulenhallen und den Wandelgang bis hin zur Bibliothek. Als die junge Frau eintrat, erhob sich Amr, doch Hypatia ließ ihn gar nicht erst zu Wort kommen, sondern hielt ihm einen mit Früchten behangenen Olivenzweig hin, verbeugte sich anmutig und sagte: «Wenn du, Amr, Herr über unsere Breiten werden möchtest, dann lerne als erstes, den rauhen Zweig des wohltätigen Olivenbaums zu streicheln und ihn zu bitten, dir seine Früchte zu schenken, die prall gefüllt sind mit goldenem Öl. Lerne, die Weintraube zu küssen wie eine Frau, damit sie dich eines Tages mit ihrer Weinseligkeit überschwemme. Lerne, zum Kornfeld zu sprechen wie zu deinen Soldaten. Aus seinen Ähren wirst du Brot gewinnen, schöner und wohlschmeckender als deine Eroberungen. Aus Korn, Rebe und Olivenbaum erwächst der Friede, entsteht das Buch.»

Hingerissen legte Amr die Handflächen aneinander und verneigte sich.

«So viel Anmut und Poesie inmitten von so viel Schatten und Staub, wie ist das möglich? Eine schöne junge Frau wie du, geschaffen, einen guten Ehemann und schöne Kinder zu haben. Wenn du dich noch lange hier unter all diesen Büchern vergräbst, wirst du vertrocknen wie alter Papyrus!»

Kokett zeigte Hypatia ihre Verärgerung:

«Sollte dies ein Heiratsantrag sein, General, dann ist er für meinen Geschmack ziemlich ungeschliffen. Mein Onkel schilderte dich mir als höflichen und vernünftigen Mann.»

«Verzeih mir. Ich bin nur ein Wüstenkrieger und habe in meinem ganzen armseligen Leben noch nie eine Frau getroffen, bei der sich so viel Schönheit mit so viel Wissen paart.»

«Hüte dich vor den Griechinnen, Amr!» scherzte Philoponos. «Sie brennen wie Eis, schmelzen aber nicht.»

«Seid ihr denn alle hier im Palast Griechen? Ich glaubte mich auf ägyptischem Boden.»

«Es ist fast tausend Jahre her», warf nun Rhazes ein, «daß der Makedonier Alexander diese Stadt gründete. Und man kann mit Fug und Recht sagen, daß jeder Alexandriner Erbgut von ihm wie auch vom Pharao in sich trägt.»

«Und von wem stammst du ab, Jude?»

«Von Abraham, General, genau wie du. Die Söhne Israels sind doch Brüder der Söhne Ismaels. Du und ich, wir sind Kinder der Schrift.»

Mit weitausholender Geste wies Amr auf all die Bücherregale ringsum.

«Und all diese Bücher da, ergänzen die vielleicht die Worte, die der Allmächtige seinen Propheten diktierte?»

Philoponos warf seiner Nichte und dem Arzt einen verzweifelten Blick zu. Das ganze Feuer, die ganze Begeisterung ihrer Jugend war nötig, um die Verstocktheit dieses Mannes aufzubrechen. Ihm würde das nicht mehr gelingen. Aber Rhazes, was sagte er da?

«Alle Bücher beruhen auf göttlicher Eingebung, denn alle preisen die Schönheit der Schöpfung.»

Der Unglückliche! Er wiederholte genau das, was Philoponos ein paar Stunden zuvor schon gesagt und was zu einer müßigen Diskussion geführt hatte, in deren Verlauf Amr, der sich auf seinen Koran versteifte, im Namen seines Gottes den Schriften der Alten jeglichen Wert abgesprochen hatte.

Zum Glück erkannte Hypatia, daß das Gespräch in einen ihr völlig fremden Bereich abzugleiten drohte. Sie wußte, daß die Männer der Wüste eine besondere Neigung zu Träumerei, Dichtkunst, ja zu allem Wunderbaren besaßen. Auf diese Themen mußte man Amr locken. Ein wenig Schmeichelei und ein bißchen Verführungskunst wären sicherlich hilfreich.

«Es heißt, du seist der Tapferste, aber auch der großmütigste aller Krieger. Dein Ruf drang über die Wüsten und die Meere. Man fürchtet und achtet dich bis Byzanz. Alexander hätte dich gewiß gerne an seiner Seite gesehen. Es scheint mir daher nur legitim, daß du der Herr über seine Stadt wirst.»

Von Amrs Miene war abzulesen, daß er das Kompliment durchschaute. Hypatia jedoch fuhr unbeirrt fort:

«Eine meiner Dienerinnen, die für meinen Geschmack einen etwas zu engen Umgang mit einem deiner Krieger pflegt und dadurch ihre Arbeit vernachlässigt, erzählte mir, deine Tapferkeit sei dein eigenes Verdienst, deine Weisheit hingegen verdanktest du deinem Ahn, dem Stammesfürsten, einem hochgebildeten heiligen Mann, der seine letzten Jahre in völliger Zurückgezogenheit lebte, um sich ganz der Betrachtung der Gestirne und der Meditation zu widmen. Ist es wahr, daß du deine Kindheit an seiner Seite verlebtest?»

«Mein Leutnant hat deine Sklavin nicht belogen, meine Schöne. Doch leider verstarb mein verehrter Großvater, bevor er das Wort des Propheten vernahm.»

«Auch Aristoteles hat nichts davon gehört, dennoch verdient er dank seiner Gelehrsamkeit, genau wie dein Vorfahr, das Paradies.»

«Wenn das geschrieben steht ... Aber komm du mir jetzt nicht auch wie dein Onkel mit diesem Aristoteles! Man möchte ja meinen, es gäbe hier nur Werke von diesem Griesgram.»

Philoponos brummte mißbilligend in seinen langen Bart, worauf seine Nichte und Rhazes, die einander anblickten, losprusteten; selbst Amr lächelte entspannt.

«Na, na, schöne Jugend, ein bißchen mehr Respekt für die alten Leute ... und ihre Schrullen ... Ich balanciere zwischen euren Altersstufen.»

Hypatia spürte in diesem letzten Satz ein wenig Eifersucht auf den jungen Arzt, der sich auffällig dicht neben ihr hielt, als verbinde sie beide mehr als Freundschaft. Sie rückte daher ein wenig von ihm ab und sagte:

«Ich weiß nicht, ob dein Großvater stolz auf deinen kriegerischen Erfolg gewesen wäre, aber ich bin sicher, daß er dir den Rat gegeben hätte, diese siebenhunderttausend Werke, die hier lagern und jetzt dir gehören, nicht zu vernichten.»

Amrs Gesicht verfinsterte sich. Wie war diesen Leuten nur begreiflich zu machen, daß die Entscheidung nicht bei ihm lag, sondern beim Kalifen Omar? Er konnte nur immer wieder das gleiche Argument vorbringen, das ihm jedoch zunehmend fragwürdiger erschien.

«Was steht denn in diesen Büchern, das der Prophet uns nicht gelehrt hätte?»

Hypatias Mimik glich jetzt der eines ratlosen Kindes, was sie nur noch reizvoller machte.

«Ich bitte dich, lassen wir das. Sag mir lieber, ob dein Großvater folgende fünf Fragen gerne beantwortet hätte: Wo ist das Zentrum des Universums? Wie viele Bewegungen können die Planeten beschreiben? Welche Form und welche Ausmaße hat die Erde, auf der wir beide leben, du und ich? Woher bekommt der Mond sein Licht? Wie viele Sterne stehen am Himmel?»

«Wie seltsam das ist, Hypatia! Als ich mit meinem Großvater nachts in der Wüste auf dem Rücken lag und wir das Himmelsgewölbe betrachteten, stellte er sich genau diese Fragen, und zwar laut. Er riß mich mit in seinen Taumel. Finden sich die Antworten etwa innerhalb dieser Mauern?»

«Vielleicht. Vielleicht auch nicht. Ich weiß nur, daß ich dich von deinem Taumel heilen kann. Aber würde es dir nicht ein wenig Freude machen zu erfahren, warum Menschen seit tausend Jahren all diese Bücher hier aufgetürmt haben, welchen Zaubertrick sie anwendeten? Sobald du das ‹Wie› weißt, wirst du vielleicht das ‹Warum› beantworten können.»

«Das ist weise gesprochen, meine Schöne, auch wenn ich schon ahne, daß du mir die Geschichte von einem neuen Turmbau zu Babel erzählen wirst.»

«Du bist wirklich wie alle Männer, Amr. Du urteilst und verurteilst, bevor du etwas weißt. Deswegen führt ihr Krieg. Die Geschichte aber, die ich dir erzählen werde, handelt von Frieden, nicht von Krieg, von Wissen und nicht von Macht.»

«Eine Weibergeschichte also», warf Amr unhöflich ein.

«Warum nicht? Die Bibliothek ist eine Frau, vermute ich, deren Geheimnisse niemand je wird aufdecken können.»

Das hatte sie fast flüsternd, mit warmer, leicht verschleierter Stimme gesprochen. Amr war zutiefst berührt. Um seine Verwirrung zu kaschieren, sagte er in betont martialischem Ton:

«Erzähl also, aber von Anfang an. Überzeugst du

mich, werde ich meinerseits versuchen, Kalif Omar zu überzeugen, daß dies alles erhalten bleiben muß.»

Du mußt mich überzeugen oder verhexen, bildschöne Zauberin, dachte der Soldat insgeheim. Er fühlte sich schon wie in einem bösen Zauber gefangen. Doch er fuhr fort: «Erzähl mir zuerst, wer die Narren waren, die ebenso dumm wie hoffärtig in tausend Jahren auf Häuten von Kälbern oder Blättern von Pflanzen all das zusammentragen wollten, was Gott in nur sieben Tagen schuf.»

«Wenn du erfahren willst, wie es zur Gründung der Bibliothek kam, mußt du meinen Onkel erzählen lassen», entgegnete Hypatia. «Keiner kennt die Geschichte besser als er. Man könnte fast meinen, er hätte die Gründer selbst noch gekannt», setzte sie lachend hinzu.

Amr war enttäuscht. Hypatias Stimme klang wie Zaubermusik in seinen Ohren, doch er fand sich damit ab, der leicht zittrigen Stimme des alten Mannes zu lauschen. Er erinnerte ihn, wenn er ehrlich war, an seinen Großvater, den Einsiedler, der damals ja auch versuchte, mit ihm das Geheimnis der Sterne zu ergründen.

Millennium

Das Universum in Buchrollen
(Philoponos' erste Vorlesung)

Vor der Bibliothek gab es bereits die Stadt. Und siehst du, Amr, die Geburt der Stadt gleicht dem Auftauchen eines neuen Wesens, das wachsen, sich entfalten, manchmal auch sterben wird, wie ein menschliches Wesen.

Alexander war erst dreiundzwanzig Jahre alt, als er am fünfundzwanzigsten Tag des ägyptischen Monats Tybi, vor etwa tausend Jahren also,[1] die Umrisse der Stadt entwarf. Nachdem er sich zum Herrn über Ägypten erhoben hatte, beschloß er, den man «König der vier Weltreiche» nannte, dort eine griechische Stadt zu gründen, die groß sein und seinen Namen tragen sollte.

Dinokrates, sein Baumeister, hatte ihm geraten, zunächst ein bestimmtes Gebiet zu vermessen, das dann umschlossen werden sollte. Plötzlich hatte er im Schlaf eine wundervolle Vision. Ein würdevoller Mann trat vor ihn hin und rezitierte diese Verse: «Im wogenden Meer liegt eine kleine Insel vor Ägypten. Man nennt sie Pharos.»

Alexander sprang hoch und begab sich nach Pharos, das damals tatsächlich noch eine Insel war, mittlerweile allerdings durch eine Fahrstraße mit dem Festland verbunden ist. Auch der Baumeister sah die Lage als günstig an und erhielt von Alexander den Auftrag, den Plan der Stadt im Einklang mit der Bodenbeschaffenheit zu entwerfen. Da Dinokrates keine Kreide zur

Hand hatte, zeichnete er mit Mehl einen Kreis auf den schwärzlichen Boden. Der von geraden Linien durchzogene innere Bereich ergab die Form einer Chlamys, wie der kurze geschlitzte Umhang, den der Eroberer an der Schulter trug. Der König war von dem Entwurf begeistert. Doch plötzlich stürzte von der Flußseite her ein riesiger Schwarm Vögel auf den Boden nieder und verwischte alle Spuren des Mehls. Beunruhigt von diesem Omen, suchte Alexander die Seher auf, die ihm aber rieten, an dem Plan festzuhalten.

Nun erteilte der Eroberer den Auftrag, die Stadt zu erbauen. Als der größte Teil der Innenstadt auf sicheren Fundamenten stand und die Begrenzungslinien festgelegt worden waren, ließ Alexander in die Ringmauer fünf riesige Buchstaben meißeln: A, B, Γ, Δ, E. Das A für Alexander, das B für *basileus*, welches König bedeutet, Γ für *genos*, das Geschlecht, Δ für Gott und E für Errichtung. Tatsächlich errichtete Alexander eine Stadt, die mit keiner anderen zu vergleichen war, selbst die Stadtviertel trugen als Bezeichnung die ersten Buchstaben des Alphabets. Er hatte nur eines im Kopf: die Lektionen seines ehemaligen Lehrers Aristoteles zu befolgen, die dieser in seinem Werk *Politik* festgelegt hatte.

Alexander der Große, der schon bald wieder zur Eroberung anderer Erdteile aufbrach, lebte nicht lange genug, um die Vollendung seiner Stadt zu sehen. Auch Aristoteles kam nie in die erträumte ideale Stadt, die sein ruhmreicher Schüler gegründet hatte. Der Philosoph starb übrigens im Exil, ein Jahr nach Alexander. Aus Athen vertrieben wurde auch Demetrios von Phaleron, der die attische Stadt zehn Jahre lang mit eiserner Faust regiert hatte und zuvor auch einer seiner bekanntesten Schüler gewesen war.

Ein weiterer Schüler von Aristoteles war – neben Demetrios – Ptolemaios, der erste, der hier regierte. Er war Alexanders bester Heerführer. Es ging sogar das Gerücht, er sei sein Halbbruder, und der Philosoph habe sie gemeinsam erzogen. Nach dem Tod des Eroberers führte er noch viele Kriege gegen all die anderen Feldherren, die sich um die Reste des Reiches stritten, sicherte sich aber gleichzeitig sein eigenes Königreich in Ägypten, dem alten und reichen Land der Pharaonen, dem er als Ptolemaios I., mit dem Beinamen Soter, der Retter, durch weises Handeln Frieden und Wohlstand bescherte.

Zu der Zeit, als Ptolemaios erster alexandrinischer König wurde, war die Stadt noch immer eine ausgedehnte Baustelle. Es wimmelte aber schon von Tempeln, Lagerhäusern, Schenken und Freudenhäusern. Gestank und Wohlgerüche vermischten sich: Teer, Öl, Schlamm, Exkremente und Schweiß, aber auch Weihrauch und Myrrhe. Indem er das uralte Wissen der Pyramidenbaumeister ausschöpfte und mit der Vernunft und Logik des von Aristoteles geschulten Griechen verband, gelang Ptolemaios diese vollendete Geometrie, die dir, Amr, zugute kam, als du mit deinen Reitern diese breiten Straßen heraufpreschtest. Er schlug eine Brücke übers Meer bis hin zur Insel Pharos, wo er diesen Turm errichten ließ, der seit nun fast tausend Jahren unzählige Schiffsmannschaften mit seinem Licht durch Nacht und Stürme leitete und ihnen somit das Leben rettete.

Wie, glaubst du, Amr, konnte dieses Wunderwerk errichtet werden? Das war nur möglich mit Hilfe der Bücher, die uns hier umgeben, Bücher, die von Ingenieuren und Geometern geschrieben worden waren oder von ihnen zu Rate gezogen wurden. Dank dieser

Bücher konnte der Turm von Pharos erbaut werden, dank dieser Bücher konnten unzählige Seeleute vor dem schrecklichen Tod durch Ertrinken bewahrt werden.

Die Gründung dieser Bibliothek durch Ptolemaios geht jedoch auf eine Reihe anderer Überlegungen zurück. Zunächst einmal war es der Wunsch, alles zu lesen, was über die Gesetze, die Politik und die Geschichte geschrieben worden war. An solchen Schriften herrschte kein Mangel, denn die Griechen waren unerschöpflich, was diese Themen anbelangt. Solon hatte die erste der Welt bekannte Verfassung geschrieben, doch seit Aristoteles tot war, gab es nach Ansicht des Königs nur einen Mann, der sich in den unzähligen Schriftrollen, die sich mit dem Königtum und der besten Art zu regieren befaßten, auskannte. Dieser Mann war Demetrios, sein ehemaliger Mitschüler, der zwischenzeitlich, von Kassander, Alexanders Nachfolger, an der Macht gehalten, Tyrann von Athen gewesen war. Die Athener nannten ihn jedenfalls so … Ihr Hauptvorwurf war, Demetrios habe während seiner fast zehnjährigen uneingeschränkten Regierungszeit vor allem das Lykeion unterstützt, jene nach dem Modell von Platons Akademie von Aristoteles gegründete Schule, die nach Meinung der Athener von einem Haufen hergelaufenen Gesindels bevölkert war, das sie mit Verachtung straften.

Als schließlich ein Aufstand drohte, angezettelt von einem Epigonen Alexanders, mußte Demetrios aus Athen fliehen. Er hatte in Theben Zuflucht gesucht, wo er im Elend des Exils vor sich hin vegetierte, bis Ptolemaios sich entschloß, ihn nach Alexandria zu berufen. Eine erstaunliche Entscheidung! Demetrios' einziges Gepäck bestand aus dem, was er bei seinem

Meister gelernt hatte, aus seinem Talent als Redner und seiner Erfahrung mit der Macht.

Der König bereitete ihm einen prächtigen Empfang, holte ihn persönlich am Hafen ab, wo inzwischen schon Deiche, die die Inseln miteinander verbanden, ein kreisförmiges, nur mit einer Fahrrinne geöffnetes Bekken bildeten und dem Hafen Schutz boten. Dann zogen sie ins Brucheion ein, das Viertel der Paläste und Residenzen, eine wehrhafte Festung innerhalb der Stadt. Die Festungsmauern schützten allerdings eher die Grabstätte Alexanders als die Häuser der Wohlhabenden mit den Marmorstatuen oder die Tempel, die sowohl griechischen als auch ägyptischen Gottheiten geweiht waren. Der weiträumigste und längste dieser Tempel war den Musen gewidmet. Oder besser gesagt, den Künsten und Wissenschaften, die diese Göttinnen des Rhythmus und der Zahlen repräsentierten. Doch die Nischen, Regale und Schränke dieses Museions waren bar jeglicher Schriftrollen, es gab nur die, die Ptolemaios von seinen Feldzügen mitgebracht hatte.

«Dies ist dein neues Reich», sagte der Monarch Ägyptens zu dem aus Athen verbannten Tyrannen. «Deine Untertanen sind noch nicht da. Du wirst sie kommen lassen müssen aus den vier Winkeln des Universums. Ich habe bereits einen Boten in alle Länder der Welt entsandt und ihre Herrscher und Oberhäupter ersucht, mir die Bücher aus ihrem Besitz hierherzuschicken. Die Reichtümer Ägyptens sind unerschöpflich; im Austausch für ihre Texte werden sie ihren Anteil bekommen. So sieht dein Königreich aus und so deine Untertanen. Als Minister, Vorsteher, Oberpriester mögest du selbst Philosophen, Grammatiker, Mathematiker, Astronomen, Geometer, Ingenieure, Übersetzer und Kopisten herbeirufen. Sie sollen

gut entlohnt werden, innerhalb dieser Mauern woh-
nen dürfen und nichts entbehren müssen, weder für
ihre Arbeit noch für ihre Erholung.»

Begeistert nahm Demetrios dieses Angebot an. Es
reute ihn zutiefst, daß er einst so viel Zeit mit Intrigen
und Machtgerangel vergeudet hatte. Endlich würde er
seinem – oder besser gesagt, Aristoteles' – Denken gemäß leben können und mußte nicht mehr tun, was die
Umstände und sein Hang zur Macht ihm nur allzuoft
aufgezwungen hatten.

In Athen war Demetrios an der Organisation des Lykeions beteiligt gewesen, dem Prototyp des Museions.
Er hatte die notwendigen Mittel für den Ankauf eines
Gartens bereitgestellt, eines abgeschlossenen Gartens
mit Säulenhallen und Wandelgängen, wo es auch
einen Lehrsaal gab und Zellen, in denen Lehrer und
Schüler wohnten. Dort konnte man auch die Bibliothek von Aristoteles benutzen, die größte Sammlung
von Schriften, die es damals gab. Warum, so sagte sich
Demetrios, sollte man sie nicht nach Alexandria ver-
pflanzen und die Reichtümer seines Herrn Ptolemaios,
des großartigsten Fürsten der Welt, hineinpumpen?

Zu jener Zeit beschränkten sich die griechischen
Bibliotheken auf Handschriftensammlungen, die Pri-
vatleuten gehörten. Auch in den Tempeln Ägyptens gab
es Regale mit einem bunten Gemisch religiöser und
amtlicher Texte, wie auch in einigen Pantheons der
griechischen Welt. Ptolemaios Soters Ehrgeiz bestand
nun darin, all diese verstreuten Sammlungen in einer
echten Zentralbibliothek zusammenzuführen, so daß
sie die gesamte bekannte Weltliteratur besitzen würde.

Ort und Umstände waren ideal, ein solches Vorhaben
gedeihen zu lassen. Alexandria war ja die vom Philosophen ersonnene ideale Stadt: ein riesiger Hafen, offen

34

für jegliche Art von Waren- und Kulturaustausch, eine Stadt voller Händler und Krieger – wie du, Amr.

Indes – Könige, Fürsten, Tyrannen, Feldherren, Satrapen, Diadochen und Oligarchen des zerstückelten Alexanderreiches dachten nicht daran, der Aufforderung Ptolemaios Soters nachzukommen. Dabei gewann der Herrscher über Alexandria zunehmend an Macht. Abgesehen von Ägypten war er auch Herr über die Kyrenaika, Syria coele und Palästina, womit er eine weitere fruchtbare Mondsichel am Rande des Mittelmeers geschaffen hatte, mit den Vorposten Zypern und Kreta. Die Herrscher der Welt sahen in ihm einen neuen Pharao und in den Büchern, die er von ihnen forderte, eine geheimnisvolle und furchterregende Waffe, an der ihre Schwerter zerbrechen könnten. So ganz unrecht hatten sie nicht.

Nun wandte der ehemalige Herr von Athen drakonische Maßnahmen an, um seine Bibliothek zu füllen. Als Athen endlich einwilligte, die Texte von Euripides, Aischylos und Sophokles wenigstens auszuleihen, ließ Demetrios Abschriften anfertigen, schickte diese zurück und behielt die Originale. Auf allen Schiffen, die in Alexandria Zwischenstation machten, ließ er die Bücher beschlagnahmen und verfuhr wie erprobt: Die Originale wurden konfisziert, die Abschriften zurückgegeben. So hatte er in kurzer Zeit den sogenannten Schiffsfonds beisammen, die erste Schriftensammlung des Museions.

Parallel dazu entwickelte Demetrios ein System, bei dem sowohl Händler als auch Verkäufer auf ihre Kosten kamen. Den Händlern erschien dies wie Manna. Bücher nach Alexandria zu bringen war der beste Geleitbrief, um ihnen die Kornspeicher, die Smaragdsteinbrüche, die Stofflager Ägyptens zu öffnen. Sie schöpften alles ab, in den Städten, den Palästen, den reichen Wohnhäusern, wo es Mode war, Manuskripte, die niemand las, in einer Seidenschatulle sichtbar aufzutürmen als Zeichen für Prestige und Wohlstand. Die Händler kostete das so gut wie nichts. Sie zahlten eine rein symbolische Garantie und versprachen den Gebern, den kostbaren Besitz vollständig zurückzuerstatten, zwar in Kopie, aber in der schönen Hülle. Was bedeutete es den meisten von ihnen, ob sie eine Abschrift oder das Original besaßen? Ihre Bibliothek würde weiterhin Gegenstand der Bewunderung sein, und dazu kam noch der Ruhm, da – wie die Händler ihnen vorgegaukelt hatten – ihr Name auf ewig in den Registern des neuen Pharaos eingetragen war.

Wie Ptolemaios es von ihm verlangt hatte, forderte Demetrios also die Gelehrten und Gebildeten auf, nach Alexandria zu reisen, dort zu leben und im Musentempel ihre Studien zu betreiben. Nichts würde der Freiheit der Forschung im Wege stehen, weder Religion, noch Politik. Eine Bedingung jedoch stellte er: Allein dürften sie nicht kommen, nur mit ihren Büchern. So hätten sie diese immer gleich zur Hand und könnten nach Lust und Laune auch die der anderen benutzen.

Sie kamen in Scharen, dann ihre Schüler und schließlich jeder, der begierig war, die Wunder der Welt zu studieren oder selbst zu entdecken. So entstand die größte Bibliothek des Universums.

Sobald Krieg und Regierungsgeschäfte ihm ein wenig Zeit ließen, kam Ptolemaios Soter in die Bibliothek, faßte Demetrios freundschaftlich am Arm, entführte ihn in die Wandelhalle, wo sie dann lange Zeit auf und ab gingen und Gespräche führten wie einst ihrer beider Lehrer Aristoteles. ... Auch ich fordere dich, Amr, und unsere jungen Freunde jetzt dazu auf. Das Gehen löst die Zunge und befreit die Gedanken, wohingegen die sitzende Haltung die eines auf sich selbst konzentrierten Menschen ist, als wolle er egoistisch alles, was er in sich birgt, für sich allein bewahren.

So schlenderten Ptolemaios und Demetrios, häufig in Begleitung eines der Gelehrten, den der König eigens aufgefordert hatte. Die erste Frage, die der Monarch stellte, war immer dieselbe: «Wie viele Bücher besitzen wir inzwischen, Demetrios?»

Nach zwei Jahren des Sammelns erwiderte der Bibliothekar:

«Bald fünfzigtausend, mein König. Aber wie ich hörte, ist noch eine Menge zu holen bei den Äthiopiern, Indern, Persern, Elamiten, Babyloniern, Assyrern, Chaldäern, Phöniziern und Syrern.»

«Und wie viele gibt es in der Welt, was glaubst du?»

«Meiner Treu! Das weiß ich wirklich nicht. Das solltest du eher Euklid fragen.»

Bei diesen Worten wandte er sich an den jungen Mann, der sie bisher schweigend begleitet hatte. Euklid dürfte nicht älter gewesen sein als fünfundzwanzig. Er war ein gutaussehender Mann und der größte Mathematiker, den die Welt je gesehen.

Der schöne junge Euklid brach in schallendes Gelächter aus: «Wie soll ich dir das beantworten, mein König? Da müßte ich ja erst einmal wissen, wie viele Sprachen es gibt auf der Welt und wie viele Schriften, um sie zu überliefern. Doch das schert mich genausowenig wie die Jungfräulichkeit Athenas ...»

«Dann nenn mir doch wenigstens eine geschätzte Zahl.»

«In diesem Augenblick schreibt ein Dichter an den

Ufern des Indus das letzte Wort seines Epos nieder, während in Syrakus ein Geometer eine Abhandlung zur Baukunst beginnt. Vermutlich gibt es auf der ganzen Welt genauso viele Bücher wie Sterne am Himmel. Jede Nacht entdeckt man einen neuen.»

«Und wie viele Sterne stehen am Himmel?»

Leicht gereizt entgegnete Euklid, der nicht zugeben wollte, daß er es nicht wußte:

«Die Schüler von Pythagoras erkannten sich untereinander an einem fünfzackigen Stern, denn die Fünf ist die Ehezahl, die Zahl der Harmonie. Folglich ...»

«Folglich», unterbrach ihn der König, «werden wir die Zahl der zu erwerbenden Bücher auf fünfhunderttausend festlegen. Erscheint dir dieses Ziel vernünftig, Demetrios?»

«Ich würde fünfhunderttausendundeins vorschlagen, mein König. Deine *Geschichte Alexanders* ist, wie du mir sagtest, doch auch schon fast fertig.»

Du mußt nun aber nicht denken, Amr, Ptolemaios sei einer jener reichen, eitlen Gecken gewesen, von denen ich vorhin erzählte, die nur um ihres Prestiges willen Bücher anhäuften. Auf seine Art war auch er ein Eroberer. Aber im Gegensatz zu Alexander ging es ihm nicht um Staaten, sondern ihm ging es nur um das Universum des Geistes. Das wollte er besitzen und sich des Erbes würdig erweisen. Er hoffte, das von ihm zusammengetragene Weltwissen würde allen zugänglich sein, die ihre Kenntnisse zu vertiefen suchten. Hatte Alexander sich nicht die Sonne schon bei ihrem Aufgang holen wollen? Ptolemaios hingegen wartete in seiner Stadt, bis das Tagesgestirn seinen Zenit erreicht hatte, bis sie eines Tages im vollen Licht erstrahlen konnte. Dem beglückenden Licht der Wissenschaft, welches ein göttliches Licht ist.

Wo Amr sich als Philosoph versucht

«Du sprachst von der idealen Stadt, die Aristoteles sich erträumte», sagte Amr, während er das ausgetrocknete Wasserbecken im Inneren der Wandelhalle betrachtete. «Mohammed hingegen hat aus Mekka unsere heilige Stadt gemacht. Fern vom Meer und seinen merkantilen Versuchungen, lebt Mekka aus eigenem Vermögen und ist genau das Gegenteil von dem, was dein Philosoph sich ausgedacht hat. Was hätte er uns Muslime also zu lehren?»

«Laut Aristoteles muß ein guter Herrscher stets abwägen: Was ist maßvoll, was ist möglich, und was ist anständig?»

«Und inwiefern entsprach die ptolemäische Bibliothek dem Denken dieses Lehrmeisters?»

«Wenn man die Bücher aller Völker der Welt zusammenträgt, lernt man diese Völker besser verstehen, und dadurch wird es möglich, höchst einträgliche Handelsbeziehungen mit ihnen zu pflegen.»

«Aber so viele Bücher, wie Sterne am Himmel sind, besitzen zu wollen! Ich kenne nichts Maßloseres, Unmöglicheres und Unanständigeres aus der Sicht des Ewigen!»

«In erster Linie dienen die Bücher der Unterweisung. Aristoteles sagte, die beste Stadt sei die, die ihren Bürgern durch Erziehung Tugend eintrichtere.»

«Das setzt aber doch voraus, daß die Herrschenden selbst tugendhaft sind.»

«Damit hast du fast wortwörtlich die Aussagen des Philosophen wiedergegeben. Ptolemaios Soter war tugendhaft und weise, ebenso wie die Könige der Schrift, David und Salomo.»

«Das ist Gotteslästerung, alter Mann! David und Salomo hörten auf das göttliche Wort. Sie gehorchten der Weisung des Allmächtigen.»

«Ist dir bekannt», meldete sich Rhazes zu Wort, dem das Gespräch eine gefährliche Richtung zu nehmen schien, «daß Ptolemaios Soter das heilige Buch gelesen hatte, das unseren drei Religionen gemeinsam ist? Unsere Freunde nennen es das Alte Testament, und wir beide nennen es Thora. Ptolemaios ließ es sogar ins Griechische übersetzen, was einem Wunder gleichkam. Weißt du das?»

«Ich glaube dir nicht, Jude, denn du gehörst zu jenem Volk, von dem der Prophet gesagt hat, ihr hättet wissentlich Gottes Wort verfälscht, nachdem ihr es vernommen.»

«Rhazes spricht die volle Wahrheit!» riefen Philoponos und Hypatia im Chor. Und das klang so grundehrlich, daß Amr verlegen einräumte:

«Vielleicht war mein Urteil etwas zu streng. Aber warum brandmarkt ihr Hebräer dann den Glauben der Muslime an den uns gemeinsamen Gott als Naivität oder, schlimmer noch, als Unfug? Weil wir nur ein Volk von Hirten und Nomaden sind, arme und ungebildete Leute, deren einzige Kirche der Sand der Wüste ist? Ist das der Grund dafür?»

«Ich hielt dich gar nicht für so arm und elend, gewitzter Händler», bemerkte Hypatia ironisch. «Als du damals hierherkamst, trugen deine einhundertzwanzig Kamele weder Schwert noch Koran, sondern schöne Seidenstoffe und süß duftende Weihrauchstäbchen. Und was deine mangelnde Bildung anbelangt ... Hast du uns nicht während dieses ganzen Streitgesprächs bewiesen, daß sie höchst fraglich ist?»

«Perfides Weib!» rief Amr lachend. «Mal spöttisch, mal schmeichlerisch ... Glaubst du, mich mit solchen Argumenten zu überrumpeln?»

«Wir beabsichtigen gar nicht, dich zu überrumpeln», entgegnete die junge Frau sehr ernsthaft. «Wir wollen dich überzeugen. Überzeugen davon, daß der, welcher diese Stätten zerstören würde, der übelste Verbrecher vor Gott und den Menschen wäre. Man nannte Ptolemaios ‹Soter›, den ‹Retter›, denn mehr als einmal errettete er Alexander aus größter Unbill. Ich aber behaupte, er verdiente diesen Beinamen vor allem deswegen, weil er das gesamte Wissen in einer von Kriegen und Verwüstungen geprägten Zeit vor dem Untergang rettete.»

«Glaubst du denn, die Zukunft der Völker ließe sich auf dem in der Vergangenheit Erworbenen aufbauen?»

«Ja, das ist richtig, und auch du könntest, wenn du die Bibliothek verschontest, diesen schönen Beinamen ‹der Retter› tragen. Und dabei würdest du nichts verlieren.»

«Ich, als ehemaliger Händler, erbaue ohnehin lieber, als daß ich zerstöre. Aber ich sage es noch einmal: Eure Bibliothek erinnert mich an den Turm von Babel. Alle Schriftstücke der Welt zu sammeln, ist ein ebenso großes Verbrechen, wie den Himmel erstürmen zu wollen. Steht nicht in eurer Bibel, daß der Hohe, der Er habene, um die Menschen für diese Vermessenheit zu strafen, sie über die ganze Erde verstreute und ihre gemeinsame Sprache verwirrte, so daß keiner mehr den anderen verstand?»

«Die Schrift liebt Wortspiele», sagte nun Rhazes. «Im Hebräischen spricht man das Substantiv ‹Babel› und das Verb ‹verwirren› gleich aus.»

«Was redest du da von Wortspielen? Wenn deine Schrift Gottes Wort ist, dann sagt sie nur eine einzige Wahrheit.»

«Genau das wollte ich dir begreiflich machen, als ich die Übersetzung der Thora ins Griechische erwähnte. Gestatte mir, dir die wundersame Geschichte der Septuaginta zu erzählen.»

«Einverstanden. Aber laß uns damit bis morgen warten. Du wirst sehr beredt sein müssen, wenn du mich überzeugen willst. Ich bezweifle, daß dir das gelingen wird.»

Möge er vor allem Omar überzeugen, sagte sich der Emir insgeheim, während die drei Alexandriner sich förmlich verneigten und sich zurückzogen. Würde er dann das Verbrechen, das man ihm anlastet, die letzten Schriften des Propheten verbrannt zu haben, abermals wagen?

Die Septuaginta
(Rhazes' erstes Pamphlet)

Mit der Zeit gelangten immer mehr Texte nach Alexandria, Texte in allen Sprachen: Altsyrisch, Persisch, Ägyptisch, Sanskrit … und so weiter. Nur das Hebräische fehlte. Hier in der Bibliothek wußte niemand, daß es diese Sprache überhaupt gab, denn man war überzeugt, die Juden sprächen aramäisch. Dabei ist das in hebräischer Sprache Geschriebene in der Tat auch heilig. Zudem empfand man hier größtes Mißtrauen gegenüber diesem Volk, das einen einzigen Gott anbetete, wie man auch keinem Götzenglauben irgendwelche Zugeständnisse machte.

Zu jener Zeit also wollte Ptolemaios über sein gesamtes Königreich den ägyptisch-griechischen Serapis-Kult verbreiten, um die beiden Gemeinwesen, über die er herrschte, unter ein und demselben Glauben zu vereinen. Bewundere, Amr, diese Lektion in Gesittung, deren wichtigstes Element die religiöse Toleranz war! Niemals plante der König, mit Schwert und Feuer den Ägyptern ihre merkwürdig anmutende Verehrung von Tiergottheiten auszutreiben. Natürlich war es in den Augen der Griechen haarsträubend, einem Krokodil Honigkuchen anzubieten oder eine Kuh anzubeten. Aber hatte nicht auch Zeus, der Herr des Olymp, Tiergestalt angenommen, um Io zu verführen? Daher wurde beschlossen, die griechischen und ägyptischen Götter sollten miteinander leben, ohne einander zu bekämpfen. Anstatt gegeneinander, sollten sie nebeneinander stehen. Alexander hatte das ja schon beispielhaft vorgeführt: Er hatte sich als Sohn des Zeus und des Amun proklamiert, des ägyptischen Gottes mit dem Widderkopf. Sein Nachfolger, Ptolemaios, verfügte listig weitere Verbindungen: die Hochzeit des Dionysos mit Osiris, zwei männlichen Gottheiten, die zu einer geradezu himmlischen Gottheit namens Serapis verschmolzen.

Obgleich der König niemandem diesen neuen Kult aufzwang, beugten sich ihm unzählige Schmeichler und Ehrgeizlinge mit Eifer. Unter ihnen auch Demetrios, der Begründer des Museions. Er bekehrte sich eifrigst und übernahm das Priesteramt bei den Kulthandlungen.

Eines Tages wandelte der König wieder einmal in den Gängen der Bibliothek. Da Demetrios nicht da war, begleitete ihn Aristeas, ein jüdischer Offizier, dem die Pflicht oblag, das Bauwerk zu überwachen. Wie

43

üblich erkundigte sich Ptolemaios nach Anzahl und Titeln der erworbenen Bücher.

«Oh, mein König, es sind mehr als hunderttausend. Aber es gibt in Jerusalem und in Judäa heilige Bücher, die wir nicht besitzen, die von einem einzigen und universalen Gott sprechen.»

Unverzüglich gab Ptolemaios den Befehl, diese Thora wie auch alle anderen Bücher von den besten Gelehrten und Rabbinern ins Griechische übersetzen zu lassen.

Doch Demetrios gehorchte nicht. Zum ersten Mal mißachtete er den Auftrag, den der König ihm erteilt hatte: sämtliche Bücher der Welt zu sammeln, zu übersetzen, zu analysieren. Er fürchtete nämlich, diese monotheistische Religion könnte den offiziellen Serapis-Kult schwächen. Und er war doch einer der Hohepriester! Er wußte auch, daß das gemeine Volk Ägyptens die Juden haßte, und die waren zahlreich vertreten in Alexandria. Ein alter Groll, der vermutlich vom Exodus herrührte. Es schien ihm folglich unnütz, durch offenkundige Begünstigung ihrer Religion eine jener Meutereien zu provozieren, die Vorstädte und Dörfer in regelmäßigen Abständen immer wieder erschütterten.

Den wahren Grund seiner Mißachtung des Befehls aber konnte der Herr des Museions erst recht nicht preisgeben: Trotz seines Eides, den er bei seiner Flucht aus Griechenland geleistet hatte, war der Dämon der Politik wieder über ihn gekommen. Anstatt sich voll und ganz seiner neuen Mission zu widmen, hatte er das Intrigenspiel wieder aufgenommen, insbesondere bezüglich der Nachfolge des alternden Ptolemaios.

Dessen erste Gemahlin, Eurydike, war die Tochter eines Feldherrn, der unter Alexander gedient und in

Makedonien Regent der erblich belasteten Sprößlinge des Eroberers geworden war. Aus dieser Ehe entstammten vier Kinder, was Ptolemaios und seinen Schwiegervater aber nicht hinderte, sich bis zum Tode des letzteren zu bekriegen. Als Ptolemaios die Kyrenaika eroberte, um die Union zwischen Ägypten und diesem Staat festzuschmieden, ehelichte er Berenike, die Tochter eines dort ansässigen Herrn aus der Oberschicht.

Berenike gewann schnell an Einfluß in Alexandria, während Eurydike, die Beiseitegeschobene, allmählich nur noch eine Nebenrolle spielte. Natürlich hatte auch sie ihre Anhänger, unter denen Demetrios nicht der Geringste war. Doch Berenike gebar einen Sohn, den der König Ptolemaios nannte, womit er aller Welt unmißverständlich deutlich machte, wer sein Nachfolger werden sollte.

Demetrios versuchte, den König davon abzubringen, und zeigte deutlich seine Vorliebe für den Ältesten von Eurydike. In seiner Arroganz als Grieche vermochte er sich nicht einmal vorzustellen, daß über Alexandria eines Tages ein Barbar, ein ‹Metöke› mit viel zu dunkler Haut herrschen könnte. Ptolemaios indes erteilte dem alten Freund eine herbe Abfuhr und schickte ihn zu seinen Buchrollen zurück! Von diesem Tag an ersehnte der Bibliothekar den Tod des Königs, um selbst Regent zu werden, Berenike und ihren Sohn auszuschalten und den Ältesten der ersten Königin, einen echten Griechen, auf den Thron zu heben. Inzwischen verweigerte er sich dem Vorschlag Aristeas', weil er sich einredete, Berenike gehöre zum Volk der Schrift.

Aristeas aber, ein Vertrauter der zweiten Königin – er war, ebenso wie der Dichter Kallimachos, mit ihr aus der Kyrenaika gekommen –, gehörte zu jenen Exiljuden, die zutiefst von hellenischer Kultur geprägt waren. Die Pharisäer-Schriftgelehrten Jerusalems verabscheuten sie, und deswegen kanzelten auch einige unserer Propheten sie öffentlich ab, was nicht immer ganz gerecht war. Aristeas verleugnete nämlich keineswegs seine Religion, und er gehörte auch nicht zu denen, die, wenn sie ins Badehaus gingen, sich eine falsche Vorhaut anlegten. Im Gegenteil, er hoffte inständig, das göttliche Wort unter den Heiden verbreiten zu können. Eigentlich war er ein wenig wie du, Amr.

Die ungerechte Weigerung Demetrios' machte Aristeas wütend. Er haßte Palastintrigen, lief zu Berenike und beklagte sich bei ihr. Diese wiederum sprach mit dem König, der seinem Bibliothekar ins Gewissen redete. Es war das Ende der Freundschaft zwischen den beiden Jugendgefährten. Der ehemalige Ratgeber fiel in Ungnade und wurde lebenslang unter Bibliotheksarrest gestellt. Nun war er der Gefangene seines eigenen Werkes. Doch der König, willens seine Entschlossenheit zu demonstrieren, berief den Sohn, den er mit Berenike hatte, zum Mitregenten. Von nun an erschien er nur in dessen Begleitung im Museion. Demetrios hatte verspielt.

Aristeas wurde eine der mächtigsten Persönlichkeiten innerhalb der Bibliothek. Der junge Offizier war kein Soldat im gewöhnlichen Sinn. Er hatte nie Krieg geführt. Den größten Teil seiner Jugend hatte er an Berenikes Hof verlebt, als diese nichts weiter als eine Prinzessin von Kyrene war, die sich mit Dichtern und Literaten umgab. Aristeas' Kenntnisse in der Papyrus- und Tintenherstellung machten aus ihm ganz natürlich den Meister der Kopisten, eine Tätigkeit, die er anfangs rein ehrenamtlich ausübte, denn seine vornehmste Aufgabe war es, die Bibel fürs Museion zu erwerben und sie übersetzen zu lassen.

Das war weiß Gott kein leichtes Vorhaben. Von Alexandria aus bestand zwar kein Widerstand mehr. Ganz im Gegenteil: Der König drängte zur Eile, um noch vor seinem Tode das mosaische Gesetz kennenzulernen. Die heiligen Rollen ausfindig zu machen war für Aristeas auch kein Problem: Er schenkte dem Museion seine eigenen. Aber Übersetzer zu finden, das war das Schwierigste.

Gleich nach der Gründung der Stadt hatte sich die alte jüdische Kolonie in einem an das Palastviertel angrenzenden Stadtteil niedergelassen. Nichts oder fast nichts unterschied sie von den Griechen. Dort nach Übersetzern und Schreibern zu suchen war sinnlos, ebenso sinnlos wie bei denen, die während der Kriege von Alexander und Ptolemaios in Palästina als Sklaven genommen worden waren, ehemalige Soldaten mitsamt Familie, die einfach zur Kriegsbeute gehörten.

Nur eine Reise nach Jerusalem konnte zum Erfolg führen. Nur dort war es möglich, Schreiber und Kirchenlehrer aufzutreiben, die bereit waren, sich nach Alexandria zu begeben und sich dort an die Arbeit zu machen. Seit fast vierzig Jahren war Palästina in den Händen der Griechen, und es gab viele Juden, die sich von den durch den Besatzer mitgebrachten Neuerungen verführen ließen. Man entdeckte die Philosophen und die Dichter, man ging in Badehäuser und ins Stadion, man reiste nach Athen und schloß Eheverträge mit den Besatzern. Die Priester und die pharisäischen Schriftgelehrten erhoben heftige Vorwürfe gegen die abtrünnigen Gläubigen, schmähten die Verlockungen als zweites Goldenes Kalb. Aber das ist ja in allen Reli-

47

gionen der Welt so. Ihre Anführer verabscheuen alles, was von anderswo kommt, vor allem das Gute und das Schöne. Eine andere Wahrheit schwächt ihre zeitlich begrenzte Macht, selbst wenn sie ihrer Wahrheit gar nicht widerspricht. Ist es nicht so, Amr?

Doch verzeih meine ewige Fragerei, kehren wir lieber zu Aristeas zurück. Er wußte sicher, daß, käme er mit leeren Händen nach Jerusalem, seine Mission erfolglos enden würde. Daher suchte er vor seiner Abreise den König auf und erbat von ihm das Versprechen, allen noch in Sklaverei befindlichen Juden die Freiheit zu schenken, im Austausch für die Einwilligung der hebräischen Gelehrten, im Museion in Alexandria zu arbeiten. Ptolemaios versprach es. Im Gegensatz zu seinem fernen Vorgänger Pharao hatte er erkannt, daß das Volk Moses' in Freiheit dem Staat weit nützlicher war als in Ketten.

Dieses Versprechen im Gepäck, schiffte sich Aristeas nach Jerusalem ein. Seit seiner Kindheit hatte er die Stadt nicht mehr gesehen und fand sie nun enttäuschend klein. Der Tempel und der Berg Zion hätten zur Gänze auf der Insel Pharos Platz gehabt.

Entgegen seinen Erwartungen willigte der Sanhedrin, der Rat der jüdischen Priester, ohne Schwierigkeiten in Ptolemaios' Bitte ein. Die einundsiebzig Mitglieder dieses Religionstribunals wie auch der Hohepriester wären gerne selber gefahren, aber die meisten von ihnen konnten kein Griechisch. Mit großer Sorgfalt wählten sie daher diejenigen aus, die sie vertreten sollten: Aus zwölf Gruppen, die die zwölf Stämme Israels repräsentierten, ernannten sie jeweils sechs ‹Alte›. Die Überlieferung nannte sie später die ‹Siebzig›, ein Rechenfehler, der vermutlich einem faulen Kopisten anzulasten ist. Natürlich darf man sich auch diese zwei-

undsiebzig Männer nicht als eine Schar zittriger, weiß-
haariger Greise vorstellen. ‹Alte› bedeutete wortwörtlich
‹Familienoberhaupt› oder ‹Stammesfürst›. Und das ist
keine Frage des Alters. Diese hochgelehrten Männer beherrschten die griechische Sprache perfekt, und wahrscheinlich waren sie daher auch aufgeschlossen in bezug auf die Welt der Heiden. Und mit der Überlieferung dürften sie sich auch gewisse Freiheiten erlaubt
haben. Jedenfalls, so stelle ich mir vor, kamen für eine
solch lange Reise und eine so schwere Aufgabe nur reife
Männer in der Blüte ihrer Jahre in Frage.

Die Chronik berichtet, Ptolemaios habe sie im großen Audienzsaal seines Palastes empfangen und sie im
Verlauf des Festmahls sieben Tage lang ausgefragt:
über die Natur, den Himmel, den Mann, die Frau, die
gute Staatsführung, und die zweiundsiebzig Rabbiner
hätten auf alles eine Antwort gehabt und ihn von der
Allwissenheit der Thora zu überzeugen vermocht.

Vermutlich ahnst du bereits, daß die Chronik, die
ich zitiere, von einem Juden geschrieben wurde. Solch
apologetische Literatur ist meiner Religion sonst nicht
eigen. Sie findet sich haufenweise in diesen Regalen,
und immer ist der Weise mit der flinken Zunge in der
Zwangslage, den Monarchen auf den Weg der Wahrheit zu führen. Soll heißen: der zahllosen Wahrheiten,
die ebenso zahlreich sind wie die Weisen. Und die
Monarchen.

Wenn du die Chronik zu sehen wünschst, werde ich
dir den Schrank zeigen, in dem sie aufbewahrt wird.
Der Titel lautet *Aristeas-Brief,* doch sehr wahrscheinlich
ist unser Offizier nicht der Autor. In diesem Buch jedenfalls heißt es, daß keiner der ‹Siebzig› auch nur versuchte, dem König die Nichtigkeit der Bibliothek aufzuzeigen. Gewiß, sie beteuerten, in der Schrift sei alles ge-

sagt – aber wer hätte das nicht beteuert? Doch niemals, Amr, niemals, hörst du, hätten sie sich erlaubt, die anderen Bücher von nun an als unnütz zu bezeichnen.

Nach Beendigung dieses Gastmahls nach dem Vorbild Platons baten die ‹Siebzig› – plus zwei, ich bin ja schließlich kein Faulpelz! –, sich an die Arbeit machen zu dürfen. Sie stellten nur eine Bedingung: Sie wollten nicht im Museion, das sie als Götzentempel ansahen, untergebracht werden, sondern in zweiundsiebzig völlig voneinander abgeschiedenen Zellen, die sie erst verlassen dürften, wenn die Übersetzung fertig war. Während dieser Zeit würden sie auch nicht miteinander sprechen. Der König stimmte bereitwillig zu und befand, die Insel Pharos, deren Turm noch nicht fertig war, sei der vorteilhafteste und ruhigste Ort dafür. Zudem war sie mit der Stadt nur durch eine Brücke verbunden, so daß man zur Bewachung nur eine geringe Anzahl von Soldaten benötigte, eine in kriegerischen Zeiten durchaus nicht unwichtige Einsparung. Überdies ordnete er an, die Arbeiten auf der Turmbaustelle bis zur Beendigung der Thora-Übersetzung einzustellen und die verlangten Einsiedlerzellen zu bauen. Ich weiß natürlich nicht, wie sich unsere Zweiundsiebzig während all diesen Vorbereitungen die Zeit vertrieben. Alexandria jedenfalls bot ihnen hinreichend Zerstreuungen; neben den jüdischen Theatern, wo der Pentateuch in Komödien nach Art eines Aischylos oder Sophokles gespielt wurde, gab es weitaus irdischere Vergnügungen, die sie vermutlich von sich wiesen. Schließlich waren sie ja Familienoberhäupter!

Es kam der Tag, an dem sie sich in die Abgeschiedenheit der Insel zurückzogen. Später warf man ihnen vor, sie hätten die Bauarbeiten am Turm willentlich verzögert und damit Ptolemaios Soter die Chance genommen, sein zweites großes Bauwerk, den Leuchtturm, vollendet zu sehen, das siebte Weltwunder, das erst nach seinem Tode fertig wurde. Aber was wirft man den Juden nicht alles vor? Ich kann beteuern, daß diese wie auch so manch andere Anschuldigung böswillig ist, denn ihre Arbeit dauerte nur zweieinhalb Monate.

Nach zweiundsiebzig Tagen verließen die zweiundsiebzig Übersetzer tatsächlich ihre Zellen, alle zur gleichen Zeit, und alle hatten ihre Arbeit vollendet. Vielleicht hatte jeder von ihnen siebentausendzweihundert Schriftrollen übersetzt und dazu siebenhundertzwanzig dickbauchige Korbflaschen Wein aus Zypern getrunken, um sein Ziel zu erreichen – auch das ist nur eine Vermutung. Hypatia, die sich mit Zahlen weitaus besser auskennt als ich, wird es dir sagen. Die Chronik beteuert jedenfalls, die zweiundsiebzig Übersetzungen seien verglichen worden, und man habe mit Erstaunen feststellen müssen, daß sie absolut identisch waren, bis aufs Jota gleich ... War das etwa kein Wunder?

Wo Amr sich als Übersetzer bekennt

«Du sprichst in recht leichtfertigem Ton über die Thora», bemerkte Amr unwirsch. «Dabei geht es doch um das Gesetz für die Kinder Israels wie auch für die Ismaels. Um dein Gesetz, Rhazes, und um das meine. Und auch um das der Christen. Es zu belächeln ist Gotteslästerung.»

«Und du, du verteidigst das Buch mit Feuereifer. Mit vermutlich dem gleichen Feuereifer, mit dem du es zerstören wirst.»

«Hör auf mit deinen Wortspielen! Kannst du immer über alles nur spotten?»

«Trau dieser Maske von Ironie lieber nicht», mischte sich jetzt Hypatia ein. «Es ist eine Maske, wenn nicht gar eine Rüstung. Die Stunden, die Rhazes nicht der Bibliothek widmet, verbringt er in den Elendsvierteln der Stadt, wo er sich bemüht, die Krankheiten bitterster Armut zu heilen, bar jeder Furcht vor Ansteckung oder Prügel. Und Elend sieht er genug: offene Wunden am Bauch eines Kindes, die Fliegen als Tränke benutzen, Gebärende im Todeskampf, Soldaten mit abgehackten Armen, womöglich von deinem Säbel … Fallen da angesichts solcher Abscheulichkeiten Wortgefechte wie die unsrigen für ihn groß ins Gewicht? Nur durch sein fröhliches Gemüt und sein scheinbar leichtfertiges Auftreten vermag er zeitweilig die Schreckensvision solch grauenvoller Bilder zu verdrängen.»

«Ich bedarf deiner Hilfe nicht, Hypatia, um mein Verhalten zu rechtfertigen», fauchte Rhazes, aus dessen Gesicht jeder Schalk verschwunden war.

«Du vergreifst dich im Ton», empörte sich Amr.

«Ich glaube, das Essen steht bereit», mischte sich Philoponos ein, um zu verhindern, daß das Gespräch in Hahnenkämpfe ausartete. «Verstehst du, Amr, warum es mich nie langweilt, die Geschichte der Septuaginta zu hören? Für mich ist das die Begegnung zwischen Philosophie und Offenbarung. Und für diese Verbindung habe ich mein Leben lang gekämpft.»

«Dennoch kann ich nicht erkennen, worin das Wunder bestehen soll», brummte Amr. «Hat denn nicht jedes hebräische Wort seine griechische Entsprechung, die genau das gleiche bedeutet?»

«Als ich vom Gleichklang der Wörter ‹Babel› und ‹brabbeln› – korrekter wäre ‹verwirren› – sprach, wollte ich damit nicht meine Gelehrsamkeit eitel zur Schau stellen», sagte Rhazes. «Und ironisch wollte ich auch nicht sein. Ich wollte damit nur sagen, daß der Sinn nicht alles ist. Die ‹Siebzig› hätten sich ja sonst für die Schreibweise ‹Turm des Gebrabbels› entscheiden können – das aber wäre Verrat gewesen. Ein Verrat, den der Pseudo-Aristeas in seinem sogenannten *Brief* beging, als er ‹Alte› durch ‹Greise› ersetzte, obwohl das Alter in der Geschichte keinerlei Rolle spielt. Was zum Beispiel empfindest du, der du aus der glühenden Wüste kommst, wenn ich dir von ‹Schnee› spreche? Bestimmt nicht dasselbe wie einer aus dem hohen Norden. Solltest du eines Tages beabsichtigen, deinen Koran ins Griechische oder Lateinische zu übersetzen, wirst du feststellen, daß jedes Wort ein Hindernis darstellt, das zu umgehen man manchmal gezwungen ist. Das Wunder der ‹Siebzig› wird sich nämlich – mit Verlaub – ganz sicherlich nicht beim Buch Mohammeds wiederholen.»

«Ich habe schon daran gedacht und dem Kalifen sogar vorgeschlagen, mich selbst darum zu kümmern, den Völkern, nachdem ich ihre Länder erobert habe, das göttliche Wort zu überbringen. Aber er war dagegen, es wäre Gotteslästerung, da der HERR mit dem Propheten arabisch gesprochen habe und keine andere Sprache.»

«Ein Gott, der nur eine einzige Sprache spricht! Eine merkwürdige Art, seine Universalität zu bezeugen», spöttelte Rhazes.

«Mein Pech», seufzte der General. «Jetzt kann ich's euch ja bekennen: Ich fange an, diese Bibliothek und ihren Gründer Ptolemaios, den Retter, zu bewundern. Und wenn es nur von mir abhinge, würde ich aus Alexandria das Juwel des Islam machen. Aber ich bin eben nur ein Soldat und werde gehorchen müssen, egal, wie der Befehl des Kalifen Omar lautet. Helft mir, ihn zu überzeugen, daß diese vergangene Größe zu respektieren ist. Erzählt mir weitere tiefgründige Geschichten wie die von der Septuaginta. Die wird ihn innerlich berühren, wie sie mich gerührt hat. Helft mir, ihm zu beweisen, daß all diese Bücher nicht gegen den Koran gerichtet sind, ihn vielmehr bestätigen, ihm noch mehr Größe verleihen. Vielleicht wird er sich dann umstimmen lassen … Einer von euch erwähnte einen jungen Mann, dessen Genie ihn vorlaut machte: Er zählte die Sterne. Wäre es gut, Omar davon zu berichten? Sähe der Kalif in ihm nicht eher einen Anhänger des Teufels, der Gott herausfordert, indem er versucht, SEIN WERK aufzulisten?»

«Euklid zählte nicht die Sterne», berichtigte Hypatia behutsam. «Die Geometrie, die er erfand, führt unweigerlich zur Beobachtung der Gestirne. Im Grunde bist du, Amr, ein Schüler Euklids, du weißt es nur nicht. Hast du nicht, indem du bei Tage dem Weg der Sonne folgtest und bei Nacht die Position der Sterne beobachtetest, deine Truppen bis hier zu uns führen können?»

«Die Geschichte von diesem Euklid mußt du mir morgen erzählen. Bis dahin, geht jetzt in Frieden, und wägt eure Argumente gut ab.»

Du bist also gar nicht der Feind, Amr, sondern dein König, sagte sich die schöne Gelehrte erleichtert. Gehen wir also von folgendem Axiom aus: Jeder siegreiche General strebt eines Tages nach dem Thron dessen, für den er gekämpft hat. Sei auf der Hut, Caesar der Wüste. Ich werde einen Teppich vor dir ausrollen, wie Kleopatra, einen Teppich, gewebt aus Wissen. Dann wirst du bald mit Medina liebäugeln und nach der

54

Macht schielen, die ihr Pontifex maximus, der besagte Omar,
noch in Händen hält.

Der vorlaute Euklid
(Hypatias erster Gesang)

Über Euklids Leben wissen wir nur wenig. Es war vermutlich kurz, und nur wenige schmeichelten sich, ihn gekannt zu haben. Doch sein Werk war außergewöhnlich und von beachtlichem Umfang: Drei Schränke reichen nicht aus. Er war also ein junger Mann unter vielen anderen, die sich bei Demetrios' engstem Mitarbeiter, dem Grammatiker Zenodotos aus Ephesos, der als erster offiziell den Titel Bibliothekar trug, vorstellten. Demetrios war ja für das gesamte Museion verantwortlich, die Bibliothek war nur ein Teil davon. Rings um die zentrale Agora hatte er für diejenigen, die längere Zeit hier wohnten, einen Wandelgang mit überschatteten Sitzplätzen und ein großes, kreisrundes Speisezimmer anlegen lassen. Die Ärzte unter der Leitung des großen Herophilos verfügten über eigene Seziersäle, auch einen Tierpark gab es und einen botanischen Garten, wo – wie bei den Büchern – alle Tier- und Pflanzenarten der Welt versammelt werden sollten.

Euklid trug als einziges Gepäck in einem großen Beutel die ersten drei Bände seines Werkes *Die Elemente* mit sich. Darin ging es um Geometrie. Bei seinem Vorstellungsgespräch mit dem Bibliothekar berief er sich auf seinen Vorfahr Euklid von Megara, der zur Akademie von Platon gehört hatte. Eigentlich brauchte er sich gar nicht auf den zu berufen, denn allein schon, daß er Geometer war, genügte, um ihm die Pforten des Museions zu öffnen. Man steckte ja noch in den Anfängen des Aufbaus der Bibliothek. Ganz unbekümmert hatte Demetrios Männer, die er kannte, zu Hilfe gerufen, Grammatiker, Philosophen, Dichter, alle geradewegs entlehnt aus dem Lykeion oder der Akademie von Athen. Ptolemaios seinerseits war völlig ausgelastet, er mußte schließlich seine Dynastie festigen und legitimieren. Daher ließ er die von ihm angestellten Gelehrten vor allem in bestimmten Bereichen forschen: Geschichte, Epen, Ursprungsmythen der Völker, Weltreligionen, Homer, Zoroaster, Gilgamesch oder auch – wie Rhazes dir erzählte – Bibelforschung betreiben. Schrieb der König selbst nicht auch an einer *Geschichte Alexanders*, während Demetrios sich mit Hilfe Zenodotos mit einer Schrift *Über die Ilias* befaßte? Und Kallimachos, der Dichter aus Kyrene, nahm eine *Divinatio* der Königin Arsinoë von Ägypten in Angriff, während Apollonios, der Schüler dieses großen Dichters, den die Nachwelt den Rhodier nannte, ein großes Epos in Arbeit hatte, das den Titel *Argonautika* tragen sollte.

Daß das Museion mit seiner Beschränkung auf Dichtkunst, Religion, Philosophie, Sprachen und Literatur seinem Universalanspruch nicht gerecht werden würde, spürten alle. Zu gerne hätten sie in den Frontgiebel die Devise der platonischen Akademie «Kein der Geometrie Unkundiger hat hier Einlaß» gesetzt.

Der erste Geometer, den Zenodotos nun an jenem Tag vor sich hatte, war ein hochgewachsener, unverfrorener junger Mann, der unverblümt darum ersuchte, hier arbeiten zu dürfen, mit dem gleichen Lohn, der gleichen Behausung und den gleichen Vorteilen wie die gelehrten Denker mit dem weißen Haar, die sich stundenlang in der Wandelhalle ergingen. Selbstverständlich erklärte der Bibliothekar dem jungen Euklid, daß für diese Entscheidung erst einmal ein Weisenrat einberufen werden müsse, der sich Einblick verschaffen würde in seine *Elemente*, darüber diskutieren und ihn anschließend einer Prüfung unterziehen würde. Recht ungeniert erwiderte Euklid, dann könne er diese Zeit ja nutzen, um die Struktur der Pyramiden zu studieren.

Die Leser und Gutachter des Werkes, das er ihnen überlassen hatte, bevor er nilaufwärts zog, waren überrascht von der Geradlinigkeit und Schmucklosigkeit der Arbeit des jungen Mannes. Sie hatten mystische, prophetische und esoterische Hirngespinste über Formen und Zahlen erwartet, nach Art der Pythagoreer, die damals so viel Unheil stifteten. Hier hingegen war alles systematisch aufgezeigt und entwickelt, bis es klar, schön und harmonisch klang wie göttliche Musik. Als sie ihn zur Prüfung antreten ließen, stand ein von der Sonne Gizehs gebräunter Euklid vor ihnen.

«Da du ja soeben diese Weltwunder, die Pyramiden, gesehen hast, diese vollendeten geometrischen Formen, sag uns, ob du die Behauptungen jener, die Pythagoras für den Baumeister halten, bestätigen kannst?» – fragte als erster Ptolemaios.

«Ich habe keine Ahnung, mein König, und ehrlich gesagt, diese Frage interessiert mich auch überhaupt nicht. Ich habe dort nur eines feststellen können: Die ersten Pharaonen hatten außerordentlich fähige Geometer für die Errichtung dieser Bauwerke zur Verfügung. Möge dir Gleiches gelingen, um ihrem Ruhm zu entsprechen!»

Diese kühne Antwort rief mißbilligendes Gemurmel in der Versammlung hervor.

«Dir ist aber doch wohl bekannt, junger Mann», sagte nun Demetrios, «daß Pythagoras schrieb, das Dreieck sei der Anfang der Entstehung sowie der Form aller erzeugten Dinge. Was sind die Pyramiden dann anderes als eine Zusammenfügung von Dreiecken?»

«Davon habe ich zwar gehört, doch ich wußte nicht – in meinem Alter weiß ich noch vieles nicht –, daß es schriftliche Spuren seines Denkens gibt. Eines indes weiß ich: Die pythagoreischen Dreiecke haben mit denen, die die vier Seiten einer Pyramide bilden, nichts zu tun. Die geheiligte Figur der Ägypter war ein rechtwinkliges Dreieck, das sie für vollkommen und folglich für heilig hielten. Vollkommen, weil es einmalig war. Ihre Landvermesser hatten eine sehr geschickte Methode entwickelt, um den rechten Winkel zu erhalten. An einem langen Strick machten sie in regelmäßigen Abständen Knoten. Mit den Längen drei, vier und fünf bildeten sie das einzige rechtwinklige Dreieck, deren Seiten eine arithmetische Reihe ergeben. Das machten sich die Priester zunutze und erklärten, die vertikale Linie, die der drei, sei das Zeugungsprinzip von Osiris; die Basislinie, die vier, das Empfängnisprinzip der Isis; und die Hypotenuse, die fünf, sei die Geburt, also Horus. Schon möglich, daß Pythagoras bei seinem Besuch in Ägypten dank dieser als heilig angesehenen Figur sein berühmtes Theorem entdeckte. Ich werde es euch nicht aufsagen, ihr kennt es ja ebensogut wie ich.»[2]

Euklids Ausführungen verblüfften seine Prüfer, zumal einige von ihnen überhaupt nichts begriffen hatten. Demetrios fragte nun:

«Du behauptest also, nirgendwo an den Pyramiden dieses heilige Dreieck entdeckt zu haben?»

«Ich behaupte gar nichts, denn danach habe ich ja nicht gesucht. Ich bin nur ein mittelmäßiger Baumeister, aber ich habe den Eindruck, diese Denkmäler hätten dem Wüstensand nicht so lange standgehalten, wenn sie aufgrund dieser Figur errichtet worden wären. Damit könnte sich ein Theologe oder ein Philosoph in seinen Mußestunden vielleicht befassen. Mit ein paar Verrenkungen würde er dieses berühmte Dreieck sicherlich finden …»

Mit einem schelmischen Lächeln, das seine Worte unterstrich und mehr als einen gegen ihn aufbrachte, fuhr Euklid fort: «Ich persönlich befasse mich nämlich nicht mit der Symbolik von Zahlen oder Figuren. Daß die Vier das weibliche Prinzip sei oder der Kreis die Versinnbildlichung des Antlitzes Apollos – für mich sind das hohle Lehrsätze, da sie nicht beweisbar sind. Schönheit und Nützlichkeit der Mathematik – das ist etwas ganz anderes. Mögen sich Priester und Philosophen ruhig damit vergnügen, das ist ihre Sache. Mit meiner Mathematik will ich Baumeistern, Vermessern, Mechanikern und Astronomen das beste Werkzeug in die Hand geben.»

Die notorischen Pythagoreer in der Prüfungskommission begannen zu murren. Euklid merkte, daß er zu weit gegangen war und daß er sich auf diese Weise selbst den Eintritt ins Museion verbaute. Er gab sich demütiger:

«Verzeiht dem Feuer meiner Jugend. Dieser Entwurf der *Elemente*, von dem ihr Kenntnis genommen habt, verdankt alles den Philosophen und dem Größten unter ihnen, Aristoteles. Ohne seine Syllogistik wäre ich nichts, wüßte ich nichts, hätte ich nichts entdeckt.»

«Vorsicht, junger Mann», warnte Demetrios, «da wagst du dich auf ein Gebiet, das mir recht vertraut ist. Nun wirst du uns überzeugen müssen. Nehmen wir den einfachsten und berühmtesten jener Syllogismen: ‹Jeder Mensch ist sterblich, Sokrates ist ein Mensch, folglich ist Sokrates sterblich.› Inwiefern hat deine Geometrie damit zu tun?»

«Schon in der Hauptaussage: ‹Jeder Mensch ist sterblich›. Eine unbeweisbare Behauptung, bestenfalls eine Auflistung sämtlicher Genealogien seit Geburt des ersten Menschen, ein unmögliches Unterfangen. Doch selbst der größte Dummkopf erkennt darin Augenschein und Realität. Mein Hauptsatz, mein Postulat würde lauten: Von einem Punkt außerhalb einer Geraden kann man nur *eine* Parallele zu dieser Geraden ziehen. Seid ihr damit einverstanden?»[3]

Euklid wiederholte es nochmals, und seine Prüfer versanken in tiefe Nachdenklichkeit. Einige bargen das Gesicht in den Händen, andere trommelten sich mit dem Zeigefinger ans Kinn, wieder andere zeichneten mit dem Finger unsichtbare Figuren auf den Tisch. Der König hob die Augen gen Himmel, seine Lippen bewegten sich, ohne daß ein Ton zu hören gewesen wäre. Schließlich sagte er:

«Du hast recht. Das ist sonnenklar. Dennoch ist es für mich eine Entdeckung, eine Offenbarung.»

«Offenbarung ist es keine, mein König, denn diesen Satz hast du ja bereits gelesen, er steht am Beginn meiner *Elemente*. Du hast ihn nur nicht sonderlich beachtet, weil er dir so offensichtlich erschien. Ein wenig so, wie wenn du in der Mitte eines philosophischen Werkes ‹jeder Mensch ist sterblich› gelesen hättest. Dieser Satz wäre deiner Aufmerksamkeit entgangen, ohne sie zu fesseln, ein Satz ohne besondere Bedeutung. Das einzig Wesentliche ist doch, daß Sokrates ein Mensch war und nichts weiter als ein Mensch. Das ist das Wesentliche.»

Euklid redete sich in flammende Begeisterung. Ausgehend von einem Punkt, entfaltete er Dimensionen, erbaute ein ganzes Universum vollendeter Formen. Er wurde zum Erbauer von großartigen Monumenten, zum Vermesser der Sterne. Aus den Zahlen, die er sang, erklang eine Musik, die man sich harmonischer nicht vorstellen konnte. Kein Gott griff ein in sein Lied. Seine geometrische Hymne war den Menschen gewidmet, nicht dem Olymp.

Ptolemaios war überwältigt und verharrte noch lange in Schweigen, nachdem Euklid seine Ausführungen beendet hatte. Dann sagte er kurz und bündig:

«Sei uns willkommen im Museion!»

Man weiß nicht, wie viele Jahre Euklid in Alexandria blieb. Sein Ruf verbreitete sich so schnell, daß man von überall herbeilief, um seine Vorlesungen zu hören, und man darf ruhig behaupten, alle Mathematiker, Astronomen und Ingenieure jener Zeit seien seine Schüler gewesen. Ihn hinderte das aber nicht, sein Werk fortzusetzen, ganz im Gegenteil, er häufte Entdeckung auf Entdeckung. Über dem Speisesaal des Museions ließ er eine Kuppel errichten, mit einem Observatorium auf der obersten Terrasse.

Doch seinen Unterricht erteilte er am Strand, unterhalb der Mauern des Palastviertels. Mit einem dicken, langen und geraden Stab zeichnete er Figuren in den Sand, vor den Augen der um ihn herumhockenden Schüler. Diesen Stab handhabte er so virtuos, daß man hätte meinen können, der Stab allein erfinde durch geschmeidige Bewegung all diese strengen Formen. Als einer seiner wohlhabenderen Schüler eines Tages fragte: «Was werde ich gewinnen, wenn ich all diese Dinge lerne?», wandte sich Euklid herablassend an einen seiner Sklaven und befahl: «Gib ihm eine Münze, denn er muß Profit aus dem ziehen, was er lernt.»

Der König nahm mit Vorliebe an diesem Unterricht

teil, er setzte sich völlig zwanglos unter die Zuhörer. Eines Tages jedoch wirkte Ptolemaios besorgt. Wie ein Musterschüler hob er den Finger und sagte:

«Ich habe soeben das fünfte Buch deiner *Elemente* beendet. Es ist gewiß sehr schön, aber begriffen habe ich nichts. Gibt es keinen kürzeren Weg, um den Begriff ‹Verhältnis› zu definieren?»

«In den Naturwissenschaften gibt es keinen direkten Königsweg», erwiderte Euklid, ergriff von neuem seinen Stab und setzte den Unterricht fort.

Ich kenne viele Monarchen, Amr, und selbst Kalifen, die eine derartige Frechheit nicht toleriert hätten. Monarchen und Kalifen, die sich niemals eingestanden hätten, daß sie vor den Naturwissenschaften und den Naturgesetzen gewöhnlichen Sterblichen gleichgestellt sind, wenn sie nicht gar unter diesen stehen. Anstatt sich vor dieser erhabenen Wahrheit zu verneigen, pflegen sie sie zu verbrennen. Nicht so Ptolemaios.

Kurze Zeit später verstarb der König. Der Sohn, den Berenike ihm geschenkt hatte, folgte ihm nach auf dem Thron und setzte sein Werk fort. Es war Ptolemaios II. Philadelphos. Demetrios versuchte, ihm den älteren Bruder, Eurydikes Sprößling, entgegenzusetzen, dessen Lehrer er ja gewesen war. Doch all seine Intrigen fruchteten nichts. Der Begründer des Museions starb kurz darauf durch einen Schlangenbiß. So manche behaupten, das Reptil sei nicht von allein in sein Schlafgemach gelangt …

Die ersten Jahre von Ptolemaios II. Philadelphos waren eher die Regierungsjahre von Euklid, zumindest im Museion. Die aus ganz Griechenland angereisten Gelehrten, junge und alte, blieben in Alexandria. Athen, das jahrhundertelang der Mittelpunkt der Welt der Mathematik und Astronomie gewesen war, versank im Schatten jener Lichter, die von nun an Ägypten überstrahlten. Lichter, die lange nicht verlöschen sollten und auch noch unter der Asche glimmten, als du, Amr, hier eintrafst.

Doch eines Tages war Euklid verschwunden, mit unbekanntem Ziel. Er wollte sein Werk in der Einsamkeit fortsetzen, fernab dieses brodelnden Kessels, zu dem das Museion dank ihm geworden war. Immer gab es dort heftige Kontroversen und kleine Eifersüchteleien, großartige Feste, wo Geist und Wissenschaft nur so sprühten, aber auch niederträchtige Verschwörungen. Euklid war der Meinung, genügend Männern von großem Kaliber sein Wissen vermittelt zu haben. Doch vor allem hatte er das Ziel erreicht, das er sich gesetzt hatte, als er bei seiner Ankunft dieser würdevollen Versammlung von Aristotelikern die Stirn bot, um ihnen zu beweisen, daß die Geometrie für die Geometer da war, die Astronomie für die Astronomen, die Mechanik für die Ingenieure. Daß im Bereich der Naturwissenschaften die körperliche Beobachtung Vorrang habe vor der philosophischen Spekulation und das Experiment vor der theologischen Kontroverse. Eine beträchtliche Anzahl seiner Schriften beließ er in der Bibliothek. Nicht in allen ging es um reine Geometrie. Wenn du Geduld genug hast, Amr, werde ich dich seine *Einführung in die Astronomie* lesen lassen, sie ist klar wie Quellwasser. Anderswo spricht er über die Optik, dann wiederum über die Herstellung von Gerätschaften, die den Menschen bei der Arbeit nützen. Auch eine *Einführung in die Harmonie* findet sich bei ihm. Darin würdest du die schönste Musik vernehmen, ohne daß auch nur ein Instrument spielt.

Euklid verschwand also aus Alexandria, doch zuvor hatte er seinen Stab dem seines Erachtens kühnsten und besten seiner Schüler übergeben, einem Astronomen, täuschend ähnlich jenem vorlauten jungen Mann, der etliche Jahre früher Demetrios und Ptolemaios Soter die Stirn geboten hatte. Es war ein gewisser Aristarchos von Samos.

Wo Amr Hypatia den Hof macht

«Deine Stimme, Hypatia, ist so melodiös, daß ich zu verstehen beginne, warum Musik und Geometrie Geschwister sind. Doch leider kann ich dich nicht bis Medina mitnehmen, um dem Kalifen die Schönheiten der Wissenschaften vorzusingen. Omar ist überzeugt, daß es der natürlichen Erziehung der Frauen schädlich ist, ihnen das Lesen beizubringen, daß diese Blume der Unschuld, die eine Jungfrau auszeichnet, an Samtigkeit und Frische zu verlieren beginnt, sobald sie mit Kunst und Wissenschaft in Berührung kommt … Daraus leitet er ab, daß die Frauen zu nichts weiter gut sind, als zu Hause zu bleiben zwischen Kindern und Küche. Deine Schönheit, dein Wissen, deine Freiheit wären in seinen Augen das schlimmste aller Laster Liliths!»

«Du dienst einem sehr strengen Monarchen, Amr», erwiderte Hypatia und fügte nicht ohne Koketterie hinzu: «Und solltest du es darauf anlegen, mir zu gefallen, dann schlägst du dazu nicht den besten Weg ein, wenn du mir die Vorzüge deines Landes und deiner Religion rühmst.»

«Wenn du nur die Stimme, die dir über das Werk Euklids erzählt hat, im Ohr behalten hast, dann wüßte ich nicht, welches Argument du daraus entlehnen könntest, um deinen Herrn zu überzeugen», warf Rhazes bissig ein.

«Ich bin nicht euer Fürsprecher», entgegnete Amr im gleichen Ton. «Seit wann erteilen die Besiegten dem Besieger Lektionen?»

«Und ich bin nicht Byzanz, um mich als von dir besiegt anzusehen!» fauchte der Arzt. «Ich bin auch nicht Soldat. Mein Beruf ist es, Leben zu retten, nicht zu zerstören.»

«Hast du die Nützlichkeit der Geometrie begriffen, Amr?» unterbrach Hypatia.

«Deinen Worten entnahm ich, daß sie vor allem zur Errichtung von Götzentempeln dient», brummelte der Feldherr. «Wir anderen, wir brauchen keine Baumeister, um zu Gott zu beten.»

«Hast du, Amr, entlang des Nils die langen Vorrichtungen bemerkt, die ohne Anstrengung das Wasser bis auf die Felder heraufholen, als sei es magisch angezogen?» fragte nun Philoponos. «Derjenige, der diese endlose Schraube erfand, hieß Archimedes, und er war ein Schüler Euklids. Er entwarf auch eine untrügliche Methode, um Fälscher zu entlarven, und die basiert ebenfalls auf einer Schrift von Euklid, die den Titel trug *Vom Leichten und vom Schweren*. Er baute auch Kriegsmaschinen, die dich interessieren dürften und mit denen du unweigerlich über deine Feinde triumphieren würdest. Und was die riesige Laterne anbetrifft, die die Insel Pharos überragt, da vermute ich, daß sie ohne die *Optik*, ein weiteres Werk Euklids, wohl nicht seit Jahrhunderten so viele Seeleute in den sicheren Hafen zu leiten vermocht hätte.»

«Das alles ist ja schön und gut», sagte Amr, «aber diese Gerätschaften und Maschinen, mögen sie noch so ausgeklügelt sein, wurden vor langer, langer Zeit erfunden. Inzwischen weiß man längst, wie sie herzustellen sind, dazu braucht man doch diese alten Bücher nicht mehr. Und wäre ich Omar, wüßte ich, was ich euch zu antworten hätte: ‹Bewahren wir diese Erfindungen, da GOTT gestattet hat, daß es sie gibt. Er bestimmte sie gewiß den wahren Gläubigen. Aber verbrennen wir diese Bücher, weil ER uns auch durch die Stimme Seines Propheten das einzig verläßliche Wort schenkte, SEIN WORT, in dem alle anderen enthalten sind.›»

«Und dann wirst du ihm antworten», bemerkte Rhazes, «er könne aber in diesen nichtigen Menschenwerken erfahren, wie man das Wort eures Gottes noch viel schneller und weiter tragen könne, auf widerstandsfähigen Schiffen, über sichere Wege, bis hin zu Landstrichen, von denen er keine Ahnung hat, von denen diese Bücher aber sprechen. Nichts ist vollendet, nichts ist starr, Amr, und die GESCHICHTE geht immer weiter ihren Gang. Beweist das nicht allein schon deine Anwesenheit in diesen Mauern?»

«Mag sein. Ich werde noch ergänzen, daß mit dem Koran eine neue Ära beginnt. Eine Ära der Reinheit und der Wahrheit. Eine von heidnischem Aberglauben gereinigte Ära. Ist der schändlichste Aberglaube nicht der, aus den Sternen die Zukunft der Menschen lesen zu wollen? Das frage ich dich, Hypatia.»

«Den Astronomen geht es nicht darum, von den Gestirnen ihr Schicksal zu erfahren oder das Antlitz Gottes zu betrachten», rief die junge Frau aus, obgleich sie ihren eigenen Worten dabei nicht so ganz traute. «Es sind Himmelsvermesser, Bewunderer des göttlichen Werks, aber auch Geographen der Sterne, die durch das Zeich-

66

nen der Karten von da oben es erst möglich gemacht haben, Karten von der Erde so genau zu zeichnen, daß sie für die Reisenden Sicherheit bedeuten.»

«Erzähl mir lieber von demjenigen, dem Euklid seinen Stab anvertraute. Dieser Aristarchos von Samos dürfte ja der beste von allen gewesen sein. Was er entdeckt hat, müßte genügen, mich zu überzeugen, daß es kein Sakrileg ist, den Himmel wie ein banales Kornfeld zu vermessen.»

Wie dumm ich bin, sagte sich Hypatia. Warum habe ich ihm die Existenz von Aristarchos nicht verschwiegen? Belügen kann ich ihn jetzt nicht. Versuchen wir also, ihm die Geschichte ein wenig abgewandelt zu erzählen, ohne die Wahrheit zu verfälschen.

Die Sterne und der Sand
(Hypatias zweiter Gesang)

Die Beobachtung des Himmels ist auch in unseren Tagen noch ein Beruf, der ebenso gefährlich ist wie der des Soldaten. Vielleicht noch gefährlicher, denn der Astronom ist allein und hat kein Heer hinter sich. Allein steht er den Fürsten gegenüber, denen es nicht genügt, auf Erden zu herrschen, die nur allzugern glauben machen würden, ihr Thron sei ihnen von den Göttern als Geschenk dargeboten worden. Allein steht er den Priestern und Orakeln gegenüber, die befürchten, die Erklärung der Bewegung der Sterne oder die Ankündigung einer Finsternis könnten die Mysterien bloßlegen, auf die sie ihre Macht gründen. Allein steht er dem Entsetzen und Aberglauben des Volkes gegenüber, das den Astronomen verantwortlich machen wird für Erdbeben, Überschwemmungen, Hungersnöte oder Trockenzeiten, denn er hatte es ja gewagt, in den Herrschaftsbereich der Götter und Dämonen einzudringen …

Dennoch sucht der Astronom weiter den Himmel ab, vermißt die Sterne, reitet auf den Planeten herum, blickt der Sonne geradewegs ins Gesicht. Und dort oben vergißt er den Kerker oder das Beil des Henkers, die ihm drohen.

Aristarchos von Samos war der unvorsichtigste von allen. Von seinem Lehrer Euklid hatte er die Begeisterung und Unverfrorenheit geerbt. Schleuderte er vor den weitaus gesetzteren und artigeren Kollegen eine seiner nach Schwefel riechenden Hypothesen, die seine Spezialität waren, gen Himmel, dann erschauderte so mancher in der Versammlung und blickte ängstlich um sich, ob auch kein Spion der Priester hier lauerte.

Zu jener Zeit[4] hatte Alexandria auch im Bereich der Astronomie Athen bereits entthront. Wie Euklid schon gesagt hatte, war die Himmelsbeobachtung eben nicht mehr eine Angelegenheit von Philosophen und Dichtern, sondern die Arbeit von Geometern. Beobachten, messen, berechnen, das waren nunmehr die wichtigsten Wörter. Nur eine Tatsache war bisher bewiesen: daß die Erde rund war. Ansonsten akzeptierte man, was seit Platon und seinem Schüler Eudoxos als Regel galt: Diese Kugel, auf der wir leben, stand unbeweglich im Zentrum von allem, und das Universum drehte sich um sie herum.

Aristarchos wollte dieses Postulat in Frage stellen. Er glaubte, sich alles erlauben zu dürfen. Ptolemaios II. Philadelphos deckte all seine Kühnheiten, und Euklids Stab

68

war für den Gelehrten der beste Schutz. Dieser Stab, der inzwischen geschnitzt und mit Goldfäden eingelegt war, diente ihm als Arbeitsgerät. Ihn pflanzte er der Wüste ins Herz, an verschiedenen Stellen je nach Stunde und Jahreszeit, eine rustikale Sonnenuhr. An seinem Schatten, der auch der des großen Euklids war, konnte er tausenderlei Himmelsentfernungen bemessen.

Doch eines Tages beschloß er, die Summe seiner Arbeiten zu veröffentlichen. Das Buch trug den Titel *Von der Größe und den Entfernungen der Sonne und des Mondes*. Der Skandal war da. Der höchste der Serapis-Priester, die wichtigste religiöse Persönlichkeit Alexandrias, bat den König umgehend um eine Audienz. Angesichts der Gewichtigkeit der Vorwürfe befahl dieser Aristarchos unverzüglich vor ein kleines Ratsgremium. Wie sein Vater hatte der König ab und zu am Unterricht des Astronomen teilgenommen und sich in Geometrie als recht guter Schüler erwiesen. Doch als Aristarchos erschien, überließ Ptolemaios der Anklage das Wort.

«Ich habe dein Buch gelesen», sagte der Hohepriester heimtückisch. «Ich bin kein Spezialist in dieser Art Dinge und habe es vielleicht falsch verstanden. Ja, ich dürfte so manches falsch verstanden haben. Ein so gelehrter Mann wie du ...»

«Ich habe nur die Entfernung zwischen Sonne und Erde berechnet, wobei ich mich auf die Macht des geometrischen Denkens stützte, welches ...»

«Mag sein, schon gut», unterbrach der Hohepriester. «Aber diese Entfernung scheint mir immens.»

«Zwischen achtzehn- und zwanzigmal größer als die, die uns vom Mond trennt.[5] Meine Methode ermöglicht es leider nicht, genauer ...»

«Und wenn die Sonne so weit entfernt ist, wie du sagst oder wie ich zu verstehen glaubte», unterbrach ihn der Priester, den die Präzisionen des Astronomen ärgerten, von neuem, «dann ist sie immerhin viel größer, als es den Anschein hat.»

«Das hast du völlig richtig verstanden. Ich fürchtete schon, mich nicht klar genug ausgedrückt zu haben, um zu diesem erstaunlichen Ergebnis zu gelangen.»

Der Sarkasmus entging dem Hohepriester, da der Zorn in ihm hochkochte: «Wenn man dir Glauben schenkt, ist sie sogar viel größer als die Erde. Zigmal größer.»

«Deine Begabung in Astronomie kann sich mit deiner Divinationsgabe durchaus messen. Man müßte sieben Erden miteinander verbinden, um dem Durchmesser der Sonne gleichzukommen. Man kann es auch anders sagen, wenn es dir lieber ist», fügte Aristarchos mutwillig hinzu: «Das Volumen dieser strahlenden Sphäre steht im Verhältnis von dreihundertfünfzig zu dem unserer bescheidenen Wohnstatt.»[6]

«König, ich rufe dich zum Zeugen an! Dieser Mann ist von wahnwitzigem Hochmut, und durch seine irreführenden Argumente spielt er mit dem Gott Helios, dem Spender des Lichts, aber auch mit der Göttin Hestia, unserer geheiligten Erde, als seien beide nur ganz gewöhnliche Murmeln!»

Ptolemaios Philadelphos versuchte Zeit zu gewinnen:

«Bevor wir verurteilen, sollten wir erst beurteilen. Hör zu, Aristarchos, hatte Pythagoras nicht die Höhen der Gestirne an musikalischen Intervallen aufgefädelt, und hatte nicht der große Eudoxos, der doch Geometer war wie du, die Ausmaße der Welt schon endgültig festgelegt? Mit welchen Argumenten wagst du diesen Meistern zu widersprechen?»

«Mit den gleichen, die meinen Meister Euklid dazu geführt hatten, zu beweisen, daß die Welt seiner Geometrie entsprach. Ein Meister, der der menschlichen Vernunft vertraute und den dein Vater Soter – gestatte mir, dich daran zu erinnern – mehr bewunderte als jeden anderen Gelehrten.»

«Du behauptest also, daß einfache Punkte, Linien oder Dreiecke die Größe des Universums abstecken? Los, erklär uns das! Du weißt, daß ich dem Beispiel meines Vaters folgte und es nicht verschmähte, an etlichen deiner Demonstrationen teilzunehmen.»

«Oh König, da du mir die Ehre erweist, dich um Verständnis zu bemühen, gestattest du mir auch, dir ein paar Fragen zu stellen, um dich auf den Weg der Wahrheit zu lenken?»

Ptolemaios nickte, er war bereit, den intellektuellen Zweikampf aufzunehmen.

«Manchmal betrachtest du doch die Gestirne von der Terrasse des Observatoriums aus», setzte Aristarchos fort. «Dabei hast du vermutlich bemerkt, daß der Mond im Verlauf seines Zyklus jeden Monat einmal seine streng in zwei gleiche Teile zertrennte Scheibe zeigt, dabei ist die eine Hälfte hell, die andere überschattet …»

«Gewiß, wenn der Mond im ersten Viertel ist …»

«Gut, und nun zeichne in Gedanken ein großes Dreieck mit den Eckpunkten Erde, Sonne und Mond im ersten Viertel, und sieh dir die Winkel an.»

Aristarchos glaubte sich von neuem im Vorlesungssaal und wandte sich ironisch lächelnd an den Hohepriester: «Ihr könnt ruhig mitmachen, und wenn das Rechenexempel euch schwierig erscheint, so zeichnet die Figur auf einen Papyrus, dann wird euch die Wahrheit augenscheinlicher …»

Tadelndes Gemurmel wurde laut in den Reihen. Aristarchos kümmerte das nicht weiter, er wandte sich erneut an den König und fuhr dozierend fort: «Was kannst du über den Winkel sagen, den die Gerade, die die Erde mit dem Mond verbindet, mit jener Geraden bildet, die den Mond mit der Sonne verbindet?»

«Hm ... er ist ein rechter Winkel», antwortete Ptolemaios nach einigem Zögern.

«Ich huldige deiner Scharfsichtigkeit, Herrscher! Und nun nimm einmal an, daß der Winkel, wenn die Sonne nicht in unendlicher Entfernung ist – da ich ja ihre Entfernung zu messen behaupte –, daß dieser Winkel, den die Gerade durch Sonne und Erde mit der Geraden durch Sonne und Mond bildet, nicht gleich null ist ...»

«Ja ... aber wie stellst du es denn an, diesen Winkel zu messen?» höhnte der Hohepriester. «Kletterst du gar persönlich hinauf auf die Sonne?»

«Auch da antwortet Euklid an meiner Statt. Dieser Winkel ergänzt den Winkel zwischen den Geraden von Mond und Sonne zur Erde – von der Erde aus gesehen – zu einem rechten Winkel. Wohlgemerkt: von der Erde aus gesehen! Dieser Winkel kann gemessen werden.»

«Na und?»

«Und dieser Winkel liefert – durch einfache Berechnung des durch Erde, Sonne und Halbmond gebildeten rechtwinkligen Dreiecks –, dieser großartige Winkel, ich sage es noch einmal, liefert das Verhältnis der Entfernungen von Erde zu Sonne und von Erde zu Mond.»[7]

«Schlau, in der Tat», befand der König. Er hob die Hand, um dem vor Zorn schier platzenden Hohepriester Schweigen zu gebieten. Der hatte nämlich nichts begriffen, spürte aber, wie der Prozeß ihm entglitt.

«Daher», schloß Aristarchos, «wundere dich nicht, mein König, daß du mit geringer Denkanstrengung und Euklids allgemeingültiger Geometrie zu beweisen vermagst, daß diese Scheibe, die uns unerreichbar scheint und unsere Blicke versengt, endlich weit entfernt ist und du diese Entfernung übertragen kannst auf den Mond, auf das Gestirn, das unsere Träume erhellt!»

Mit dem augenscheinlichen Triumph des Gelehrten hätte der Prozeß des Aristarchos abgeschlossen sein müssen. Aber siehst du, Amr, wer durch Wissenschaft den höchsten Punkt der Welt erklimmt, wer durch Intelligenz die Tiefe des Himmels ausforscht, der lebt, weil er ständig den Kopf nach hinten neigt, in einem ewigen Taumel. Und stürzt meist in Abgründe! Aristarchos war so einer. Daher mußte er, in fast beiläufigem Ton, einfach weiterreden: «Da ihr mir die Ehre erweist, meinen Überlegungen zuzustimmen, werdet ihr ja auch die streng logische Konsequenz befürworten. Ehrlich gesagt, war meine Schrift *Von den Größen und den Entfernungen* nur die bescheidene Einführung zu dem Werk, das ich soeben abgeschlossen habe: die *Hypothese.*»

«Soso! Und welche Häresie verkündest du in deiner sogenannte Hypothese?» fragte der Hohepriester mit unverhohlener Freude, hoffte er doch, der Astronom würde sich diesmal in einer ausweglosen Sackgasse verfangen.

«Meine erste Folgerung lautet: Das Universum hat weit größere Ausmaße als die, die wir soeben feststellten. Ebenso wie die Erde in bezug zur Sonnensphäre den Bezugspunkt abgibt, spielt auch die Sonne die Rolle des Bezugspunkts für die Sphäre der Fixsterne.

Und da die Sonne und der Himmel der Fixsterne so weit entfernt sind, ist es unsinnig anzunehmen, so große Körper könnten sich als Ganzes und in nur einem Tag um eine solch kleine Erde drehen.»

«Absurd! Unsere Augen beweisen uns doch, daß sich das große Himmelsgewölbe dreht! Das ist doch evident!»

«Würdest du, Hochwürden, einwilligen, dich einmal um dich selbst zu drehen, und dabei die Fackeln an den Wänden dieses kreisrunden Saales an dir vorüberziehen lassen, hättest du dann nicht auch den Eindruck, daß der Saal sich dreht und du unbeweglich stehst?»

Ein paar Sekunden lang verharrten seine verblüfften Richter in völligem Schweigen.

«Ich beteuere also, daß die Fixsterne und die Sonne sich nicht bewegen!» Aristarchos skandierte jedes seiner Worte. «Ich behaupte, daß die Erde sich auf einer Kreisbahn um die Sonne dreht. Ich behaupte, daß die Sonne das Zentrum dieser Bahn einnimmt und die Sphäre der Fixsterne sich rund um dieses gleiche Zentrum wie die Sonne ausdehnt!»

Ein zweites verdutztes Schweigen, unterbrochen vom Angstschrei des Hohepriesters:

«Wenn das so ist, ist die Erde ja nicht mehr das Zentrum des Universums!»

«Sie ist es nicht mehr, weil sie es niemals war.»

«Und dann dreht sich ja auch das Himmelsgewölbe nicht mehr harmonisch über unseren Köpfen, denn nach deiner irrsinnigen Behauptung würden wir uns ja um die Sonne drehen!»

«Wie der Leuchtkäfer um die Weltlaterne», sagte Aristarchos unerschütterlich.

«Wie der Leuchtkäfer! Elender Wicht! Hältst du dich

etwa für einen Gott, da du dich erfrechst, mit einer Stockdrehung und ein paar auf Papyrus gekritzelten Zahlen die Ordnung der Welt zu zerstören und das Andenken der Weisen seit Urväterzeiten zu besudeln? König, dieser Mann ist zu weit gegangen! Er spuckt auf das Antlitz der Gottheit. Zum Henker mit dir, Aristarchos!»

Ptolemaios runzelte die Brauen.

«Du gehst wirklich zu weit, Astronom. Damit verläßt du den sicheren Pfad der Geometrie und stellst die bewahrheitete Ordnung der Welt in Frage. Ich verlange von dir, dich in einem öffentlichen Gerichtsverfahren zu erklären.»

Der Hohepriester warf sich vor dem Monarchen zu Boden und flehte:

«Gnade, göttlicher Monarch! Ein öffentlicher Prozeß wäre das Schlimmste und würde unvorstellbare Katastrophen auslösen! Dank eurem Vater, dem großen Soter, begnügen sich alle Länder, über die ihr herrscht, mit dem Serapis-Kult. Was werden die Griechen sagen, wenn man ihnen vorbetet, der Olymp sei nur mehr ein Hügel und Apollo der Alleinherrscher des Universums? Und erst die Juden! Ich höre sie schon endlos palavern über ihren Josua, der den Lauf der Sonne anhielt, über ihren Gott, der in sieben Tagen die Welt erschuf. Diese Leute sind mit Protest und Komplott doch schnell bei der Hand! Aber vor allem, Herr, habt ihr den ägyptischen Pöbel zu fürchten! Aufwiegler brauchen ihnen nur einzureden, der antike Re erstrahle von neuem über den Grabstätten der verstorbenen Pharaonen, und schon beginnen sie zu meutern! Sie werden eure göttliche Wesenheit in Frage stellen, euer Thron wird erbeben, das Serapeion, der Tempel der Gottheit, wird verwaist sein! Und all das wegen des Frevels dieses Irren, der die Erde einen

Leuchtkäfer nennt und die Sonne eine Laterne! Ein Irrer ... Verräter an seinem König!»

Unter dieser Beleidigung schnellte Aristarchos in die Höhe. Sein kräftiger Körper war gestählt von den ausgedehnten Wanderungen durch die Wüste, seinen Kletteranstrengungen bis hinauf auf die Pyramiden, die ihm als Observatorium dienten, von täglichem Sport im Gymnasion. Er schwang Euklids Stab und ging drohend auf den Priester zu. Die Wachen hatten Mühe, ihn zurückzuhalten.

Der Serapis-Priester schleuderte ihm entgegen: «Du wirst der Wissenschaft nützlicher sein, wenn dein elendes Gerippe auf Meister Herophilos' Seziertisch liegt!»

Der König gebot Schweigen und entschied, es werde einen Prozeß geben, aber hinter verschlossenen Türen. Er fragte den Arstronomen, welchen Verteidiger er wählen wolle.

«Archimedes aus Syrakus», antwortete Aristarchos. «Der wird euch schon überzeugen.»

Die Wahl des genialen Erfinders der Endlosschraube zum Anwalt war äußerst geschickt. Seit langem trachtete Ptolemaios Philadelphos danach, Archimedes nach Alexandria zu locken, aber dieser entzog sich immer wieder, trotz der phantastischen Angebote, die das Museion ihm machte. Er war früher zwar schon einmal gekommen, aber nur, um am Unterricht teilzunehmen und Euklids Werke einzusehen, als dessen eindeutiger Nachfolger er angesehen wurde. Danach war er nach Syrakus zurückgekehrt und hatte es seitdem nicht mehr verlassen. Ihm genügte ein eifriger Schriftwechsel mit seinen Kollegen im Museion. Seine Mitteilungen entzückten die Geometer, Mathematiker und Astronomen. Unzählige neuartige Figuren hatte er erfunden, die Sphäroiden und die geradlinigen Konoiden, erfolgreich hatte er die Gesetze der flüssigen Stoffe, der schwimmenden Körper, der Hebel und noch vieles andere studiert, das ich dir gar nicht alles aufzählen kann, weil es zuviel Zeit erfordern würde.

Ptolemaios Philadelphos wurde ungeduldig. Wie alle anderen hatten auch ihn die Entdeckungen des Gelehrten aus Sizilien zutiefst beeindruckt. Er schrieb ihm persönlich und flehte ihn an, wenn er schon nicht selbst nach Alexandria kommen wolle, möge er ihn doch wenigstens mit seinen zahlreichen Entdeckungen als Ingenieur vertraut machen. Archimedes aber gab nur zwei preis: wie man auf untrügliche Weise einen betrügerischen Goldschmied oder einen Fälscher entlarven konnte, indem man die kostbaren Stücke einfach in Wasser tauchte; und wie man mit Hilfe einer Schraube die Felder bewässern konnte. Über Kriegsgerät aber verlor er kein Wort.

Der phantasievolle Archimedes entzog sich immer wieder, indem er seinen alexandrinischen Kollegen falsche Theoreme schickte oder ihnen schier unlösbare Rechenaufgaben unterbreitete, wie jene «Stieraufgabe», für die es so viele Lösungen gibt, daß sie keiner mehr begreifen kann.[8] Denn Mathematik, Amr, ist auch eine Quelle des Lachens, der Spielerei und der Musik. Hat nicht auch der Mond seinen Spaß, wenn er an manchen Abenden vor den Astronomen mit schelmischem Lächeln die Sterne verbirgt?

Aber Aristarchos hatte noch einen weiteren Grund, den sizilianischen Gelehrten als Verteidiger zu wählen. Er wußte, daß Archimedes sich mit den Feinheiten der Politik und der Kunst, den Herrschern zu gefallen, auskannte. Er entstammte einer der ältesten Familien Siziliens und war befreundet mit dem Herrn der Kolonie, dem aufgeklärten Tyrannen Hieron, der ihn zu seinem führenden Ingenieur ernannt hatte. Die Insel, auf der er geboren worden war, galt als die älteste und blühendste der griechischen Kolonien im Westen, sie war von Alexanders Eroberungszügen verschont geblieben und lag weit entfernt von den Streitigkeiten um die Nachfolge, die nach dem Tod des Eroberers ausbrachen. Zu der Zeit befand sich jedoch die Hauptstadt, das starke Syrakus, in der Zange zweier neuer rivalisierender Mächte im westlichen Mittelmeerraum: Rom und Karthago. Der Gelehrte, der seine Heimat leidenschaftlich liebte, stürzte sich mit Leib und Seele in die Verteidigung seiner kriegsbedrohten Stadt. Neben den Arbeiten im Hafen beaufsichtigte er den Schiffbau, die militärischen Anlagen und erfand jene Zerstörungsmaschinen, die vorhin auch deine Augen, tapferer Feldherr, zum Funkeln brachten. Da er, zur großen Enttäuschung seiner alexandrinischen Kollegen, seine theoretischen Werke dabei vernachlässigte, flehten sie ihn an, sie doch wieder in Angriff zu nehmen.

Als Aristarchos ihn dann bat, er möge ihn im Prozeß um die Astronomie verteidigen, beschloß er, sich auch diesmal zu entziehen, trotz seiner Bewunderung für seinen ehemaligen Lehrer. Aber zunächst mußte er den Tyrannen Hieron von der Einladung unterrichten. «Ich befehle dir, nach Alexandria zu reisen», sagte der ihm. «Dieser Prozeß interessiert mich nicht, und du kannst dich nach eigenem Gutdünken verhalten. Aber ich habe einen anderen Auftrag für dich, als mein Gesandter. Im Konflikt, der sich zusammenbraut, fehlt es uns empfindlich an Verbündeten. Du wirst den König Philadelphos daran erinnern, daß Alexandria – wie Syrakus – griechisch ist und Römer und Karthager nur Barbaren. Um ihn zu überzeugen, erwähnst du die Geschichte der punischen Hauptstadt. Ist sie letztlich nicht phönizischen Ursprungs? Ägypten herrscht über Tyrus und ist daher berechtigt, auch seine fernen Kinder von Karthago zurückzuverlangen. Und wenn diese diplomatischen Argumente nicht genügen, überläßt du ihm einige Entwürfe deiner Erfindungen von Kriegsmaschinen. Aber ... mit Umsicht, nicht wahr?»

«Ich werde in deinem Sinne handeln, Hieron», erwiderte Archimedes. «Und ich freue mich, etwas für mein Land tun zu können und gleichzeitig meinen Freund Aristarchos zu verteidigen, ohne befürchten zu müssen, mit Gewalt in Alexandria festgehalten zu werden, da mein Status als Gesandter mich ja schützen wird.»

«Weswegen ist dein Freund, der Astronom, eigentlich angeklagt?»

Mit gespannter Aufmerksamkeit lauschte der Tyrann den Erklärungen von Archimedes, doch je mehr ihm bewußt wurde, worum es dabei ging, desto verschlossener wurde sein Gesicht. Schließlich sagte er kurz und knapp: «Sei ehrlich zu mir: Glaubst du diese Ungeheuerlichkeiten? Beweist Aristarchos wirklich, daß die Erde um die Sonne kreist?»

«Er hat nur die Entfernungen zwischen beiden gemessen und ihren jeweiligen Umfang. Alles andere ist nur eine Hypothese und kein Theorem, nicht einmal ein Postulat, da es dem gesunden Menschenverstand und dem direkt Beobachtbaren ja widerspricht. Wollte man sich aber nur auf das dem Auge Wahrnehmbare verlassen, dann würden wir noch heute nachbeten, was Thales in seinen Anfängen dachte, und uns noch immer die Erde als Scheibe vorstellen, die wie ein Holzstück im Ozean schwimmt. Doch die verwegene Hypothese Aristarchos' eröffnet den Gelehrten und Philosophen so viele neue Wege zu noch unvorstellbaren Landschaften ...»

«Den Gelehrten und Philosophen vielleicht», entgegnete der Tyrann, «aber dem gemeinen Sterblichen, hast du an den auch gedacht? Wie werden die Völker reagieren, wenn sie eines Tages erfahren, Götter und Menschen, Mächtige und Schwache, Monarchen und Untertanen, Herren und Sklaven seien nur ein Ameisenhaufen auf einem schwankenden Nachen, den das gewaltige Sonnenschiff hinter sich herzieht durch den noch viel gewaltigeren himmlischen Ozean? Das würde ja die Welt aus dem Gleichgewicht bringen! Und all das Unheil, das dann folgen würde, kann ich mir jetzt schon ausmalen: verwüstete Landstriche, Meutereien, Königsmord, Gottlosigkeit, Tempelzerstörung, Mißachtung des Eigentums und was es an schlimmen Konsequenzen sonst noch so gibt!»

«Auch nicht schrecklicher als die tödlichen Waffen, die du mich zu erfinden zwingst», warf Archimedes bitter ein.

«Ich weiß, mein Freund, und glaube mir, wenn erst wieder Friede herrscht, dann ... Bis dahin aber vergiß nicht, daß das Schicksal von Syrakus von deiner diplomatischen Mission bei Philadelphos abhängt. Und wenn du auch nur einen Augenblick lang den Eindruck gewinnst, die Verteidigung von Aristarchos könne dieser Mission schaden, dann wirst du wählen müssen zwischen deinem Freund und deiner Heimat. Ich werde alles beobachten.»

Die Drohung war unmißverständlich. Voller Furcht schiffte sich Archimedes auf einem jener furchterregenden Kriegsschiffe ein, die er selbst entworfen hatte. Kaum in Alexandria angekommen, wurde er zum König gebracht. Nachdem dieser Hierons langen Brief gelesen hatte – einen Brief, dessen Inhalt der Gelehrte nicht kannte –, sagte Ptolemaios schlicht und einfach:

«Bleib bei uns, Archimedes. Ich biete dir den Frieden und die heitere Gelassenheit, die in unserem Museion herrschen, damit dein Genie sich entfalten kann, wie es ihm angemessen ist. Dein Platz ist weder inmitten von Kriegen noch in den Labyrinthen von Politik und Diplomatie.»

«Was, König, du stachelst mich an zum Verrat? Mein Platz ist in meinem Vaterland, bei meinem Herrn und bei meinem Volk, sobald sie in Gefahr sind.»

«Dein Herr ist die Wissenschaft, dein Vaterland sind die tausend und abertausend Bücher dieser Bibliothek, dein Volk sind die Gelehrten und Weisen, die darin arbeiten. Und die Gefahr – sie schwebt heute über dem Kopf des besten von ihnen allen, über Aristarchos von Samos.»

In Wirklichkeit befand sich Ptolemaios Philadelphos in großer Verlegenheit. Wie sein Vater Soter vermied auch er es prinzipiell, in die Debatten und Querelen, die tagtäglich im Museion aufflammten, einzugreifen. Doch diesmal war die Angelegenheit zu ernst. Aristarchos' *Hypothese* hatte das Museion in zwei feindliche Lager geteilt: Philosophen auf der einen, Naturwissenschaftler auf der anderen Seite. Für die ersten, die von den Priestern aller Religionsgemeinschaften unterstützt wurden, bedeutete das Hinnehmen oder auch nur Tolerieren des Gedankens, daß eine kleine Erde sich um die Sonne drehe, nichts weniger als die Verkündung des Todes von Menschen und Göttern, vor allem aber bedeutete es für sie die Zerstörung der platonischen Akademie, des aristotelischen Lykeions, der ‹bunten Halle› Zenons und des epikureischen Gartens. Diese vier Schulen befanden sich alle in Athen, denn den beiden ersten Ptolemaiern war es trotz großer Anstrengungen nur gelungen, zweitrangige Philosophen nach Alexandria zu locken, fleißige Schüler der verstorbenen griechischen Meister. Das war den Philosophen vermutlich nur allzu bewußt, und sie beschworen daher den größten Denker ihrer Zeit, das Meer zu überqueren, um die Anklägerrolle im Aristarchos-Prozeß zu übernehmen. Dieser Mann hieß Kleanthes von Assos, ein fast hundertjähriger Greis, Nachfolger des illustren Zenon.

Trotz seines weit fortgeschrittenen Alters repräsentierte Kleanthes die jüngste der Athener Philosophenschulen, die der sogenannten ‹bunten Halle› oder Stoa. Und nicht zufällig hatten Aristarchos' Feinde nach ihm gerufen. Denn im Gegensatz zum Denken Platons und Aristoteles', die die Freiheit der Forschung und das ständige In-Frage-Stellen verfochten, war für Zenon und später auch für Kleanthes die Philosophie wie ein Ei: Die Schale war die Logik, das Eiweiß die Moral und das Eigelb die Physik. Kurz gesagt, ein System, an das man nicht rühren durfte, wollte man es nicht völlig zerstören. Das Universum stellten sie sich genauso vor: einzigartig, endlich, ein Ei mit unbegrenzter Leere ringsum, ein lebendiges Ei, in dem das Gelbe die Erde war. Diese Darstellung war natürlich nur eine Metapher. Die materielle Realität der Welt interessierte sie nicht.

Das gilt auch für deine Religion, Amr, wie auch für die von Philoponos und Rhazes. Für Christen und Juden ist Jerusalem das Zentrum der Welt, und für euch ist es Mekka. Aber es gibt kein Zentrum auf der Oberfläche einer Sphäre, zumindest nach Aussage der

Geometer. Die Geographie der Priester ist nicht die der Vermesser. Nirgendwo in der Bibel und vermutlich auch in deinem Koran ist von der physischen Form der Erde die Rede. Rund? Flach? Eiförmig? Pyramidal? Was schert's die Religionen? Das gleiche galt für die Stoiker. Doch als Aristarchos versuchte zu beweisen, daß die Erde sich um die Sonne dreht und folglich nicht mehr der Mittelpunkt des Universums war, da war diese physische Vorstellung ein Peitschenhieb für die symbolische Vorstellung der Welt, wo die Gottheit überall ist und der Mensch im Zentrum dieses Überall steht.

Kleanthes, Ptolemaios und die Priester konnten so etwas nicht tolerieren. Das hätte ja ihr Ende bedeutet, zumindest glaubten sie das. Bei seinem Gespräch mit dem König versuchte Archimedes natürlich, ihm klarzumachen, Physik und Symbolik könnten durchaus friedlich zusammenleben. Er zitierte Hesiod, stützte sich auf Homers Exegeten und erklärte, daß der Berg Olympos unter seiner ewigen Wolke nicht unbedingt der physische Ort sei, wo die Götter wohnten.

Eine bemerkenswerte Ungeschicklichkeit, diesen aufgeklärten Monarchen zum unwissenden Schüler abzustempeln! Noch ungeschickter war es, auf den verstorbenen Demetrios von Phaleron zu verweisen. Dieser unglückselige Archimedes – er war eben kein Höfling, und er hatte völlig vergessen, daß der Gründer des Museions sich mit aller Kraft gegen die Thronbesteigung Philadelphos' gestemmt und deswegen mit dem Tode bestraft worden war.

Der König lief rot an vor Zorn: Daß man ihn für einen Dummkopf hielt, konnte er durchgehen lassen, aber seinen Erzfeind Demetrios zu erwähnen … Archimedes geriet in helle Aufregung, er sah seine diplomatische Mission schon versanden und seinen Freund Aristarchos dem Henker ausgeliefert. Doch der König beruhigte sich wieder und sagte:

«Es wird keinen Prozeß geben. Der Hohepriester und Kleanthes sind allzu begierig darauf, Aristarchos zu vernichten – ein Prozeß wäre sein sicherer Tod. Ich vermöchte nichts daran zu ändern, aber auf mich wird die Schmach zurückfallen, einen Mann der Wissenschaft ermordet zu haben. Das Gerücht lastet den Monarchen ja allerlei Verbrechen an … Geh zu diesem störrischen Maultier von Astronom und versuche, ihn zu einem Widerruf zu bewegen. Gelingt es dir, wird im Museion wieder Friede einkehren. Wenn nicht, nimmst du ihn heimlich mit auf deine Insel. Sich um diesen alten überspannten Hitzkopf zu kümmern wird die Gegenleistung sein für das Bündnis, das dein Herr von mir erwartet.»

Und der König entließ Archimedes und rieb sich die Hände: Da hatte er seinem Amtsbruder Hieron einen hübschen Streich gespielt! Gesenkten Hauptes verließ der Sizilianer den Audienzsaal. Er fühlte sich gedemütigt. Dabei hatte der oberste Ingenieur von Syrakus in der Vergangenheit schon einiges von seinem Herrn, dem Tyrannen Hieron, einstecken müssen, aber das hing mit seinem Amt zusammen. Diesmal hatte er Ptolemaios Philadelphos gegenübergestanden, dem Hüter der Künste und Wissenschaften, und der hatte von ihm nichts weniger verlangt, als seine Heimat zu verraten und den kühnsten Gelehrten, den er kannte, zu veranlassen, seine lebenslange Arbeit zu verleugnen, um zur Ruhe im Königreich und bei dessen Untertanen beizutragen.

«Aber meine Berechnungen sind genau, Archimedes! Wieso soll ich behaupten, ich hätte mich geirrt?»

Der fast achtzigjährige Aristarchos, dieser Herkules der Naturwissenschaft, hatte nichts von seiner Aufrichtigkeit und seinem schwungvollen Temperament eingebüßt. Und Archimedes, der erst dreiunddreißig war, fühlte sich älter und weiser als sein Lehrer. Er hatte sich unendlich bemüht, ihm zu erklären, daß der Widerruf eine reine Formsache sei und an den Tatsachen nichts ändern würde: Die Menschen seien einfach noch nicht reif genug, um eine solche Neuigkeit zu schlucken – doch vergebens. Aristarchos wußte nur eines: Er war seiner Theorie sicher. Für ihn zählte nichts anderes, nicht einmal sein Leben, wesentlich war allein seine Entdeckung.

Mit dem Exil hingegen erklärte sich der alte Astronom einverstanden. Er hatte – wie er sich ausdrückte – «diese plärrenden Priester» hinreichend satt, «diese Schmutzfinken von Stoikern» und – verzeiht, mein Onkel, aber der Mann war noch ein Grünschnabel – «diese Weicheier von Grammatikern». Etwas beschämt über die ihm zugewiesene Rolle, aber auch erleichtert und glücklich, daß sein alter Lehrer ihn nach Syrakus begleitete, teilte Archimedes Ptolemaios diese befriedigende Lösung mit. Als Gegenleistung versicherte Ptolomaios den sizilianischen Gesandten seiner unverbrüchlichen Bündnistreue gegenüber Syrakus.

Doch am folgenden Tag, als Archimedes schon auf der Brücke des Schiffes stand, das ihn in die Heimat zurückbringen sollte, wartete er vergeblich auf Aristarchos. Endlich kam ein junger Sklave gelaufen und übergab ihm ein Paket: ein langer, schwerer, geschnitzter Stab, in den mit Gold mathematische Gleichungen eingelassen waren. Diesem Geschenk lag eine kurze Mitteilung von der Hand des Astronomen bei: «Möge

Euklids Stab dich lehren, auch vor Fürsten und Mächten standhaft zu bleiben.»

Niemand erfuhr je, wohin Aristarchos von Samos verschwunden war. Einige behaupten, er habe sich ins Herz der ägyptischen Wüste geflüchtet, unter die Sonne des Städtchens Syene.[9] Das Manuskript seiner *Hypothese* wurde niemals kopiert, aber die Bibliothek bewahrt sorgfältig das Original, das einzige Exemplar dieser kühnen, wenn auch als gottlos bezeichneten Schrift. Ptolemaios, Kleanthes und Kallimachos starben kurze Zeit später. Die erste Entscheidung, die Ptolemaios III. Euergetes traf, war die, Archimedes als Erzieher seines Sohnes und als Bibliothekar herbeizurufen. Archimedes lehnte ab, schlug aber als Ersatz Eratosthenes von Kyrene vor. Der war Philosoph, Dichter, Historiker, Astronom, Musiker und vor allem Erfinder der Geographie. Eine vortreffliche Wahl.

Viele Jahre lang pflegte der neue Bibliothekar einen eifrigen Briefwechsel mit dem Gelehrten in Syrakus. Eines Tages erhielt er einen Sammelband mit dem Titel *Methode,* eine Art Testament, in dem Archimedes ihm das Geheimnis seiner Entdeckungen verriet. Beigefügt war ein alter Stock mit Goldintarsien. Euklids Stab hätte keinen besseren Träger finden können als diesen Mann, dessen Name wörtlich «die Kraft der Liebe» bedeutete.

Einige Zeit danach erfuhr Eratosthenes dann auch, wie sein sizilianischer Freund ums Leben gekommen war. Seit seiner Rückkehr aus Ägypten hatte sich der Gelehrte mehr und mehr aus den politischen Umtrieben zurückgezogen. Voller Gewissensbisse, bei Aristarchos versagt zu haben, widersetzte er sich den dringlichen Beschwörungen des Herrn von Syrakus, er solle

seine intellektuelle wissenschaftliche Begabung ausschließlich auf Erfindungen ausrichten und seine Ex-
perimente auf nützliche Gebrauchsgegenstände anwenden! Zum Gebrauch im Krieg, war natürlich ge-
meint. Doch Hieron drohte und flehte vergeblich.

Als erstes ließ Archimedes ein Planetarium bauen,
ein wunderbares Instrument, das exakt – nach Aristarchos' Hypothese – die scheinbaren Bewegungen am
Himmel nachbildete. Dann setzte er es sich in den
Kopf, ein Zahlensystem zu erfinden, um Größen darzustellen, denen gegenüber die Myriade[10] nur ein
Punkt ist. Und da er es sich angewöhnt hatte, seine
Demonstrationen am Strand in den Sand zu zeichnen, wählte er als Element seiner letzten Demonstrati-
on das Sandkorn. Wie viele Sandkörner sind in einer
Handvoll Sand? Und am Strand von Syrakus? Und an
allen Stränden und in allen Wüsten der Welt? Niemand vermochte sich vorzustellen, daß es möglich
sein sollte, ein solches Unmaß zu ermessen. Doch in
seiner Abhandlung *Sandrechner* (*Psammites*), seinem
Meisterwerk, bewies Archimedes, daß auch dem Sand
mit einer Zahl beizukommen war. Er traute sich zu,
die Sandkörner zu zählen, die den gesamten Kosmos
ausfüllten. Um die größtmögliche Menge zu erhalten,
verlieh er dem Weltraum die Wahnsinnsausmaße, die
Aristarchos' Hypothese ihm zusprach. Und was die
beträchtliche Zahl anbetrifft, die er errechnete, da
bewies er, daß sie trotz allem nur ein Punkt sei im Verhältnis zu noch viel größeren Zahlen, Zahlen, die nur
ein einzigartiger Geist wie er überhaupt begreifen
konnte.

Politisch gesehen, war seine Gesandtschaft nach
Alexandria ein Mißerfolg gewesen, denn trotz ihrer
vagen Versprechen zeigten Philadelphos und der spä-

tere Euergetes nicht das geringste Interesse an den Ereignissen im westlichen Mittelmeer. Hieron hatte nur die Wahl zwischen Rom und Karthago, und er entschied sich unglücklicherweise für Karthago. Drei Jahre lang belagerten die Römer Syrakus. Und trotz der von Archimedes erfundenen Kriegsmaschinen eroberte der Feind die Stadt.

Als erster ritt der Decurio Brutus ins brennende Syrakus ein. Berauscht von Blut und schlechtem Wein, mit dem er sich Mut angetrunken hatte, preschte der römische Soldat durch die Straßen, schwang sein blutrotes Schwert und suchte nach neuen Opfern. Doch wer die Belagerung überlebt hatte, war in den Palast geflüchtet, wo Hieron die Ankunft des Feldherrn Marcellus erwartete, um ihm – in der Hoffnung auf Milde – die Schlüssel der Stadt zu überreichen. Durch ein Ausfalltor, das zu einem kleinen Kieselstrand führte, sah Brutus einen alten Mann auf der Erde hocken und mysteriöse Figuren in den Sand zeichnen. Eine recht jämmerliche Beute für einen Krieger! Ein wenig ernüchtert vom Meereswind, sagte sich der Soldat, dieser Grieche könne immerhin als Sklave einen recht guten Lehrer für seine Kinder abgeben, wenn er, reich an Beute, nach Rom zurückkehren und eine Familie gründen würde. Er näherte sich dem Alten und befahl ihm in barschem Ton: «Steh auf und komm mit, Alter!»

Archimedes hob nicht einmal den Kopf.

«Einen Augenblick noch, bitte. Ich glaube, ich hab's endlich gefunden», antwortete er. Brutus, rasend vor Zorn, daß der Greis ihm nicht sogleich gehorchte, rammte Archimedes sein Schwert in den Rücken. Das Blut spritzte und überschwemmte den Sand und ertränkte die Figuren und Zahlen, die dort eingeschrieben waren, Zahlen, die womöglich die Antwort auf die *Hypothese* des Aristarchos von Samos gewesen wären.

Wo Amr sich in Ironie versucht

«Dieser Decurio Brutus war ein Schwachkopf!» rief Amr aus. «Aber noch schwachsinniger war sein Feldherr. Ich hätte meinen Männern ausdrücklich befohlen, einen so unbezahlbaren Erfinder wie Archimedes zu verschonen.»

«Das hatte Marcellus ja auch gefordert», entgegnete Hypatia. «Und Brutus bezahlte für sein Verbrechen mit seinem Leben.»

«Zu Recht», bemerkte Amr. «Es ist zwar schlimm, einen alten Mann zu töten, zumal wenn er ein großer Wissenschaftler ist, sehr viel schlimmer ist es jedoch, den Gehorsam zu verweigern.»

«Nicht immer, Amr, nicht immer», warf jetzt Philoponos ein. «Denn wenn du, General, auf Befehl deines Herrn eines Tages zu unser aller Unglück diese Bibliothek doch zerstören solltest, dann würdest du auf einen Schlag tausend Archimedesse ermorden.»

«Was soll das? Der Verlust dieses Gelehrten hat schließlich Rom nicht daran gehindert, die Welt zu erobern», erwiderte Amr, dem unbehaglich wurde. «Das gleiche gilt für die Hirngespinste eures Aristarchos. Was sind sie wert, diese schönen Überlegungen, die angeblich dazu führten, die Entfernungen von Sonne und Mond zu bemessen? Wer sagt euch denn, daß Euklids Geometrie, die für die von winziger Menschenhand auf Papyrus gezeichneten Dreiecke zutreffen mag, meinetwegen auch für die Sandflächen, sich ebenfalls anwenden läßt auf die von Gott in den fernen großen Raum gezeichneten riesigen Dreiecke, die die Astronomen vergeblich durch den Gedanken zu bauen sich mühen?»

«Deine Zweifel gestehe ich dir zu, Amr, und es ist nicht ausgeschlossen, daß Gelehrte eines fernen Tages diese Evidenz[11] erneut zu ihrer Fragestellung machen», antwortete Hypatia, sichtlich erstaunt über Amrs Bemerkung. «Indes ...»

«Und was sein gottloses Geschwafel über die im Zentrum des Universums unbeweglich verharrende Sonne anbetrifft», ereiferte sich Amr, der jungen Frau ins Wort fallend, «dieses Gefasel hat das göttliche Wort nicht gehindert, sein Licht über die Menschheit zu breiten. Das Universum hat nur *ein* Zentrum, und das ist GOTT. Wie heißt es beim Propheten? ‹Allah ist's, der die Himmel erhöht hat ohne Säulen, die ihr seht; alsdann setzte er sich auf den Thron und zwang zum Frondienst Sonne und Mond. Alles eilt zu einem bestimmten Termin. Er lenkt alle Dinge; er macht die Zeichen klar.›»

«Und wieso sollte der Heliozentrismus eine Gottlosigkeit sein?» fragte Hypatia hitzig. «Steht in den heiligen Büchern etwa, daß die Erde sich nicht um die Sonne dreht, oder etwa das Gegenteil oder daß sie sich nicht um den Mond dreht oder sonst etwas in der Art? Überlaß doch der Wissenschaft, was der Wissenschaft ist, und Gott, was Gottes ist.»

«Schweig», fuhr Amr auf. «Wenn der Allmächtige es nicht für nötig gehalten hat, uns durch die Stimme seines Propheten davon zu sprechen, dann hatte ER seine Gründe. Und es hieße IHN beleidigen, wollte man versuchen, in SEINE Geheimnisse einzudringen ...»

«Ah, darauf hatte ich gewartet! Die berühmten Geheimnisse!» schleuderte Hypatia ihm entgegen. «Diese Geheimnisse, in deren Namen die Bischöfe so viele Leute töten ließen, deren einziges Vergehen darin bestand, der Menschheit ein wenig Wahrheit zu bringen.»

«Hypatia, ich bitte dich, bleib ruhig», ermahnte Rhazes, obwohl er im Grunde seines Herzens eher froh war über den Streit zwischen der jungen Frau und dem General. «Erstens stehen Aristarchos' Theorien seit seinem Tode ohnehin nicht mehr zur Debatte, zweitens hat auch niemand zu beweisen versucht, daß die Erde sich um die Sonne dreht und daß diese ‹Laterne› der Mittelpunkt aller Bewegungen ist. Wenn man's recht bedenkt, wenn das so gewesen wäre», fuhr er fort, ohne daß klar erkennbar war, ob er wieder einmal scherzte, «wie hätte Josua dann in Jericho die Sonne in ihrem Lauf anhalten können? Ja, ja, Aristarchos war schon recht leichtfertig, sich so etwas auszudenken! Hatte er, als er seine Theorie ausarbeitete, an die armen Grammatiker und Philologen gedacht, die in schlaflosen Nächten und unter Einbuße ihrer kostbaren Gesundheit völlig neue Syntagmen hätten suchen müssen, zum Beispiel für die Redensart ‹die Sonne geht auf, die Sonne geht schlafen›? Da hätten sie jetzt sagen müssen: ‹Jeden Morgen steht die Erde auf oder geht schlafen›. Mit wem sollte sie schon schlafen, die Arme? Sie ist doch so allein!»

«Beim Barte Plotins, du bringst einen wirklich zur Weißglut, Rhazes, mit deinen ewigen Spötteleien!» zischte Hypatia. «Ist dir denn gar nichts heilig?»

«Aber, aber, Hypatia», warf Amr ironisch ein, der glaubte, Punkte einheimsen zu können, «hast du selbst mir nicht erklärt, die Scherze unseres Arztes seien nur eine Rüstung gegen das Elend der Welt, dem er tagtäglich begegnet?»

«Dennoch darf man Aristarchos nicht den Hunden vorwerfen», ereiferte sie sich abermals. «Das sind ungerechtfertigte Vorwürfe, und Aristarchos darf nicht so unverblümt als Besiegter hingestellt werden. Erst die Nachwelt wird ihn richtig beurteilen können. Ohne Aristarchos hätte Eratosthenes niemals den Erdumfang messen und unseren Planeten in Klimazonen einteilen können. Und ohne ihn hätte auch Ptolemaios nie seine *Kosmographie* schreiben können, die sowohl von den Christen als auch von den Juden akzeptiert wird, weil sie der Bibel nicht widerspricht. Ohne Ptolemaios ...»

«Ptolemaios? Etwa noch einer? Der wievielte ist denn der nun?» fragte Amr spöttisch, bemüht, es an Witz mit Rhazes aufzunehmen.

«Das war kein ägyptischer König, und das ist überhaupt eine andere Geschichte», sagte nun Philoponos beschwichtigend und ermahnte seine Nichte, in Zukunft etwas mehr Ruhe und Ausgewogenheit zu zeigen. «Siehst du nicht, daß du unseren Gast verärgerst mit deinen Himmelsphantastereien?»

«Ganz und gar nicht, verehrter Philoponos, Hypatias Spontaneität ist himmlisch, selbst wenn sie die ungeheuerlichsten Gotteslästerungen von sich gibt. Ich würde allerdings zu gerne wissen, ob es bei euch Gelehrten immer so hitzig zugeht – zerfetzt ihr euch gegenseitig? Das ist ja fast wie auf dem Markt, wenn Händler sich um einen reichen Kunden raufen. Was habt ihr mir denn so Kostbares zu verkaufen?»

«Verkaufen», seufzte Philoponos. «Gar nichts, General, wir wollen dir nur Wissen und unsere Kenntnisse anbieten. Du hast aber recht, Wissenschaftler streiten

oft, und häufig sind es höchst fruchtbare Streitgespräche, bei denen immer ein Körnchen Wahrheit heraus-
kommt. Aber gedulde dich bis morgen. Unser Freund
Rhazes wird dir dann ausgiebig die Streitgespräche
schildern, die große Geister hier schon ausgefochten
haben, es waren echte Wissensathleten darunter. Ihre
Streiterei mag dir albern erscheinen, doch der Schönheit und der Naturwissenschaft hat sie viele Wege eröffnet, denn es ging um nichts Geringeres als das Messen des Erdumfangs!»

*Ein fruchtbarer Streit, kicherte insgeheim der alte Grammati-
ker, als er mit seinen jungen Freunden davonging. Es läuft ja
ähnlich ab zwischen dem Feldherrn und dem Arzt. Würde
Amr jetzt etwa nicht alles tun, um Hypatia zu gefallen? Vielleicht sogar wortbrüchig werden gegenüber seinem Herrn, wer
weiß? Die Liebe ist eine Himmelsmacht. Ehrlich gesagt würde
ich mit Freuden meine Nichte an diesen Kameltreiber geben,
wenn das der Preis für die Rettung der Bibliothek wäre.*

Die Wissensathleten
(Rhazes' zweites Pamphlet)

«Du hast recht, General, es wird einem ganz schwin-
delig bei all den Ptolemaiern, und doch haben wir bisher erst drei erwähnt. Man nannte sie die Lagiden-
Dynastie, denn ihr Urvater, ein gewisser Lagos, war ein
Feldherr von Philipp, dem Vater Alexanders, der, wie
es heißt, eine sehr gefällige Frau gehabt haben soll.
Vergessen wir den Geographen Ptolemaios erst einmal,
der kam erst Jahrhunderte später, und er war auch kei-

nesfalls ein Abkömmling der beiden. Wir werden dir später noch von ihm erzählen, vielleicht könnte dieser Ptolemaios deinen Kalifen sogar umstimmen.

Insgesamt gab es dreizehn Herrscher mit dem Namen Ptolemaius, die Könige in Ägypten wurden, sozusagen die neuen Pharaonen. Als wäre das allein nicht schon verwirrend genug, wurde Nachfolger des Vaters nicht immer der Sohn, sondern häufig sogar der Bruder. Sie stritten sich um den Thron, der Jüngere verjagte den Älteren, der Benjamin vergiftete den Nachgeborenen, der Älteste stürzte den Benjamin und ermordete ihn, um seinen Platz einzunehmen. Ein echter Löwenkäfig! Um das Ganze noch verworrener zu machen, war es in dieser reizenden Familie üblich, die eigene Schwester zu ehelichen. Das begann mit Ptolemaios II., daher sein Name Philadelphos: «der seine Schwester Liebende». Die Frage der Mitgift war damit geregelt, aber ich als Arzt bin mir nicht ganz so sicher, ob aus solchen Verbindungen die regierungsfähigsten Sprößlinge hervorgingen. Als Ptolemaios I. Soter seinen Sohn mit dessen Schwester Arsinoë verheiratete, hoffte er, damit seine neuen ägyptischen Untertanen zu besänftigen. Denn ihr Gründungsgott Osiris hatte, wie die Legende besagt, ja auch schon seine Schwester Isis geheiratet und Horus gezeugt, den Sonnengott. «Ein lächerlicher Aberglaube», wirst du einwenden, und darin bin ich durchaus mit dir einig. Aber wenn man's genau bedenkt, Amr, und wenn wir unserer Schrift glauben, wo hätten denn Kain und Abel, die beiden Söhne des ersten Mannes und der ersten Frau, ihre Ehefrauen auftreiben sollen, wenn nicht innerhalb der eigenen Familie? Du runzelst die Brauen, Amr, ich scherze nur! Wie dem auch sei, die kleinen Leute Ägyptens scherten sich keinen Deut mehr um die Götter ihrer Vorfahren, sie opferten lieber den geheiligten Steinen, dem Nil oder was weiß ich welchem Strauch und flehten sie an, sie von den griechischen Eroberern zu erlösen.

Doch kehren wir zu der Bibliothek zurück. Alexandria mußte nun nicht mehr in den Hafen einlaufende Schiffe beschlagnahmen, um sich neue Bücher zu beschaffen. Gelehrte, Dichter und Philosophen eilten aus aller Welt herbei, getrieben von der Hoffnung, hier Unterkunft, Nahrung und Lohn von der öffentlichen Hand zu bekommen. Waren sie erst einmal ansässig im Museion, machten sich die beglückten Erwählten sogleich an die Arbeit, sie schrieben oder kopierten, kommentierten und analysierten die Werke ihrer Vorgänger. Einige, und nicht die schlechtesten unter ihnen, korrigierten sogar. Beispielsweise befand so ein Federfuchser, Homer habe in diesem oder jenem Abschnitt der *Ilias* einen stilistischen Schnitzer begangen oder etwas Ungehöriges gesagt.

Neben herausragenden Dichtern und hervorragenden Ingenieuren, die in Scharen nach Alexandria strömten, schlichen sich ntürlich auch Schmarotzer und Scharlatane ein. Daher traf der König seine Entscheidung über die Aufnahme ins Museion zusammen mit dem Bibliothekar, der zweithöchsten Persönlichkeit Ägyptens, der häufig zugleich auch Minister war. Die ersten Bibliothekare wurden natürlich unter den Grammatikern und Philologen ausgesucht, denn das Klassifizieren der Werke unterlag anderen Normen als das ursprünglich angewandte System, das sich auf den Vermerk des Eingangsdatums und des Einordnens in die Regale beschränkt hatte. Dieses ein wenig verworrene System war von dem ersten Bibliothekar, Zenodotos aus Ephesos, eingeführt worden. Zenodotos war es auch, der Homer nach eigenem Gutdünken umschrieb.

Von seinem Nachfolger, Kallimachos aus Kyrene, der der Königin Berenike nahestand, haben wir dir bereits erzählt. Wie Archimedes die Feder, das Räderwerk und die Schraube erfand, so erfand Kallimachos die Dichtkunst, die griechische Dichtkunst natürlich. Ich weiß ja, Amr, daß dein Volk und alle, die östlich von Kanaan leben, diese göttliche Kunst seit Urväterzeiten betreiben. Aber die Griechen eben nicht, sie waren viel zu sehr mit Vernunft und Logik beschäftigt. Platon hatte ja die Dichter sogar aus seinem *Staat* verbannt. So mußte die Dichtkunst, als schämte sie sich ihres Daseins, sich wie ein verirrtes Veilchenbüschel in den Wald der anderen Gattungen, zwischen Epos, Drama, Philosophie, Musik und Naturwissenschaft einschleichen. Kallimachos jedoch nahm die Dichtkunst bei der Hand und führte sie hinaus ins helle Sonnenlicht, wo das Gedicht sich aus eigener Kraft entfaltete.

Und um dieser Entfaltung noch mehr Glanz zu verleihen, schrieb Kallimachos seine ersten Gedichte in dorischer Mundart, nahm als Metrum das elegische Distichon und nicht mehr den ionischen daktylischen Hexameter, die sprachlich und rhythmisch das Epos auszeichneten, eine Gattung, die seit eh und je das Gedicht erstickt hatte. Er machte ein Buch aus seinen Gedichten – und das war die erste Gedichtsammlung. Es war eine Revolution. Alle, die sich nicht getraut hatten, trauten sich endlich: Theokrit, Herondas, Apollonios ‹der Rhodier›, Aristophanes aus Byzanz, sie alle strömten nach Alexandria, das dadurch abermals in funkelndem Glanz erstrahlte, vergleichbar dem, den die Geometrie ausgelöst hatte. Kallimachos war der Euklid der Dichtkunst.

Aber er gab sich nicht damit zufrieden, die Götter, die Liebe, die Schönheiten der Natur und die Seelenqualen zu besingen, sondern nahm sich auch der Bibliothek an, und der alte Zenodotos, dessen Geist schon ein wenig müde geworden war, ließ ihn gewähren. Unter der Herrschaft des energischen Kallimachos erhielt jeder Text ein Etikett, auf dem seine Herkunft, der frühere Besitzer und der Korrektor vermerkt wurden. Da die Texte oft nach Diktat von Hand abgeschrieben worden waren, mußten sie aufmerksam korrigiert werden. So wurde die Bibliothek zu einem Zentrum philologischer Arbeit, wo neue Homer-Ausgaben vorbereitet und die Klassiker mit Anmerkungen und Kommentaren versehen wurden.

Kallimachos überwachte die Katalogisierung der Schriften. Er las die etwa hundertzwanzigtausend Schriftrollen der Bibliothek, klassifizierte sie, ordnete sie Themenkreisen zu und verfaßte das erste Autoren- und Werkverzeichnis der Welt, *pinakes* genannt.

Als Ptolemaios Philadelphos sah, zu welcher Koryphäe Kallimachos, der Herkules der Literatur, aufgestiegen war, bat er ihn, auch offiziell das Amt des Bibliothekars zu übernehmen. Doch der Dichter lehnte ab und schlug seinen besten Schüler vor: Apollonios, der Rhodier genannt, den Erzieher der Prinzen. Das Beispiel von Archimedes hatte Kallimachos in seinem Entschluß bestärkt, sich auf gleiche Art zurückzuziehen. Er wollte seine Kunst nicht ausschließlich in den Dienst des Monarchen stellen, wie der Gelehrte aus Syrakus es hatte tun müssen. Seine Inspiration nicht mit Hymnen auf die Verdienste des Fürsten vergeuden und seine Lebenskraft nicht im Thronrat bei Debatten um Geld und Politik verschwenden. All das, so fürchtete er, könnte seine Freiheit als Schriftsteller beeinträchtigen.

Neben diesen edlen Beweggründen gab es aber auch noch einen anderen Grund, Apollonios als seinen Nachfolger vorzuschlagen: Der langjährige Schüler entwickelte sich nämlich allmählich zu einem ernsthaften Widersacher. Sollte doch dieser Jünger in Zukunft Apologien und Dithyramben verfassen, die aufgeblasenen Reden für den König, die zähen Verhandlungen mit den Papyruslieferanten führen, dem Monarchen die paar zusätzlichen Drachmen für den Ankauf eines Bündels wertloser Schriftrollen entlocken. Während er damit seine Zeit vergeudete, könnte Apollonios wenigstens nicht noch einmal ein Meisterwerk wie die *Argonautika* verfassen! Die größten Geister haben eben oft auch erstaunlich niedrige Instinkte!

Aber nichts lief ab wie geplant. Apollonios schrieb weiter und wurde zur wichtigsten Persönlichkeit im Königreich, um die sich alles drehte. Man kam zu ihm, um ihm ein paar Verse zu zeigen, sich einen Rat zu holen, eine Anstellung zu erbitten, eine Pfründe, und der unglückliche Kallimachos war bald von allen vergessen. Kein Mensch achtete mehr auf den in einer Ecke der Bibliothek verschanzten Alten hinter dem Gebirge seiner Kataloge. Er irrte durch das Regallabyrinth, immer auf der Suche nach Sonderbarem, nach seltenen Wörtern, verschollenen Mythen, ein paar Schriftrollen unter den Arm geklemmt, mit der Langsamkeit und dem Fleiß eines Skarabäus, der die ganze Last der Welt vor sich herschiebt.

Eines Tages, als er wieder einmal dort saß, seine Verbitterung wiederkäute und sich gleichzeitig abmühte, eine gereinigte Fassung der *Theogonie* Hesiods in Form zu bringen – schon wieder eine solche Missetat dieses verkalkten Zenodotos! –, schlenderten zwei hochnäsige junge Burschen an seinem Tisch vorüber. Ohne ihn zu beachten, als sei er nichts weiter als ein Kopist unter vielen, die man keines Blickes würdigt, äußerten sie laut ihren Unmut.

«Es gelingt einem tatsächlich nicht», rief einer der beiden aus, «in dieser Bibliothek auch nur ein Geometriebuch ausfindig zu machen! Meister Apollonios hat schon recht, in den Katalogen wurden die Naturwissenschaften einfach zu lange vernachlässigt.»

Der alte Dichter erblaßte. Sein ehemaliger Schüler schmähte also seine Arbeit vor diesen Grünschnäbeln? Dabei hatte er sehr wohl in seinen *pinakes* das Wissen nach Sparten geordnet: Mathematik, Medizin, Astronomie und Geometrie oder auch Philologie. Dieser Vorwurf war wirklich zu ungerecht! Kallimachos beschloß, sich zu rächen, und dazu benutzte er die beste Waffe, über die er verfügte: das Schreiben.

Als sein *Ibis* erschien, kam es zu einem Tumult, oder besser gesagt, zu einem Riesengelächter, denn in dieser Satire hatte er Apollonios' Stil parodiert und unterschwellig angedeutet, dessen ganzes Werk plagiiere nur die alten Meister und seinen ehemaligen Lehrer. Mit dem Namen ‹Ibis› erinnerte Kallimachos daran, daß der Bibliothekar ägyptischer und nicht griechischer Herkunft war und daß er sich wie der Staatsvogel nur tolpatschig vom Boden zu erheben vermochte oder im Schlamm watschelte, um seine Nahrung zu picken.

Nichts ist schlimmer für einen Dichter, als lächerlich gemacht zu werden. Dazu kam, daß des Königs Sohn in der Ratsversammlung und in Anwesenheit von Apollonios ein paar der bissigsten und komischsten Abschnitte vorlas. Ein Schüler, auch wenn er Ptolemaios heißt, hat ja schließlich nicht jeden Tag Gelegenheit, sich über seinen Erzieher lustig zu machen! Mit großer

Würde zog Apollonios sich aus seinem Amt als Bibliothekar auf die Insel Rhodos zurück, wo er dann Rhetorik und Grammatik lehrte.

Philadelphos' letzte Regierungsjahre waren eintönig und mühsam. Vierzig Jahre lang hatte er regiert! Apollonios' Fortgang und der geplatzte Prozeß um Aristarchos aus Samos waren ernste Symptome dieser senilen Umnachtung, die Alexandria umfing. Endlich starb der König, und kurz danach sank auch Kallimachos ins Grab.

Die vierundzwanzig Regierungsjahre des dritten Ptolemaios, der aus dem Inzest seines Vaters mit dessen Schwester, Königin Arsinoë, hervorgegangen war, dürften die friedlichsten und blühendsten gewesen sein, die Ägypten je erlebte. Unter seiner weisen Regierung erreichte die Bibliothek einen Bestand von fast einer halben Million Schriftrollen. Nach etlichen Winkelzügen gelang es sogar, Athen jene Büchersammlung, die Aristoteles gehört hatte, abzuluchsen.

Die erste Amtshandlung des neuen Königs, dem seine Anhänger den verdienten Beinamen Euergetes, ‹der Wohltäter›, verliehen hatten, bestand darin, Apollonios auf seinen Posten als Bibliothekar zurückzuberufen. Nachdem er sich ein wenig von seinem ehemaligen Schüler hatte bitten lassen, kam der Dichter aus dem Exil zurück, doch nicht ohne zuvor seine Bedingungen durchgesetzt zu haben. Er wollte das Amt mit einem Wissenschaftler teilen, mit Eratosthenes aus Kyrene. Eratosthenes hatte seinerzeit mit Archimedes korrespondiert und sollte eines Tages Euklids Stab übernehmen. Es war eine weise Entscheidung, denn solange Kallimachos die Geschicke der Bibliothek gelenkt hatte, waren Bücher über Astronomie, Geometrie und Architektur in der Tat zugunsten der Literatur vernachlässigt worden.

Apollonios war zutiefst verletzt von den Attacken Kallimachos', zumal er dessen dichterisches Werk als das Höchste auf Erden schätzte. Während seines Exils auf Rhodos hatte er unermüdlich an seinen *Argonautika* gefeilt, bis zur absoluten Perfektion. Doch seitdem war seine Inspiration versiegt. Er wagte nichts mehr zu schreiben, der Schatten seines verstorbenen Meisters lastete zu schwer auf ihm. Er zitterte beim Gedanken, ein neuer *Ibis* könne erscheinen und ihn noch tiefer demütigen. Die Bücher machten ihm angst. Daher überließ er, kaum nach Alexandria zurückgekehrt, dem Eratosthenes die gesamte Verantwortung für die Bibliothek und begnügte sich mit der Rolle des persönlichen Ratgebers für König Euergetes.

So wurde er, nach dem König, zum mächtigsten Mann des Königreichs Ägypten, eines Reichs, das von nun an das gesamte östliche Mittelmeer beherrschte, und zu dieser Größe hatte Apollonios maßgeblich beigetragen. Auf der anderen Seite regierte Rom. Aber wer hätte zu der Zeit diesen Barbaren auch nur die geringste Aufmerksamkeit gezollt? Das hochmütige Alexandria hatte für diese Soldaten und Bauern der westlichen Welt nur Verachtung übrig, genauso wie Byzanz heute für die herumziehenden Händler, wie du auch einer warst, Amr.

Der einzige Mann, dem das Sorge bereitete, war Eratosthenes, der eigentliche Bibliothekar. Sein Freund Archimedes berichtete ihm in seinen Briefen häufig von den Siegen der italienischen Stadt. Vergeblich versuchte er, den König und Apollonios zu warnen. Sie schickten ihn zurück zu seinen Arbeiten und zu seinen Regalen. Dabei hatte er früher als jeder andere begriffen, daß Alexandrias Untergang im Westen vorbereitet wurde.

Eratosthenes war ein Universalgelehrter. Er besaß auf allen Wissensgebieten Kenntnisse, und das in einem Museion, wo jeder dazu neigte, sich nur auf sein Spezialgebiet zu beschränken. Als einstiger Schüler von Kallimachos war er bewandert in Grammatik und Poesie, und während seines zwanzigjährigen Aufenthalts in Athen hatte er mit den Platonikern und Stoikern Umgang gepflegt. Nach seiner Rückkehr nach Alexandria hatte er bei Aristarchos aus Samos Astronomie- und Mathematikunterricht genommen, bevor er sich mit Archimedes anfreundete, als sich dieser, was selten geschah, in Alexandria aufhielt. Diese Freundschaft wäre fast zerbrochen an dem fast zu diplomatischen Verhalten des sizilianischen Gelehrten beim Aristarchos-Prozeß. Um seiner Mißbilligung Ausdruck zu verleihen, war Eratosthenes nach Athen zurückgekehrt. «Hier zumindest», schrieb er dem alten König Philadelphos, «lassen die Regierenden den Gelehrten jegliche Freiheit. Sokrates' Tod war ihnen eine Lehre. Doch du hast, als du Aristarchos aus dem Museion vertriebst, ihm den bittersten Schierlingsbecher gereicht.»

Als Ptolemaios Euergetes den Thron bestieg und zuerst Apollonios und dann Eratosthenes wieder herbeirief, gab er damit auf eklatante Weise zu verstehen, daß er die Lektion gelernt hatte, die der mutige, freiwillig ins Exil gegangene Mann dem verstorbenen Philadelphos erteilt hatte. Und während der vierundzwanzig Regierungsjahre des «Wohltäters» zog wieder Friede ein ins Museion, dank des völligen Einverständnisses zwischen Apollonios, dem Dichter, der nicht mehr schrieb, und Eratosthenes, dem Mann mit dem allumfassenden Wissen.

Man wüßte wirklich nicht zu sagen, in welchem Bereich Eratosthenes nicht zu glänzen vermochte: Philosophie, Traktate zur Poetik, zur Geschichte, zur Musik, zur Mathematik und natürlich zur Astronomie. In zweiundachtzig Jahren hatte er noch längst nicht alle Quellen seines Genies ausgeschöpft, und er starb in dem Alter, das die Griechen als äußerste Lebensgrenze angesetzt hatten. Ehrlich gesagt, er beschleunigte das Schicksal ein wenig: Weil er blind geworden war und nicht mehr lesen konnte, aß er nichts mehr und verhungerte schließlich.

Aber davor, was für Wunder hatte er vollbracht! Da ich ja Arzt und nicht Mathematiker bin, kann ich dir nicht in allen Einzelheiten beschreiben, wie es ihm gelang, die Primzahlen zu finden, eine Methode, die man seither das «Sieb des Eratosthenes» nennt,[12] sowenig wie ich dir die Namen der siebenhundertsechsunddreißig Sterne aufzählen kann, die er in seinem Katalog, den *Katasterismoi*, aufgelistet hat. Aber eines weiß ich: Er war der erste Mensch, der den Erdumfang berechnete.

Um eine solche Leistung zu vollbringen, maß er den Schatten, den die Strahlen der im Zenit stehenden Sommersonne auf zwei voneinander entfernte Orte warfen, und berechnete die Differenz. Der eine Ort war Alexandria, der andere das südliche Syene, wo sein Lehrer Aristarchos, von allen vergessen, sein Lebensende verbrachte. Damit erwies er ihm die schönste Huldigung, denn dank der Rechenmethoden des Meisterastronomen hatte Eratosthenes den Erdumfang berechnen können. Ich lese es von deinem Gesicht ab, Amr, daß du das nicht glauben willst, also gebe ich dir ein paar Erklärungen dazu.

Von Reisenden hatte Eratosthenes gehört, am ersten

Sommertag, dem Tag, den wir Sommersonnenwende nennen, versenke die Sonne mittags in Syene ihre Strahlen schnurgerade in einen fast hundert Ellen tiefen Brunnen. Und in diesem kurzen Augenblick könne die staunende Menge das schimmernde Rund des Wassers erkennen, das für gewöhnlich tief unten im Brunnen ein Schattendasein führt. Unser Gelehrter nun hatte schon unzählige Male und zu unterschiedlichen Tages- und Nachtzeiten Euklids Stab in den Boden gesteckt und wußte sehr wohl, daß die Sonne in Alexandria stets einen Schatten warf. Da kam ihm folgender genialer Einfall: Wenn er die Länge des Schattens in Alexandria zu der Stunde messen würde, da es in Syene keinen gab, könnte er den Erdumfang berechnen. Als Tag und Stunde gekommen waren, führte er das Experiment durch und zog dann den Winkel ab, unter dem die Sonne ihre glühenden Strahlen auf Alexandria sandte: Das war genau ein Fünfzigstel des Kreises. Durch einfache Geometrie kam Eratosthenes zu dem Schluß, der Umfang der Erde entspreche fünfzigmal der Entfernung zwischen Syene und Alexandria.[13] Aber wie ließ sich diese Entfernung errechnen?

Eine Legende berichtet, Eratosthenes habe Karawanentreiber befragt, und die hätten ihm erzählt, ein Kamel brauche für die Strecke fünfzig Tage, und im allgemeinen schaffe ein solches Tier im Durchschnitt hundert Stadien täglich. Natürlich hätte Eratosthenes sich mit einer solch groben Schätzung nie zufriedengegeben! Wie ein kostbares Werk in unserer Bibliothek beweist, setzte der Gelehrte vielmehr all sein Genie ein, um ans Ziel zu gelangen. Also schickte er sich an, sämtliche zu seiner Zeit bekannten Landvermesserergebnisse zusammenzutragen: aus Berichten von Karawanentreibern und aus Katasterauszügen, er las über die Länge von Treidelpfaden und über die Ergebnisse von berufsmäßigen Schrittzählern. Weißt du, Amr, beispielsweise, daß in dem Land, das du gerade erobert hast, die Nilüberschwemmung jedes Jahr die Wegmarkierungen und die Grenzlinien zwischen den Anbaufeldern verschiebt? Um die Eigentumsrechte festzulegen, hatten die Ptolemaier in jeder Gebietshauptstadt einen Finanz- und Katastervorsteher ernannt, der die Ausmaße der ‹Sphragiden› festzulegen hatte. Das waren jene Katasterparzellen, die die königlichen Landvermesser abgeschritten hatten. Eratosthenes sammelte all diese Ergebnisse und übertrug sie sorgfältig in sein Heft. Er verzeichnete auch die Maße, die der Länge des Nils zwischen Syene und Alexandria entsprachen, wo er fast genau gen Norden fließt. Da mußten die flußabwärts fahrenden Wasserriesen, hoch beladen mit Korn und kostbaren Stoffen aus Nubien, von Treidlern gezogen werden. Diese zogen die Schiffe mit Hilfe dicker Seile, die alle gleich lang waren, so daß die Anzahl der verwendeten Seile die Entfernung zwischen den Treidelposten ergab. Und weißt du, daß alle Wege in Ägypten, wie in allen von den Griechen verwalteten Ländern, von berufsmäßigen Schrittmessern abgeschritten wurden? Den Tagesmarsch als Maßeinheit hatte ja schon vor mehr als tausend Jahren Herodot verwendet. Und Eratosthenes bezahlte Fußgänger für die Strecke von Syene nach Alexandria.

Als er diese höchst unterschiedlichen Angaben beisammen hatte, errechnete er den Durchschnittswert, um die zahlreichen Fehlerquellen möglichst gering zu halten. Und eines Tages dann konnte er dem König Euergetes das Ergebnis mitteilen: Da die Entfernung zwischen Syene und Alexandria fünftausend Stadien maß, betrug der Umfang der Erde fünfzigmal mehr, also zweihundertfünfzigtausend Stadien.[14]

Und schließlich schnitt er diese Erde, die er anhand der unfehlbaren Kette mathematischer Logik erklommen hatte, wie eine Wassermelone in dreihundertsechzig gleiche Teile, nach Gradmessung der Babylonier. Und so erfand Eratosthenes, dieser ‹Athlet des Wissens›, wie man ihn seitdem zu nennen pflegt, auch noch die Geographie, fast dreieinhalb Jahrhunderte vor Ptolemaios, dem Gelehrten, der nur in seinem Reich, den Wissenschaften vom Universum, König war.

Wo Amr sich als Dichter bekennt

«All diese Herkulesse des Wissens, Dichter, Philosophen, Naturwissenschaftler, von denen ihr mir erzählt habt», sagte Amr, «was trieb sie eigentlich dazu, sich in die Angelegenheiten der Stadt und der Religion einzumischen? Konnten sie sich nicht damit begnügen zu reimen, zu denken und zu erfinden? Dem König das Regieren und den Priestern das Beten zu überlassen?»

«Das würde aber voraussetzen», erwiderte Rhazes, «daß letztere ihr Amt auch gut ausübten. Daß sie nicht plötzlich selbst Verse zu schmieden oder Gesetze zur Form des Universums zu erlassen begönnen. Entscheidet dein Kalif etwa nicht über gute und schlechte Entdeckungen in den Naturwissenschaften, genau wie diese Priester, die, ohne die geringste Ahnung zu haben, die Erde als platt erklärten? Und wie viele Fürsten und Feldherren gibt es, die sich für Literaten halten? Man könnte mit ihren stümperhaften Büchern ein ganzes Regal füllen.»

Amr strich sich über den Bart und schielte zu Hypatia hinüber. «Ja, ich gebe zu, daß auch ich in der Einsamkeit der Wüste manchmal versuche, ein paar Verse über die gewaltige Größe der Schöpfung zu schreiben – Allah möge mir verzeihen!»

«Dazu kann ich dich nur beglückwünschen», sagte Philoponos sehr ernsthaft. «Und hör' nicht auf dieses Lästermaul Rhazes. Fürsten und Heerführer haben manchmal durchaus ehrenwerte Bücher geschrieben. Wir erzählten dir schon von Ptolemaios Soters Alexander-Buch, aber ich denke auch an Caesar und viele andere. Und was die Priester anbetrifft, da müßtest du unbedingt Augustinus von Hippo Regius lesen, den scharfsinnigsten Schriftsteller und Denker der Christenheit.»

«Wenn ich euch so höre, habe ich ja unentwegt zu lesen», spöttelte Amr. «Dafür bleibt uns aber keine Zeit. Ihr habt mir meine Frage immer noch nicht beantwortet: Warum zum Teufel befassen sich Dichter und Denker mit Fragen der Macht, wenn sie sich doch eigentlich nur mit Fragen der Wissenschaft auseinandersetzen sollten? Und dieser von dir, Rhazes, so verspottete Kallimachos scheint mir mutiger als ein Archimedes, hat er doch die Ehrungen, die der König ihm antrug, zurückgewiesen.»

«Meinst du nicht», fragte jetzt Hypatia, «daß er sich von Egoismus und Eifersucht hatte leiten lassen, als er sich zurückzog? Hatte er nicht nur seine Kunst und die seines Gegenspielers Apollonios im Blick? Hätte er nicht das Interesse der Allgemeinheit, also das der Bibliothek, berücksichtigen müssen? Sieh im Gegensatz dazu meinen Onkel Philoponos: Er opferte alles, nur um diesen Ort hier gegen die Unbill der Zeit und jetzt auch noch gegen deine Krieger zu verteidigen.»

«Lassen wir das, liebe Nichte», protestierte der Greis und wendete sich Amr zu. «Ich würde sagen, daß nicht die Schriftsteller oder Gelehrten sich in die Politik einmischten, daß vielmehr die Politik sich ihrer bemächtigte. Die Könige bedürfen der Dichter viel mehr als die Dichter der Könige. Sie könnten auf den Lohn, den der Monarch ihnen auszahlt, und auch auf die Lorbeerkränze, die man ihnen flicht, leicht verzichten. Und die Könige bedürfen nicht so sehr der Texte, die ihren Ruhm besingen, sie brauchen vielmehr die Visionen der Dichter, denn deren Blick nimmt Dinge wahr, die weit hinter der greifbaren Realität liegen. Sie sind keine Propheten, denn ihre Worte wurden nicht von Gott diktiert. Wehe dem Dichter, der sich für einen solchen hielte! Doch sie sehen, was kein anderer Sterblicher sieht. Leider hören die Fürsten nur allzu selten auf diese höhere Wahrheit. Hätten die Nachfolger der drei ersten Ptolemaier folgende Verse von Kallimachos gelesen, dann stünde es um Alexandria besser als heute: ‹Die Macht der Könige stammt von der Gottheit, aber sie sind nur Hüter der Stadt. Die Gottheit allein kann sie zerstören, die Gottheit allein kann sie stürzen.› Und Eratosthenes in der *Belagerung von Syrakus*: ‹Am Abend badet die Sonne das Meer in ihrem Blut. Hütet euch, Fürsten, daß es sich nicht ausbreitet bis zur Morgenröte und die Musen ertränkt.› Damit sagte er die römische Eroberung voraus, Roms Allianz mit Pergamon und den Krieg der Bibliotheken.»

«Den Krieg der Bibliotheken? Hat man sich denn je um Bücher geschlagen? Ihr sagtet doch, sie brächten nur Frieden.»

«Zunächst waren es nur Kriege mit Worten», erwiderte Philoponos. «Aber dann folgten echte Konflikte, mörderische Konflikte. Wenn du möchtest, will ich dir gerne morgen mehr davon erzählen. Rhazes würde zu leichtfertig darüber reden, und Hypatia haßt derlei Geschichten.»

Oho! sagte sich Amr. Wenn Omar begreift, daß Bücher auch Waffen sein können, dann läßt er sich vielleicht überzeugen.

Der Krieg der Bibliotheken (Philoponos' zweite Vorlesung)

Vor etwa achthundert Jahren wimmelte es nur so von kleinen Königreichen und Stadtstaaten. Von Griechen regiert, brüsteten sie sich, Abkömmlinge Alexanders oder seiner Feldherren, der Diadochen, zu sein und dienten sich Reichen an, die viel zu groß waren, um hinreichend überwacht zu werden.

Unter diesen Kleinstaaten erhob sich auf einer Felsspitze Mysiens die Stadt Pergamon, umschlossen vom persischen Machtbereich der Seleukiden. Ein Diadoche hatte diese Festung errichtet, um seine Kriegsbeute zu verstecken. Die Bewachung hatte er einem seiner Offiziere anvertraut, doch dieser verriet ihn und bot dem Seleukiden Antiochos seine Dienste an. Als Belohnung erhielt der Verräter den Kriegsschatz des Besiegten und Pergamon noch obendrein. Im Laufe der Zeit erweiterte die Festung ihr Herrschaftsgebiet, und bald schon wurde dieses Stück Land ein Königreich und gewann immer mehr an Macht.

Pergamon, dem es nicht reichte, ein paar schöne Häfen am ägäischen Meer in seinen Besitz gebracht zu haben, schielte jetzt aufs Hinterland, das jedoch jenem Königreich gehörte, dem es seine Existenz verdankte: dem Königreich seines Monarchen Antiochos. Pergamon wandte sich an Rom. Von Istros bis Kyrene und von Athen bis Susa wurde Empörung laut. Ob Makedonier oder Spartaner, Alexandriner oder Ionier, jedermann erklärte, Attalos, der König von Pergamon, sei genau wie sein Vater, nämlich ein Verräter. Und Pergamon wurde mit dem Bannfluch der Städte und Königreiche von Hellas belegt.

Rom erklärte Antiochos den Krieg, gewann ihn und bot seinem Zufallsverbündeten als Belohnung Lydien, Phrygien und die Kontrolle über den Hellespont. Entgegen jeder Erwartung zogen die römischen Soldaten wieder ab und brachen zu den punischen Kriegen auf, höchst zufrieden darüber, daß sie diesen allzu kultivierten und undisziplinierten Griechen eine Lektion in Mut, Ordnung und Anstand erteilt hatten. Vor allem Pergamon goß seinen Spott über diese Lateiner aus, diese Bauerntölpel, die sich nur zu schlagen verstanden, ihre Siege nicht einmal auskosteten und nicht einmal ein Theater besaßen.

Der neue Herr von Pergamon, Eumenes II., spürte indes, daß sein Königreich durch diese Allianz mit Rom bei den Nachbarn in Mißkredit geraten war. Schlimmer noch war seine obskure Herkunft, wahrscheinlich war er weder Grieche noch Makedonier, ganz gewiß aber Sohn eines Renegaten, der seinen Herrn gegen eine Handvoll Gold und Edelstein verraten hatte. Die Ptolemaier und auch die Seleukiden konnten hingegen mindestens einen Vorfahren, der an der Seite Alexanders geritten war, nachweisen.

110

Jedenfalls besaß König Eumenes II. von Pergamon dank der Gefälligkeit Roms nun einen mächtigen Staat. Und wie all diese Leute niederer Herkunft, die im Handstreich zu großem Vermögen gelangen, stellte er dieses protzig zur Schau. Seine Stadt sollte die schönste und größte der griechischen Welt werden! Auf seiner Felsspitze ließ er riesige Tempel errichten, übermäßig große Thermen, monumentale Theater ... in allem imitierte er Athen, nur zweimal größer und zweimal gewaltiger. Niemand kennt den Namen auch nur eines der Baumeister, die an diesem Unternehmen beteiligt waren. Der König bestand darauf, daß dies einzig und allein sein Werk sei, und auch die Nachwelt sollte nur ihn, Eumenes II., den Attaliden, im Gedächtnis behalten. Sein größter Ehrgeiz war es, wie er über alle Dächer hinweg verkündete, für Pergamon zu sein, was Ptolemaios Soter für Alexandria gewesen war.

Ich kann zwar nicht in den Herzen lesen, glaube aber dennoch, daß Eumenes im Grunde seines Herzens versuchte, Verzeihung für seine Allianz mit den Römern zu erlangen, und beweisen wollte, daß sein Königreich, das seinen Reichtum zwar nur dem Verrat verdankte, zum besten Verteidiger hellenischen Denkens und hellenischer Kunst aufgestiegen war. Daher erkühnte sich Eumenes, auch seine eigene Bibliothek zu gründen, die natürlich reicher und vollständiger sein würde als die Alexandrias. Aber besessen von dem Gedanken, endlich legitimiert zu werden von seinesgleichen, verfügte er, daß es in seinen Regalen nur griechische Bücher geben solle und in den Wandelgängen seiner Innenhöfe dürften nur griechische Gelehrte und Schriftsteller wandeln.

Unterdessen lebte Alexandria friedlich vor sich hin, verharrte in hochmütiger Neutralität gegenüber den

Ereignissen in der Welt und scherte sich nicht um die Gewitterwolken, die sich auftürmten über unserem Meer, dem knorrigen Olivenbaum gleich, der weiß, daß kein Sturm ihn entwurzeln kann.

Aristophanes von Byzanz führte damals die Bibliothek mit eiserner Hand. Er war ein Grammatiker von ungeheurer Gelehrsamkeit. Er hatte endgültige Fassungen von Homer, Hesiod, Alkaios, Pindar, Euripides, Anakreon und seines Namensvetters Aristophanes veröffentlicht. Mit ihm hielt auch das Theater Einzug in die Regale.

Man kann auch sagen, Aristophanes von Byzanz habe das Wörterbuch erfunden, denn er erstellte Listen archaischer, technischer und wenig gebrauchter Begriffe und sammelte Sprichwörter. Vor allem aber – und das solltest du als erstes lesen, wenn du die Schönheiten der griechischen Literatur erahnen willst – wählte er aus jeder Gattung Texte aus, die er für beispielhaft vollkommen hielt. Spätere nannten das dann *Alexandrinischer Kanon*.

Jedes Jahr fand unter dem Vorsitz des Königs ein Wettbewerb unter jenen statt, die sich um Aufnahme ins Museion bemühten. Jeder mußte ein Gedicht verfassen und es auch laut vorlesen. Manchmal, wenn ein Kandidat einen besonders schönen Text vortrug, klatschte das Preisgericht stürmisch Beifall. Nur Aristophanes blieb undurchdringlich und klatschte nicht. Wenn wieder Stille eingekehrt war, erhob er sich und verschwand für ein paar Minuten in der Bibliothek. Dann erschien er wieder, eine alte Schriftrolle unter dem Arm. Er las laut vor. Es war der gleiche oder fast der gleiche Text, den der so glänzende Kandidat vorgetragen hatte. Niemals gelang es, Aristophanes zu täuschen. Der Plagiator wurde der Stadt verwiesen. Für gewöhnlich flüchtete er sich dann zu Eumenes II., dem es nicht so sehr auf die Qualität derer, die er anwarb, ankam.

Die Bibliothek von Pergamon wurde also immer größer. Nach sechs Jahren besaß sie bereits vierzigtausend Bücher. Man verwendete die gleichen Methoden wie Alexandria in seinen Anfängen, aber mit weniger Skrupeln. Man beschlagnahmte die von den Schiffen gebrachten Schriftrollen, gab im Austausch aber keine Abschrift zurück. Vor allem aber forderte Pergamon nach jedem Sieg des römischen Verbündeten in Griechenland oder Illyrien seinen Anteil an der Beute: den Bestand der öffentlichen und privaten Bibliotheken der eroberten Städte. Die grobschlächtigen römischen Soldaten ließen sich nicht lange bitten. Ihnen war noch nicht klar, welche Macht das Buch dem Eroberer zu verleihen vermag. Sie sangen eher die Eloge von männlicher Tapferkeit, die nur eine Pflugschar brauche, um die Erde fruchtbar zu machen, und ein Schwert, um den Feind zu töten. Die Künste, die Literatur waren für sie nichts weiter als anrüchige Zerstreuungen dekadenter Völker. Sind die Musen etwa nicht weiblich?

In Alexandria begriff der Bibliothekar Aristophanes als erster, daß Pergamon dem Museion gefährlich wurde, bekämpfte es doch dessen Hegemonie. Der Zustrom von Büchern nach Ägypten versiegte allmählich. Im Gegenzug nahm die Zahl der Fälscher, Plagiatoren und Gauner zu, die irgendwelches Zeug anboten, wenn es nur irgendwie nach einem alten Manuskript aussah. Der alte Gelehrte hatte natürlich keinerlei Mühe, den Betrug aufzudecken, aber seine Kräfte ließen nach, und er war sich auch absolut nicht sicher, ob sein Nachfolger, Apollodoros von Athen, der richtige Mann war, all diese Last auf sich zu nehmen.

Er schlug Alarm bei Ptolemaios V. Epiphanes, doch der zuckte nur mit den Schultern. Ihn plagten andere Sorgen: Mit vier Jahren auf den Thron gelangt, begann Epiphanes sein zweites Regierungsjahrzehnt in überaus schlechtem gesundheitlichen Zustand, weswegen er glaubte, man wolle ihn vergiften. In Wirklichkeit degenerierte die Rasse der Ptolemaier, innerlich verfault von zu vielen Blutsverwandtschaften. Zwar hatte Epiphanes die unheilvolle Tradition gebrochen und nicht die eigene Schwester, sondern die des Nachbarkönigs zur Frau genommen, doch hatte ihm diese noch keinen Nachfolger geboren.

Eines Tages erklärte König Eumenes triumphierend, seine Bibliothek habe die vollständige Sammlung der Reden des Demosthenes erworben, des größten Redners aller Zeiten, der zwei Jahrhunderte zuvor mit aller Kraft gegen die Invasion Griechenlands durch Philipp von Makedonien, Alexanders Vater, angekämpft hatte. Pergamon versicherte sogar, es besitze die letzte seiner *Philippischen Reden,* die als verschollen galt. Nun stürzte eine ganze Meute herbei, um dieses unveröffentlichte Werk einzusehen. Aristophanes entsandte einen seiner Spione, der es kopieren sollte. Sobald es in seinen Händen war und er es prüfen konnte, entdeckte er ohne größere Anstrengung in seinen Regalen *Die Philippischen Geschichten* eines gewissen Anaximenes von Lampsakos, der sich ein paar Jahrzehnte zuvor erlaubt hatte, diese Demosthenes-Imitation zu verfassen – und das auch nicht geheimzuhalten. Es war also eine Fälschung, ein Apokryph.

In der Hoffnung, nun seinerseits zu triumphieren, verfaßte Aristophanes eine Schmähschrift nach der anderen gegen die Fälscher von Pergamon. Aber nichts half. In der öffentlichen Meinung hatte der asiatische

Widersacher mit seinem gefälschten Demosthenes den usurpierten Ruf erlangt, die beste Bibliothek der Welt zu besitzen. Wie so oft in wirren Zeiten stürzte man sich auf alles Neue und verspottete Alter und Erfahrung. Das Museion war alt, Pergamon war jung.

Und Pergamon blieb nicht untätig gegenüber den Anfeindungen des alten Grammatikers. Eine Satire aus der Feder eines skeptischen Philosophen der Vergangenheit wurde in Umlauf gebracht, worin Timon von Phleius das Museion von Alexandria einen Vogelkäfig voller Gevögel nannte, das wie kostbares Federwild gehegt und gemästet würde – gerupfte Vögel und Schmierfinken in Wirklichkeit, deren einzige Tätigkeit darin bestehe, aufeinander herumzuhacken und sich zu streiten. Dieser schwatzhafte Vogelkäfig sei nur mehr – wie er sich ausdrückte – ein elfenbeinerner Turm, wo sich die Schützlinge des Königshauses, abgeschieden vom wirklichen Leben, mit Geistesfragen befaßten. Ein Vorwurf, der von Neidern, Ignoranten und Räsonierern ja häufig den Gelehrten gemacht wird.

In diesem Krieg der Bibliotheken mußte sich Aristophanes letztlich geschlagen geben. Er starb vor Kummer. König Ptolemaios V. folgte ihm bald nach, hatte aber immerhin noch die Befriedigung, seinen Thronerben zu erleben, da seine Gemahlin Kleopatra ihm, wenn auch spät, zwei Söhne geschenkt hatte. Der älteste war erst vier Jahre alt, als er unter dem Namen Ptolemaios VI. Philometor – was ‹Freund seiner Mutter› bedeutet – auf den Thron kam. In Wirklichkeit versah Kleopatra I. die Regentschaft. Ihr erstes Dekret verbot die Ausfuhr von Papyrus. Ohne diese Pflanze, deren Geheimnisse nur in Ägypten bekannt waren, würde es keine Bücher mehr geben. Pergamon war verloren!

Aber man hatte nicht mit der unergründlichen Fähigkeit des Menschen gerechnet, aus nichts etwas zu machen und das Schlechte zum Guten zu wenden. Als König Eumenes einsehen mußte, daß es in seinen Schreibstuben keine einzige Kopie mehr geben würde, versprach er demjenigen ein Vermögen, der einen Ersatzstoff für Papyrus erfinden würde. Sämtliche Scharlatane, sämtliche Narren des Landes standen Schlange. Man schlug vor, auf gehämmerter Rinde, auf Holzfasern, auf alten ausgekochten Lumpen, auf Seide zu schreiben, oder bot andere Verfahren an, die aber entweder zu kostspielig, zu umständlich oder – was meistens der Fall war – schlichtweg absurd waren.

Eines Tages jedoch verschaffte sich mit viel Mühe ein nach Ziegenbock stinkender Hirte in Lumpen Einlaß in den funkelnagelneuen Palast. Er warf sich vor Eumenes nieder und entfaltete auf dem Boden ein Rechteck aus hauchdünner, makelloser Faser, die kaum wahrnehmbar rosa schimmerte. Der König befahl ihm, etwas darauf zu schreiben, doch der Hirte lächelte nur offenherzig aus zahnlosem Mund und versuchte ihm dann in seinem Hirtenidiom verständlich zu machen, daß er so etwas nicht könne. Ein Schreiber probierte es. Es war tadellos. Die Tinte schrieb sich ohne den geringsten Klecks in diese weiche und zugleich widerstandsfähige Faser ein. Der Hirte erklärte, er habe dieses Verfahren von seinem Vater, könne mit dem Zeug aber nichts anfangen, es höchstens alljährlich zur Wintersonnenwende auf dem Grab seiner Ahnen verbrennen. Gemacht sei es aus der Haut seiner Ziegen und Schafe. Und dieses Stück hier stamme von einem blutjungen Kalb und sei deswegen kostspieliger für ihn gewesen.

Wie entlockte der König ihm sein Geheimnis? Wie

lautete der Name dieses Hirten? Was ist aus ihm geworden? Kein Mensch weiß es. Die Historie hält nur die Namen der Könige fest. Die der kleinen Leute ähneln einem Samenkorn. Es glänzt nur einen Augenblick lang, wenn ein Regentropfen es kurz berührt. Wie dem auch sei: Das Pergament war da.[15]

Die Alexandriner stießen Entsetzensschreie aus. Wie konnte man es wagen, das Denken von Aristoteles oder Platon auf die Schwarte von totem Viehzeug zu schreiben? Welch eine Schande! Besonders kluge Ärzte aus dem Museion beteuerten, das Schreiben auf Pergament verursache schreckliche Hautkrankheiten und das Lesen von Pergament führe zu Erblindung. Die Priester mischten sich ein und gaben vor, eine solche Verwendung der Haut von jungen Kälbern sei eine ebenso schmähliche Beleidigung des Olymp wie das Essen des den Göttern vorbehaltenen Anteils beim Weiheopfer. Indes wurden in den Bergen Phrygiens die Ziegen-, Rinder- und Schafherden immer weniger. Nach und nach nahm das Pergament seinen Aufschwung, ersetzte den Papyrus aber erst viel später, unter der römischen Herrschaft.

Der Triumph der Bibliothek von Pergamon schien endgültig. Doch trotz ihres reichen Bestandes und des inzwischen deutlichen Vorsprungs des Pergaments gegenüber dem Papyrus zog es die Gelehrten nach wie vor an das von Ptolemaios Soter gegründete Museion. Dort fühlten sie sich beschützt vom Schatten großer Geister der Vergangenheit wie Euklid, Eratosthenes oder Kallimachos. Damals kamen denn auch zwei Männer, ein Astronom und ein Geograph, Hipparchos von Nikäa und Aristarchos von Samothrake, die unter der wohlwollenden Protektion des Bibliothekars Apollodoros von Athen arbeiten wollten.

Euklids Stab fiel Hipparchos zu. Mit großer Hochachtung nahm er die Arbeiten seines Meisters wieder auf und erfand die Armillarsphäre, die es ihm ermöglichte, die ekliptischen Koordination der Gestirne zu bestimmen, er erfand die Trigonometrie, erstellte einen Sternenkatalog und entdeckte die Präzession der Äquinoktien. Hypatia wird dir das alles besser erklären als ich. Ihm war es zu verdanken, daß man an ein Wiederaufleben der großen alexandrinischen Astronomieschule glauben konnte.

Die Gelehrten von Pergamon, deren Interesse weniger der reinen Forschung als der ansehnlichen Belohnung durch den König galt, hatten ihrerseits den Auftrag, alles zu schmähen, was in all den Jahren innerhalb der Mauern der Rivalin entdeckt worden war. So setzte zum Beispiel ein gewisser Poseidonios aus Rhodos lebenslang seinen Ehrgeiz darein, den von Eratosthenes berechneten Erdumfang zu verringern, während die Grammatiker skrupellos die alten Werke umschrieben, denen die Gelehrten von Alexandria so viel Zeit gewidmet hatten, um eine möglichst originalgetreue Fassung zu erstellen.

Doch die glücklichen Zeiten des Museions hielten nicht lange an. Es war eine Euphorie, wie sie Sterbende befällt. Und als wären das Schicksal der Ptolemaier und das des Museions unauflöslich miteinander verknüpft gewesen, ging in Alexandria beides gleichzeitig seinem Ende entgegen. An den Grenzen kam es zu Aufruhr: Die ägyptische Landbevölkerung drohte mit Aufstand, um endlich das griechische Joch abzuschütteln, das seit einhundertsechzig Jahren auf ihr lastete, seit Alexander die Stadt gegründet hatte.

In Wirklichkeit hatte zu dieser Revolte der jüngere Bruder des Königs angestachelt, ein energischer und skrupelloser junger Mann, der nichts anderes im Kopf hatte, als seinen älteren Bruder Philometor zu entthronen. Seine Gefolgsleute hetzten den Pöbel auf gegen die Gelehrten im Museion und gegen die Juden, die – wie sie sagten – sich mästeten an ihrem Elend. Gemästet wirkte eher der jüngere Bruder, der einen Bauch vor sich hertrug, der die immer zu Spott aufgelegten Alexandriner veranlaßte, ihm den Spitznamen ‹Physkon›, das heißt ‹Schmerbauch›, anzuhängen.

Um die Spannungen einzudämmen, willigte Philometor ein, den Thron mit seinem Bruder «Schmerbauch» zu teilen. Gleichzeitig heiratete er seine Schwester, die weise Kleopatra II. Das königliche Paar bekam einen Sohn, Neos Philopator, und eine Tochter, Kleopatra III., die zu einer Schönheit heranwuchs. Philometors Herrschaft währte fünfzehn Jahre, und so lange mußte der ‹Schmerbauch› im Schatten abwarten. Eines Tages dann setzte Philometor sich an die Spitze seiner Truppen und zog in den Krieg, weil an den Grenzen Palästinas erneut eine Revolte ausgebrochen war. In der Schlacht, die die Alexandriner übrigens gewannen, traf den König ein tödlicher Pfeil in den Rücken, der nicht aus den feindlichen Reihen gekommen war …

Von nun an hatte ‹Schmerbauch› freie Hand und konnte sich ungezügelt all seinen Torheiten hingeben und die schändlichsten Verbrechen begehen. Als erstes ließ er seinen jungen Neffen, Ptolemaios VII. Neos Philopator, vergiften; er hatte nur sieben Tage regiert. Dann heiratete er die Witwe seines Bruders – die gleichzeitig seine Schwester und Schwägerin war –, setzte sich anschließend kurzerhand selbst auf den Thron und schmückte sich mit dem Beinamen seines Vorfahren Euergetes, ‹Wohltäter›. Seiner Schwester machte er ein Kind, das er aber in einem Anfall von Wut nach ein paar Monaten erwürgte. Nun stellte sich Kleopatra II., die Königin, die Trauer trug um ihre beiden ermordeten Söhne, gegen ihn. Sie erhielt Unterstützung aus dem Museion und von den Juden. Verschärfend kam hinzu, daß ihr Irene, eine neue Favoritin, aufgezwungen war und der unersättliche ‹Schmerbauch› an einem Abend betrunken seine Nichte, die schöne Kleopatra III., vergewaltigte. Der König, dem der Wechsel gefiel, verstieß daher die Mutter und heiratete die Tochter. Ptolemaios Physkon regierte nun an der Seite einer Schwester-Königin, Kleopatra II., sowie einer Nichten-Königin, Kleopatra III., die die Tochter der ersten war. Kannst du noch folgen, Amr?

Jedenfalls ist es nicht schwer, sich auszumalen, daß die Stimmung im Palast aufgrund derartiger Neuerungen alles andere als beruhigend war. Ein langer Bürgerkrieg brach aus, der mehr als zwanzig Jahre dauerte. Den verbrecherischen und lüsternen König kümmerte das nicht weiter. Dreiundfünfzig Jahre lang hatte er den Titel ‹König› getragen, als er in seinem neunundsechzigsten Lebensjahr – wie nicht anders zu erwarten – im Bett starb. Gibt es eine göttliche Gerechtigkeit, die untaugliche Herrscher auf Erden straft? Manchmal möchte man es bezweifeln. Zumindest wurden die Abkömmlinge dieses Ungeheuers mit einem Fluch belegt. Im Raubtierkäfig zerfetzten sie sich gegenseitig, noch lange nach dem Tod der beiden Protagonisten ‹Schmerbauch› und Kleopatra. Man brachte den Bruder um, erwürgte Sohn, Schwester und Mutter, bis es keinen einzigen legitimen Ptolemaier mehr gab. Derjenige, der fünfundsechzig Jahre nach Physkons Verbrechen den Thron bestieg, erhielt den Beinamen ‹der Bastard›.

Es wäre zu beschämend, Amr, müßte ich dir all die abscheulichen Verwicklungen dieses Bürgerkrieges schildern. Das würde dich und deinen Kalifen zudem nur in dem Gedanken bestärken, daß die Bibliothek wie einst Karthago zerstört werden muß. Doch darfst du eines nicht vergessen: Diese traurigen Ereignisse liegen Jahrhunderte zurück und spielten sich unter Heiden ab. Und du mußt wissen: Die ersten Opfer in diesen wirren Zeiten waren die Gelehrten und die Juden. Letztere wurden vom Pöbel massakriert, erstere vom König des Landes verwiesen, sobald sie sich ihm gegenüber auch nur die geringste Ablehnung erlaubten, beispielsweise in friedlichere Gegenden abwanderten, um ihre Kunst in Ruhe auszuüben. In Pergamon zum Beispiel. Dort wählte der hochbetagte Gelehrte Aristophanes den Tod. Und ihm folgten unzählige berühmte Wissenschaftler aus Naturwissenschaft und Literatur.

Dennoch ereignete sich so etwas wie ein Wunder inmitten all dieser Verbrechen, dieser Aufstände, dieser Verschwörungen: Niemand wagte es, sich auch nur an einer einzigen Schriftrolle in der Bibliothek zu vergehen. Was sagst du dazu, Amr?

Pergamon hätte vom Schiffbruch Ägyptens profitieren können. Im Schutze des Bauchs der römischen Löwin hatte es sich zum mächtigsten Stadtstaat auf griechischem Boden entwickelt. Doch mit einem Schlag, wie durch eine Laune der Geschichte, verlor die ehemalige Festung von ganz allein den Krieg der Bibliotheken: Attalos III., der damalige König von Pergamon, vererbte kurz vor seinem Tod seinen Thron an Rom, und das war der letzte Verrat in dieser aus Verrat geborenen Dynastie. Somit wurde Pergamon römische Provinz in Asien. Doch anstatt das rechtmäßige Erbe, all diese Schätze aus Kunst, Wissenschaft und Kultur zu plündern, zu verwerfen oder gar zu vernichten, wie barbarische Eroberer es ja häufig tun, übernahm Rom mit Ehrfurcht diese Hunderttausende Schriftrollen, die das ganze Denken und Wissen der Hellenen beinhalteten. Das Buch hielt Einzug in die lateinische Hauptstadt. Einige verstiegen sich zu der Behauptung, Griechenland habe über den Sieger triumphiert. Da bin ich mir zwar nicht so sicher, glaube aber dennoch, daß Rom ohne das Buch nicht ein halbes Jahrtausend lang als das größte Imperium der Welt hätte bestehen können.

Wo Amr sich zum Römer macht

«Wenn ich recht verstanden habe», sagte Amr, «dann hast du im gesamten Verlauf deiner Rede durchblicken lassen, es gäbe eine Analogie zwischen den Römern und meinen Beduinen. Diplomatisch ist das nicht, wenn du uns – auf dem Umweg über Rom – als ‹Barbaren› abstempelst.»

Hypatia griff sofort ein: «Nicht mein Onkel nennt sie so, sondern die Griechen jener Zeit. Sie waren zutiefst überzeugt, sie allein hätten die Zivilisation geschaffen, eine Zivilisation, der ja seitdem in der Tat nichts gleichkam, und daher erschien ihnen alles, was nicht griechisch war, wie ein zusammengewürfelter Haufen unkultivierter Volksstämme. Einer der tolerantesten unter ihnen, der aufgeschlossenste gegenüber fremden Gebräuchen, war Herodot. Er hatte die Welt wie einen Pfannkuchen aufgeteilt: Barbaren des Nordens, Barbaren des Südens, des Ostens und des Westens. Und in der Mitte, wie eine schöne kandierte Frucht, lag Griechenland.»

«Das Wort ‹Barbar›», sagte nun Philoponos belehrend, «war ursprünglich nur eine Lautmalerei. Die Griechen spotteten über die Fremdlinge, die beim Sprechen für ihre Ohren undeutliche Laute von sich gaben. Für sie klang das alles wie ‹boar! boar!›.»

«Vorsicht, Meister, erstickt mir nicht!» rief Rhazes lachend. «Ich weiß zwar, daß für euch als den herausragenden Philologen die Etymologie ein nützliches Handwerksgerät ist. Aber gestattet mir dennoch, einen Historiker zu zitieren, einen meiner Glaubensbrüder namens Marcus von Lugdunum, der folgendes schrieb: ‹Die Etymologie gleicht jenen alten Münzen, die zu lange in Umlauf waren. Die Bedeutung hat sich abgenutzt.› Und das Wort ‹Barbar› hat mittlerweile ja auch eine weitaus umfassendere Bedeutung als … dieses Gegurgel! Sieh, Amr, wenn das Buch eine Waffe ist, so ist die Sprache ein ganzes Heer. Das hatten die Römer begriffen. Sie zwangen dem gesamten Römischen Reich ihre Sprache auf und bewahrten das Griechische nur für die Eliten.»

«Glaubst du denn, ich hätte keine Ahnung, wer die Römer waren!» antwortete Amr wütend – jedesmal, wcnn Rhazes einen Einwurf machte, wurde er wütend. «Wenn du glaubst, du wüßtest alles, so sage ich dir, daß mein Volk, das arabische Volk, das einzige war, das von ihnen niemals besiegt wurde! Im Grunde hat Philoponos aber recht. Zwischen den Römern der Republik und den Arabern heute gibt es etliche Ähnlichkeiten. Sie hatten die Tapferkeit und die Armut, wir haben den Glauben und die Wüste. Sie hatten den Pflug, wir haben das Kamel. Sie hatten die Disziplin, wir haben

den Koran. Und ihre Feinde? Vatermörder, Blutschän-
der, Lüstlinge. Die unsrigen? Gotteslästerer, Götzen-
diener, Sittenlose. Unsere Zeit ist gekommen, wie die
ihre kam. Byzanz, das neue Karthago, wird vernichtet
werden.»

«Alexandria ist nicht Byzanz und die Bibliothek
nicht die Hagia Sophia», sagte Hypatia und legte ihren
weißen Finger mit einer charmanten Geste auf die
rauhe, gegerbte, von Venen durchzogene Hand des
Emirs. «Du kennst die Römer gut und weißt daher
auch, daß sie die griechische Wissenschaft und Literatur als Geschenk annahmen, denn sie fürchteten sich
nicht vor Verweichlichung. Sie waren zwar keine Philosophen, verstanden es jedoch, aus den erhabenen
Spekulationen der athenischen Schulen das zu übernehmen, was ihrem praktischen Bauernverstand entsprach: Moral, Politik und Rechtswesen. Obwohl sie
keine Dichter waren, verwandelten sie das bei den
Griechen Gelesene in Sentenzen, Maximen, Fabeln,
beispielhafte Parabeln. Sie hatten auch keine Ahnung
von geometrischer Abstraktion und beobachteten den
Himmel nur, um die bevorstehende Ernte einzuschät-
zen, aber sie lernten von Euklid, Eratosthenes und
Archimedes, wie der Boden zu bewässern war; sie lernten, ihr Reich zu vermessen, um es besser zu verwalten,
und Schiffe und Kriegsmaschinen zur Vernichtung der
Seeräuber und zur Eindämmung der Barbaren aus
dem Norden zu bauen. Ihre Seele verloren sie dabei
nicht. Über lange Jahrhunderte jedenfalls nicht.»

«Hypatias Darstellung ist arg schematisch», warf
Rhazes barsch ein und erhob sich vom Tisch. «Daran
dürften die Dünste dieser Mahlzeit und die Hitze
dieses Frühnachmittags schuld sein. Gehen wir doch
lieber in die Kühle des Peristyls.»

124

«Rhazes hat recht, ich bin schon kurz vor dem Einschlafen», stimmte Philoponos zu und stand ebenfalls auf, wobei er sich auf den schweren, von den Jahren polierten Stock mit Goldintarsien stützte. «Reden wir im Gehen weiter.»

«Wenn ihr mich überzeugen wollt, daß die Bücher in keiner Weise die Tapferkeit meiner Beduinen beeinträchtigen, ja dann … dann bin ich mit euch einer Meinung», sagte Amr, der mit Bedauern wahrnahm, daß Hypatia ihre Hand von seinem Arm zurückzog. «Da sie nicht lesen können, zählen für sie nur ihr Reittier, ihr Stamm, die Wüste und das Wort des Propheten. Aber Mohammed hat schon Befehl gegeben, in meiner Heimat Schulen zu gründen, damit sie lernen, unser heiliges Buch zu entziffern. Allerdings befürchtet der Kalif Omar, daß sie mit zunehmender Freude am Lesen von den süßen und verderblichen Früchten der arabischen Dichter kosten könnten. Denn wenn wir auch Barbaren sind, ein paar Dichter haben auch wir, und die gurgeln nicht nur ‹boar! boar!›»

«Die Befürchtung deines Herrn ist ebenso dumm wie unkultiviert», sagte Rhazes überheblich. «Seit Moses konnte mein Volk lesen und schreiben, selbst der ärmlichste Hirte. Wir haben Exil, Massaker und Verfolgung durchgemacht und leben trotz allem noch immer. Den Büchern, allen Büchern ist es zu verdanken, daß wir noch nicht untergegangen sind wie ein Wassertropfen im Sand, noch nicht abgetaucht sind in das große Schweigen der Geschichte. Wenn Omar die Bibliothek verbrennen will, dann soll er sie verbrennen! Dann wird man von den Arabern bald nur mehr als von jener letzten Horde Vandalen sprechen, denen vergleichbar, die sich vor knapp einem Jahrhundert an den Küsten Afrikas in Luft auflösten und nur Asche als Andenken hinterließen. Vernichtet ihr die Bücher, bleiben der Nachwelt von deinem Volk nur zwei Namen im Gedächtnis: Omar und Amr, mit dem unauslöschlichen Kainsmal des Verbrechens auf der Stirn.»

«Es stimmt schon», griff Philoponos ein, weil er merkte, daß die Spannungen zwischen den beiden Männern immer größer wurden, «es stimmt schon, die Geschichte ist unbarmherzig. So wurde der große Feldherr Caesar über viele Jahre hinweg beschuldigt, einst die Bibliothek in Brand gesteckt zu haben. Eine ungerechtfertigte Beschuldigung.»

«Wäre es nicht gut», warf Rhazes dazwischen, «wenn Hypatia unserem Feldherrn Amr, der sich ja mit einem römischen Feldherrn vergleicht, die Begegnung zwischen Caesar und Kleopatra erzählte?»

«Das würde ich lieber morgen selbst erzählen», hüstelte Philoponos. «Krieg und Politik sind unschicklich im Mund einer jungen Dame.»

Bitte, mein sanfter Rhazes, flehte die schöne Gelehrte insgeheim, sei nicht so eifersüchtig! Als Frau kann ich doch nur Charme und Verführung einsetzen, um Amr für uns als Verbündeten zu gewinnen. Wende du dich an seinen Verstand, ich will mich an sein Herz wenden. Und jetzt gleich werde ich ohne dein Wissen ihn zu einem nächtlichen Treffen auf der Spitze des Leuchtturms bitten. Ein Mann der Wüste muß empfänglich sein für die Tiefe des Alls und die Tiefe der weiblichen Seele.

Die Locke der Berenike
(Nächtliches Intermezzo)

Unter der von der Götterstatue des Zeus überragten Kolonnade, zweihundert Ellen über dem Meeresspiegel, senkte sich der Schatten allmählich nieder und schien aus allen Winkeln zu quellen. Aus der Ferne schlängelte sich der Ton einer Panflöte heran. Der Jadeblick des Eroberers von Alexandria umfing die junge Griechin, die hier vor ihm stand. Mit warmer Stimme begann Amr zu sprechen:

«Schöne Hypatia, ich habe keine Sekunde gezögert, zu deinem geheimnisvollen Stelldichein zu kommen. Hier bin ich also, auf dem höchsten Punkt dieses Turms, bereit, einer deiner klugen Lektionen zu lauschen.»

«Ich danke dir, General», erwiderte Hypatia, während ihre Hände die Zipfel eines sie fast zur Gänze verhüllenden Schleiers umklammerten. «Ich danke dir, daß du so liebenswürdig warst, meine Bitte zu erhören.»

«Würdest du mir im Austausch», sagte Amr lächelnd, «eine Gunst erweisen?»

«Ich bin deine ergebene Dienerin», antwortete Hypatia und beugte anmutig das Knie.

«Ich bitte dich, diesen Schleier zu lüften, er verbirgt deine Schönheit. Ist es nicht grausam von dir, diese Augen, die mit den Gazellen zu plaudern scheinen, diese Brauen, gebogen wie die Mondsichel in einer Nacht des Ramadan, diese Wangen ...»

«Täusche dich nicht, General», unterbrach sie ihn mit einem Ton, der tadelnd klang. «Ich bat dich zu diesem nächtlichen Treffen ohne Wissen meines Onkels

Philoponos, und auch Rhazes weiß nichts davon. Das bedeutet aber nicht, daß ich bereit bin, mir deine Schmeicheleien anzuhören, so verlockend sie auch klingen. Es gibt Schönheiten, die weniger vergänglich sind als das Gesicht einer Frau, und die werde ich dir jetzt zeigen.»

Obwohl sie so sprach, hatte die junge Frau den verhüllenden Schleier kokett nach unten gleiten lassen, so daß der schlanke Körper mit der schmalen Taille und den harmonischen Formen sichtbar wurde. Die schöne Alexandrinerin trug einen Chiton, das geflochtene Haar von Bändern zurückgehalten, und hielt den rechten Arm auf dem Rücken, was Taille und Brust zur Geltung brachte, ohne auch nur im geringsten schamlos zu wirken. Plötzlich hob sie den Arm und wies mit dem Zeigefinger gen Himmel.

«Sieh nur, Amr!» sagte sie, teils schalkhaft, teils verschämt, und ohne dem Beduinen Zeit zu lassen für eine neue Schmeichelei. «Sieh nur die Wölbung des Meeres, jetzt, da der Tag zu Ende geht. Als ich dir von der runden Gestalt der Erde sprach und den Messungen unserer Gelehrten, da schienst du mehr auf die Musik meiner Stimme zu hören, als auf die Wahrheit meiner Worte zu achten. Du wirst es vielleicht nicht glauben, aber für mich ist das ganz und gar nicht schmeichelhaft. Nun bitte ich dich noch einmal, betrachte die Wölbung des Meeres …»

«Ich höre und schaue», erwiderte Amr, den der Ton geheuchelten Ärgers belustigte.

Ernsthaft sprach sie weiter: «Für euch Männer der Wüste ist der Himmel dünengewellt. Ihr seht die wahre Form der Erde nicht. Doch für die Seefahrer, die die Schiffe hinter dem Horizont verschwinden sehen, hält der antike Glaube an eine platte Erde keiner Prüfung stand. Außerdem braucht man keineswegs über die Meere zu fahren, um die Erdkrümmung wahrzunehmen. Es genügt ein hoher Aussichtspunkt, eine Anhöhe.»

Deshalb hatte die kluge Alexandrinerin den Eroberer von Ägypten auf die Spitze des berühmten Leuchtturms bestellt. Amr hatte sich die Geschichte dieses großartigen Bauwerks, das schließlich allgemein als eines der sieben Weltwunder galt, erzählen lassen. Schnurgerade ragte er in den Himmel, dieser Turm, den man bei Tageslicht aus großer Entfernung sah. Und wenn es Nacht war, erkannten die Seeleute mitten in den Fluten das lodernde Feuer auf der Spitze und konnten geradewegs auf das Stierhorn zufahren, ohne befürchten zu müssen, nach Paraitonion, das von gefährlichen Klippen umschlossen war, abgetrieben zu werden. Tausend Jahre zuvor hatte der Erbauer Sostratos aus Knidos seinen Namen in den Stein geritzt, ihn dann aber unter einer Kalkschicht verborgen und den des regierenden Königs darübergeschrieben, wohlwissend, daß dieser mit dem Putz schon recht bald abfallen und seiner dann zum Vorschein kommen würde. Solange der Turm stehen würde, so lange würde sein Name sichtbar sein. Fast wie die heutigen Baumeister des Islam, dachte Amr bei sich, deren geistiges Werk war ja auch dazu bestimmt, sich in die Ewigkeit einzuschreiben, um den alleinigen Namen Allahs zu verkünden.

Von der Spitze des Leuchtturms aus bot sich dem Blick eine überwältigende Perspektive. In Richtung Meer begann sich das vollkommen klare Türkisblau des Himmels am Horizont dunkler zu färben, doch die Leuchtfeuer, die die Seefahrer lenken sollten, waren noch nicht entzündet. Nachdem er Hypatias verschwiegene Aufforderung zu diesem Treffen erhalten, hatte der Feldherr den Befehl erteilt, die Leuchtfeuer erst zwei Stunden später zu entzünden; zuvor hatte er sich vergewissert, daß kein Schiff von Bedeutung im Hafen erwartet wurde.

«Der Prophet hat es nicht als nützlich erachtet, über die Form der Erde zu sprechen», murmelte Amr wie zu sich selbst, während er traumverloren die Schönheit des Dämmerlichts betrachtete.

«Ich weiß, Jesus und Moses auch nicht, aber ich scheue mich nicht zu sagen, daß eine solche Unterlassung höchst bedauerlich ist. Hat denn nicht der Schöpfer dem Universum seine Form gegeben, damit unsere Augen oder – wenn wir keine im Kopf haben – unser Verstand seine Größe im vollen Ausmaß wahrnehmen? Die Gelehrten Alexandrias hatten begonnen, diese Größe zu enthüllen, diese Schönheit, die den Unwissenden verborgen bleibt. Aber ihr, die Gläubigen, ihr nennt uns Heiden. Unser ganzes Wissen ist dem Untergang geweiht. Ich beschwöre dich daher, Amr, nicht zu vollenden, was die Kirchenlehrer, welcher Religion auch immer, schon vor dir begonnen haben: die systematische Vernichtung der Naturwissenschaft. Bedenke, daß schon zwei Jahrhunderte vor Gründung der Stadt der Philosoph Anaxagoras den unbestreitbaren Beweis von der Form der Erde geliefert hat: der Schatten, den sie wirft, wenn Mondfinsternis herrscht, ist kreisförmig, was sich nicht erklären ließe, wenn unsere Welt platt wäre, was aber logisch ist, wenn sie kugelig ist. Und was will man uns jetzt einreden, nach tausend Jahren ‹Zivilisation›? Die christlichen Kirchenväter haben verfügt, die Erde habe platt zu sein. Basilius und Kyrillos von Jerusalem haben behauptet, die Welt habe die Form eines Altars und über diesem throne ein Universum in Form eines Taberna-kels! Doch noch Schlimmeres gibt es: Ambrosius und Augustinus von Hippo Regius haben jegliches Wissen um die Natur zurückgewiesen. Schlimm, denn für die-se doch immerhin gebildeten Denker wurden aus den Tugenden der Himmel prachtvolle Laster. Nach Jesus Christus und der Lektüre des Evangeliums – beschlos-sen sie –, brauchen wir keine Neugier und keine For-schung mehr. Für den Christen genügt es, wenn er glaubt, die Ursache all dieser Phänomene, ob himm-lischer oder irdischer Natur, ob sichtbar oder unsicht-bar, sei nichts anderes als die Güte des Schöpfers.»

«Wagst du das zu bezweifeln?» fragte Amr ein wenig verwundert und langsam ein wenig ungeduldig, wollte er doch über ganz andere Dinge sprechen. «Sagt unser Koran nicht auch, die sieben Himmel und alles, was sie enthalten, singen das Lob Allahs?» lenkte er dennoch wieder ein. «Es gibt ja nichts, was nicht sein Lob singt. Aber ihr, die Heiden, versteht diese Gesänge nicht.»

Hypatia war empfindlich betroffen und erwiderte: «Du hast recht, ich bin weder Christin wie mein Onkel noch Jüdin wie Rhazes. Und auch noch nicht zu deinem Glauben bekehrt. Ich huldige allein dem Kult der Erforschung des Universums durch die Naturwis-senschaften und die Künste und akzeptiere freilich auch ein paar unsterbliche Prinzipien der platoni-schen Philosophie. Mein Onkel Philoponos wirft mir manchmal vor, um mich zu necken, wie ich vermute, ich widmete mich heidnischen Bräuchen und orphi-schen Mysterien. Aber ich bin keine Heidin. Denn in meiner Religion, die ausschließlich Urania, der Muse der Astronomie und Geometrie, sowie ihrer Schwester Euterpe, der Musikerin, gilt, heißt es auch, daß der Raum angefüllt ist mit den Grundlagen der göttlichen

Geometrie. Jedes Gestirn hat seinen Positionspunkt, wie die Lampen am Grab Christi in Jerusalem oder dem deines Mohammed in Medina.»

Amr enthielt sich einer Antwort. Die unanfechtbaren Argumente dieser viel zu schönen Zauberin machten ihn sprachlos. Ein paar Minuten lang standen sie schweigend nebeneinander und fröstelten leicht trotz der außerordentlich milden Luft. Die rote Sonnenscheibe sank ins Meer, und die ersten Sterne begannen zu funkeln.

«Wenn Re, der Sonnengott, am Abend das Augenlid schließt, dann verdunkelt die Finsternis die Erde für das Volk Ägyptens», raunte Hypatia.

«Wohingegen der Himmel seinen Endlosschrein aufklappt», ergänzte der Beduine, vom großartigen Schauspiel beeindruckt. Seine Stimme klang jetzt anders, fast feierlich.

«Die Sterne lassen mich an Goldtrauben denken, die am Spalier der Nächte hängen ...», fuhr er getragen fort.

«Wenn so die Verse klingen, die du in der Einsamkeit der Wüste schreibst, dann, lieber Amr, huldigen sie wirklich der Schönheit der Schöpfung.»

Sie sprach nicht weiter und lächelte, drehte sich dann urplötzlich zu ihm hin, als sei sie aus einem kurzen Traum gerissen worden.

«Hipparchos von Nikäa, der berühmteste unserer Astronomen, sagte einst, wenn die einen Sterne zu leuchten beginnen, ändern andere ihre Farbe, und wieder andere verlöschen. Doch ach, wir kennen das wahre Wesen der Sterne immer noch nicht. Wir zählen sie, ordnen sie je nach Größe, scharen sie zu Gruppen in Form von Konstellationen. Dem Auge erscheinen sie starr, doch dahinter wandeln sich die Himmel und beseelt sie pulsierendes Leben. Daher haben die Dichter Bücher geschrieben, in denen sie die Legenden der Sterne erzählen.»

Unmerklich trat Amr näher: «Wenn du mir eine dieser Legenden erzählen wolltest ...»

Trotz des Halbdunkels sah Hypatia, wie seine traumverlorenen Augen leuchteten.

«Siehst du», raunte sie, «siehst du die fünf Fackeln dort oben, die gerade erst aufblitzen und eine Art Stuhl bilden?» Mit dem entblößten Arm hatte sie einen kleinen Kreis gegen Norden in den Himmel gezeichnet.

«Darf ich dich darauf hinweisen», erwiderte Amr, «daß den Beduinen diese Sterne vertraut sind. Wir sehen darin eher so etwas wie eine Hand, die mit dem Finger auf die vorderen Sterne zeigt.»

Hypatia nickte.

«Die Legende von diesen Sternen steht in einem Buch, das die Bibliothek besitzt.»

Mit monotoner und leicht emphatischer Stimme, als koste es sie Mühe, sich der richtigen Worte zu entsinnen, fing sie an: «Hier ist Kassiopeia, die Königin Äthiopiens. Sie thront in den Höhen neben ihrem Gemahl Kepheus. Sie glänzt, selbst wenn der Mond die ganze Nacht strahlt. Wie ein Schlüssel mit eisernen Zähnen zubeißt und eine von innen verriegelte Doppeltür aus den Angeln hebt, so sind ihre Sterne angeordnet. Mit zitterndem Antlitz streckt sie die Hände aus, als beklagte sie den Verlust ihrer Tochter Andromeda, die den Frevel der Mutter sühnt.»

«Was für eine Abscheulichkeit hat diese Mutter denn begangen?» fragte Amr mit einem Anflug von Spott.

«Kassiopeia», Hypatia nahm die Geschichte gleich wieder auf, als fürchtete sie, den Faden ihrer Erzählung zu verlieren, «Kassiopeia war so vermessen gewesen, sich für schöner zu halten als die Nereiden, trotz ihrer dunklen Hautfarbe. Die Nymphen flehten ihren Vater Neptun an, diese Beleidigung zu rächen. Der Gott der Meere entsandte ein Ungeheuer, das an den Küsten Syriens zu wüten begann. Um diese Götterstrafe zu beenden, fesselte Kepheus seine Tochter Andromeda an einen Felsen und bot sie dem Ungeheuer als Opfer dar …»

Amr verzog den Mund, das schien ihm wenig glaubwürdig.

«Schau doch nur etwas genauer hin», fuhr Hypatia weniger belehrend fort, «betrachte die Konstellation von Andromeda. Bevor es vollends Nacht wird, kannst du ihre Gestalt gut sehen, ihr Kopf funkelt, und ihre breiten Schultern strahlen in ihrem Weiß. Rund um die Taille glänzt ein kleiner Feuerreif, der ihr Kleid anhebt … Sie streckt ihre angeketteten Arme aus, als hielte die Kraft des Felsens sie zurück.»

«Ich sehe vor allem eines», sagte Amr scherzhaft, «dir genügt es offensichtlich nicht, schön und klug zu sein, du kennst dich auch in der Literatur gut aus.»

«Wenn ich ehrlich bin, muß ich gestehen, daß ich nur die Verse des großen Dichters Aratos aus dem Gedächtnis vorgetragen habe.»

«Schon wieder ein Grieche aus Alexandria?»

«Ein Schüler von Eudoxos, einer der ersten, der nach Euklid ins Museion aufgenommen wurde. Aber seine Neigung galt eher der lyrischen Dichtkunst als dem strengen geometrischen Denken. Ein bißchen wie bei dir, General! Aratos besang lieber die Sternbilder in einem Gedicht, das ihn dann auch in ganz Griechenland berühmt machte.»

Amr rückte wieder kaum merklich ein bißchen näher an sie heran. «Schöne Hypatia, ich könnte dem melodischen Klang deiner Stimme ewig lauschen. Dein Mund, so fein gezeichnet wie das Siegel Salomos, dein Haar, das in der Brise wogt …»

«General!» Hypatia unterbrach ihn streng. «Ich bitte dich abermals, nicht so zu sprechen!»

Dann fuhr sie etwas weniger streng fort: «Wenn du eine Haarpracht streicheln willst, dann liebkose mit deinen Augen diesen kleinen Sternenhaufen dort oben im Blau zwischen Arktur und Leo. Man nennt ihn die *Locke der Berenike*.»

Der Feldherr hustete, verärgert über die Zurechtweisung.

«Habt ihr mir nicht schon mal von einer Berenike erzählt? War sie nicht die Frau des ersten Ptolemaios?» fragte er verdrossen, aber er wollte schließlich beweisen, daß auch er ein gutes Gedächtnis hatte.

«Ja, das stimmt, aber diese Berenike hier lebte etwas später und war die Gemahlin von Ptolemaios III. Euergetes, dem Wohltäter. Ihre Geschichte erzähle ich nur dir, um dir eine Freude zu machen, denn es ist eine Geschichte über Dichter.»

«Ich höre und gehorche», sagte Amr mit komisch-resignierter Mimik, und Hypatia begann in belehrendem Ton zu erzählen.

«Kaum hatte er den Thron bestiegen, mußte Euergetes gegen den Seleukiden, der Syrien besetzt hielt, in die Schlacht ziehen. Die untröstliche Berenike schwor der Göttin Venus, sie würde ihre üppige Haarpracht opfern, wenn ihr Geliebter siegreich heimkehre. Am Tag, als der König zurückkam, trug sie das Haar zum Tempel. Doch in der folgenden Nacht wurde es von einem Serapis-Priester geraubt, weil er empört war über die Königin, die einer griechischen Gottheit opfern wollte. Verzweiflung bei Berenike, rasender

Zorn bei Euergetes! Nur ein Astronom vermochte den Groll des Gatten zu besänftigen. Konon von Samos, der hochverehrte Wissenschaftler, der schon sieben Bücher zur Astronomie geschrieben und mit Archimedes von Syrakus Briefe gewechselt hatte, zeigte ihnen diesen Sternenhaufen und beteuerte, er sei soeben zum ersten Mal am Himmel aufgetaucht und es handele sich dabei um das Haar der Berenike, das sich Venus in den Sternenhimmel geholt habe.»

«An so eine heidnische Fabel konnte auch nur eine Königin glauben, eine junge zumal!» höhnte Amr. «Sie glaubte wohl etwas Besseres zu sein als der gemeine Sterbliche. Nur so eine konnte so einen Unsinn glauben.»

«Die Fürsten, ob heidnisch oder nicht, gieren ja stets nach glorifizierender Literatur. Um diese Schwäche wissen natürlich auch die Gelehrten und die Dichter. Das war wohl auch der Grund, warum der große Kallimachos am Ende seines Lebens, nachdem Konon eine Locke auf den Himmelsglobus des Museions gezeichnet hatte, eine Elegie schrieb, die Königin Berenike unsterblich machte:

> Frisch noch beklagten die Schwestern das Schicksal, daß ich vom Scheitel
> wäre getrennt, als die Luft rasch mit der Fittiche Schwung
> Trennend der Zwillingsbruder des äthiopischen Memnon,
> jenes geflügelte Roß naht, das Arsinoë trug;
> Schwebte mit mir empor durch den mächtigen Äther und legte
> nieder mich dann bei Dir, Venus im züchtigen Schoß.

Denn sie selbst, Zephyritis, entsandte dorthin
ihren Boten,
Sie, einst Griechin und nun Gast des Kanopi-
schen Lands, daß in dem bunten Gemisch
der schimmernden Lichter des Himmels
Nicht Ariadne nun strahl' in jenem goldenen
Kranz,
welcher die Stirn ihr einst geziert, daß neben
ihr leuchte
Ich, ihres blonden Haupts Schmuck, der den
Göttern geweiht.[16]

Die letzten Verse hatte Hypatia gesungen, während in
der Ferne noch immer der Ton der Flöte zu hören war.
Wieder lauschte Amr hingerissen.

«So eine harmonische Legende, die dein Himmel
da erzählt!» rief er aus. «Man möchte fast sagen, süße
Hypatia, dort auf der Himmelsbühne spiele jeder seine
irdische Rolle weiter, im Kreise seiner Komplizen und
seiner Feinde.»

«Da hast du recht», sagte Hypatia. «Apollo hat seinen Pfeil an den Himmel gesteckt, Dionysos die Krone
seiner Gemahlin Ariadne angeheftet, Zeus seine ehemalige Geliebte Io gebettet, allerdings in eine Bärin
verwandelt durch Artemis …»

Wie abwesend blickte Amr über den jetzt fast
schwarzen Horizont hinaus. Seine glühende Intelligenz entflammte plötzlich seine Augen, und er sagte:

«Wir Beduinen haben oft als Dach nur das Sternen-
gewölbe über uns. Und nirgends scheint der Himmel
der Erde näher als mitten in der Wüste. Die Wüste lädt
uns ein in den Himmel. In der Einsamkeit und Stille
der Dünen erlebt der denkende Geist stufenartig die
Ausweitung des Unendlichen. Früher, an der Seite

meines Großvaters, habe ich dieses innere, fast mystische Erlebnis mehrmals verspürt ... Ich sah, hörte und liebte diese Himmelsmusik in der allgemeinen Stille ...»

Er schwieg eine Weile, als horchte er auf eine verlorene Musik. Dann fuhr er mit gefestigter Stimme fort:

«Seit ich mich zum Wort des Propheten bekehrt habe, rede ich mir ein, man müsse sich mit der reinen Anschauung der Wunder Allahs begnügen. Anschauen heißt empfangen, empfangen bedeutet aufgenommen zu werden. Was soll es dann noch, tausenderlei Entfernungen am Himmel zu messen, was nützen die komplizierten Berechnungen deines Aristarchos und Eratosthenes, was die sorgfältigen Beobachtungen deines Hipparchos und all der anderen Astronomen? Miß einfach die Ehrlichkeit und Frömmigkeit in deinem Herzen, dann kennst du die Entfernungen am Himmel! Außerdem ... wenn ich Omar mit Astronomie komme, fragt er bestimmt, welchen Nutzen diese Himmelsgelehrsamkeit wohl für die Verbreitung des Islam haben könne.»

«Wenn du so denkst, Amr, dann laß mich dir eine einfache Frage stellen. Wenn ihr, du und deine Glaubensbrüder, euch zum Beten niederwerft, müßt ihr euch dann nicht zu eurer heiligen Stadt hin wenden?»

«Das stimmt, denn der Koran sagt: Wendet euer Antlitz zu ihm, wo immer ihr seid. Am Anfang beteten die Muslime, genau wie die Juden, in Richtung Jerusalem, aber zwei Jahre nach Ankunft des Propheten in Medina hieß er uns, das Gesicht der Kaaba zuzuwenden, zum heiligen Tempel aus der Zeit des Propheten Abraham, also Mekka.»

«Hier in Alexandria fiel mir aber auf, daß etliche deiner Brüder sich nicht recht einig sind, wenn es darum geht, den Gebetsteppich auf den Boden zu rollen und zum fernen Mekka hin auszurichten …»

«Du kannst leicht spotten über die Unwissenheit meiner Soldaten. Es sind einfache und ungehobelte Männer, aber beseelt vom wahren Glauben. In allen Moscheen meiner Heimat wurde eine Wandnische, genau nach Mekka hin ausgerichtet, gebaut. Zur Stunde des Gebets werfen sich alle Gläubigen vor dieser Mihrab genannten Nische nieder und sind vereint in ein und derselben Richtung, der Qibla.»

«Jetzt denke einmal nach», sagte Hypatia mahnend. Sie brachte so leicht nichts aus dem Konzept. «Will dein Islam seine Macht nicht über die ganze Erde ausdehnen? Hast du schon bedacht, Amr, wie schwierig es sein dürfte, deine Qibla von jedem Ort der weiten Welt aus zu finden? Gib zu, daß sich dieses Problem der Welt des Glaubens entzieht und in die der Geometrie und Geographie, folglich in die der Astronomie gehört!»

«Da bist du natürlich wieder bei deinem Lieblingsthema, der Verherrlichung deines genialen Euklid!»

«Du irrst, denn hier wüßte die Flächengeometrie Euklids keine Antwort, aber die sphärische Geometrie des Hipparchos.»

«Das wird ja immer verworrener!» sagte Amr scherzhaft, denn er wollte unbedingt vermeiden, daß das Gespräch in Streit ausartete. Eigentlich stand ihm der Sinn im Augenblick weder nach geometrischen Beweisen noch nach Verteidigung des wahren Glaubens. Die junge Frau regte ganz einfach seine Sinne stärker an als sein Denkvermögen. Hypatia merkte das natürlich, fuhr aber dennoch gnadenlos fort: «Wie es Beziehungen zwischen den Winkeln eines auf ein flaches Blatt gezeichneten Dreiecks gibt, so gibt es kompliziertere

Beziehungen zwischen den Winkeln eines auf eine Kugel gezeichneten Dreiecks. Hipparchos hat das alles berechnet. Er hat Zahlentafeln aufgestellt, mit deren Hilfe man Kreislinien auf die Ebene projizieren kann.»[17]

«Großartig. Aber welche Beziehung besteht zwischen dieser strohtrockenen Mathematik und der Beobachtung der Sterne?»

«Diese Beziehung heißt Astrolabium und ist ein von Hipparchos erfundenes Instrument, das die Position der Sterne am Himmel bestimmt. Deswegen nennt man es auch ‹Sternenfasser›. Der Sternort hängt in einem bestimmten Augenblick von den irdischen Koordinaten des Ortes ab, von dem aus man beobachtet. Und umgekehrt vermag man durch die Kenntnis des Ortes die Zeit zu bestimmen. Hörst du, Amr? Die Zeit, die Stunde! Wie werdet ihr, du und deine muslimischen Brüder, es denn anstellen, um in den von euch zu erobernden fernen Ländern genau die Stunden in Erfahrung zu bringen, da ihr euch zum Gebet niederwerfen müßt? Da kann euch nur das Astrolabium helfen!»

«Wagst du etwa zu behaupten, die Verbreitung des Islam gelinge nur mit deinem Astrolabium?»

«Aber ja, doch!» beteuerte Hypatia, teils überzeugt, teils belustigt. «Und in Zukunft werden die Gelehrten deiner Heimat dieses Instrument gar noch vervollkommnen können und sich tausenderlei andere Verwendungsmöglichkeiten ausdenken, an die Hipparchos selbst und auch seine Schüler nicht im entferntesten gedacht haben! Ich kenne mich übrigens recht gut aus mit Astrolabien und habe auch selbst eines gebaut», fügte sie nicht ohne Eitelkeit hinzu. «Mein Onkel Philoponos hat sie übrigens in allen Einzelheiten beschrieben. Ich werde dir meines morgen mitbringen, es ist so winzig, daß es in deine Hand paßt. Ein Modell des gesamten Universums! Das gesamte Wissen über Himmel und Erde, zusammengefaßt auf einer Metallscheibe mit Kurven und Geraden, Zahlen und Symbolen. Ist das etwa nicht ein Instrument, welches den Ruhm des Schöpfers singt? Und das alles erfand Hipparchos, über den du spottest! Das taten zu seinen Lebzeiten auch die Zuschauer im Amphitheater, wenn er mitten im Sommer mit einem schweren Mantel bekleidet und dem Filzhut auf dem Kopf dort saß, weil er Sturm angesagt hatte.»

Amr beruhigte sich und begann plötzlich zu lachen: «Muß ich dem Kalifen etwa auch von diesem großen Mann erzählen?»

«Es wäre angebracht», antwortete Hypatia nun wieder sanfter, «denn mit Hipparchos nennst du eine der glorreichsten Zierden Alexandrias. Dabei habe ich dir von seiner größten Ruhmestat noch gar nichts erzählt!»

«Was denn nun noch?»

«Hipparchos entdeckte die Präzession der Äquinoktien ...»[18]

«Was ist das denn wieder für eine Abscheulichkeit?»

Die junge Frau tat so, als sei ihr der Sarkasmus entgangen, und fuhr in belehrendem Ton fort: «Lange Zeit glaubte man, die Achse der Welt, die die Erde im Zentrum durchbohrt, sie im Gleichgewicht hält und zur Rotation des Himmels dient, verharre stets am gleichen Fleck und rühre sich keinen fadenbreit von der Stelle. Doch Hipparchos bemerkte eine kleine Abweichung bei Spica, dem leuchtendsten Stern in der Jungfrau. Aristyllos und Timocharis, das waren zwei Astronomen, die zur Zeit Euklids in Alexandria gear-

141

beitet hatten, gaben Spicas Position an, doch Hipparchos maß eine andere.»

«Und ist das schlimm, gelehrte Hypatia?»

Die junge Frau blickte zum Himmel auf und stieß einen Seufzer aus. So konnte wirklich nur ein Esel fragen! Sie fuhr fort in ihren Erklärungen und sprach jedes Wort gestochen scharf: «Das bedeutet, daß die Länge des Jahres nicht feststeht!»

«Oho! Und wie stellst du es an, die Dauer eines ganzen Jahres zu berechnen? Mit ein paar Sanduhren, die du drehst und wendest?»

Hypatia blieb weiter geduldig.

«Hast du schon einmal von diesen kurzen Perioden des Jahres gehört, an denen der Tag genausolang ist wie die Nacht, und zwar an allen Orten der Erde?»

«Natürlich, wir in Arabien leben ja schließlich nicht hinter dem Mond!» sagte Amr nun wieder ernsthafter. «Und daß es von deinen Tagundnachtgleichen zwei gibt, das wissen wir längst! Eine bei Frühlings- und eine bei Herbstanfang.»

Diese Antwort erstaunte die gelehrte Alexandrinerin nun doch ein wenig. Sie fuhr fort: «Wenn das so ist, dann hör weiter: Jahr für Jahr steht die Sonne bei der Frühlingstagundnachtgleiche in einer ganz bestimmten Position auf dem Tierkreis. Die Astronomen kennen sie. Und davon ausgehend, berechnen sie die genaue Dauer des Jahres, indem sie die Zeit zwischen zwei aufeinanderfolgenden Frühlingsäquinoktien messen.»

«Das scheint mir sehr einleuchtend, wenn auch arg langweilig …»

«Wäre die Achse der Welt starr», fuhr Hypatia geduldig fort, «dann wäre diese Dauer immer dieselbe. Hipparchos hingegen maß, daß die Stellung der Sonne in der Frühlingstagundnachtgleiche sich von Jahr zu Jahr verschob. Und diese Abweichung wird im Laufe der Zeit immer größer. Vor zweitausend Jahren vollzog sie sich im Sternbild des Stiers, was Schrifttafeln aus Babylon beweisen, die wir sorgfältig in der Altertumsabteilung der Bibliothek aufbewahren. Heute vollzieht sie sich in der Konstellation des Widders. In zweitausend Jahren, falls die Welt den Wahnsinn der Menschen überlebt, wird es Frühling werden in der Konstellation der Fische. Und wenn du von all diesen Ausführungen nur eines behältst, Amr, auch wenn sie über deinen Horizont zu gehen scheinen, dann merk' dir, daß ohne die Schriftrollen der Bibliothek, in denen die Beobachtungen der Alten festgehalten sind, keine dieser großen Entdeckungen möglich gewesen wäre!»

«Wenn ich recht verstanden habe, dann ist das, was du in gelehrten Worten ‹Präzession der Äquinoktien› nennst, nichts anderes als die stets wechselnde Laune der Jahreszeiten ...»

Hypatia war sprachlos, entspannte sich aber wieder und schloß: «So dumm, wie du dich manchmal gerne gibst, bist du gar nicht, großer Feldherr!»

«Da sind wir uns einig», sagte er mit einem Anflug von Eitelkeit. «Es stimmt schon, in vielen Punkten sehen wir die Dinge ja gleich ...»

Und plötzlich, ohne sich abgestimmt zu haben, brachen beide in schallendes Gelächter aus. Amr konnte es schon lange nicht mehr erwarten. Zum Teufel mit diesem Unterricht in Astronomie! Ihm stand der Sinn nach etwas Leichtfertigerem. Sollte doch jemand anders als diese hinreißende Zauberin ihm beibringen, wie man die Erde maß oder in den Himmeln las! Sein Universum war jetzt das des Ovid und die Liebe das einzige, das es zu besingen galt. Und wie durch wundersame Übertragung verspürte die junge Alexandrinerin auch ihrerseits eine tiefe Erregung der Sinne. Plötzlich, wie durch Zauberhand, veränderte sich die Atmosphäre zwischen den beiden.

«Findest du nicht, daß du mich zudringlich anschaust?» hauchte sie.

Amr antwortete nicht, ergriff bedächtig ihre Hände, und sie wehrte sich nicht.

«Oh Weib, Ursache aller Umstürze», raunte er. «Solch schöne Hände, und sie greifen nach Astrolabium und Kompaß! So bezaubernde Augen, und sie beobachten den Lauf der Planeten! Nein, Venus' Hand ist geschaffen, die Laute der Liebe zu zupfen, und deine schönen Augen müssen hienieden die Gestirne sein.»

Der Busen der jungen Frau wogte, und unter dem Stoff des hauchdünnen Chiton zeichneten sich die Brustspitzen ab.

Genau in diesem Augenblick flog mit Getöse die Tür zur obersten Plattform des Leuchtturms auf. Zwei Offiziere mit langstieligen gleißenden Fackeln erschienen unter dem Säulengang, um die Leuchtfeuer zu entzünden, wie es Amr befohlen hatte. Sie hatten sogar schon länger als angemessen gewartet: Die schwarze Nacht, schon vor langer Zeit angebrochen, würde das Leben von Seeleuten gefährden.

Hypatia nutzte diese Unterbrechung, um ihre Sinne wieder zu sammeln. Sie rückte ab von Amr, packte ihren Schleier, verhüllte sich von Kopf bis Fuß und stürzte nach einer kurzen Verneigung ohne ein Wort davon.

Enttäuscht, aber im Grunde seines Herzens voll freudiger Erregung, blieb der Eroberer Amr noch eine ganze Weile und beobachtete das Geschehen. Unter der von acht Säulen getragenen Kuppel flammte bald schon ein nach Harz duftendes Holzfeuer empor, und die Spiegel ringsum strahlten das Licht ab und warfen es hinaus aufs Meer.

Ein wenig später, als er in Begleitung seiner Männer vom Leuchtturm herunterstieg, erinnerte sich Amr, daß ihm am nächsten Morgen eine weit weniger vergnügliche Geschichtsstunde bevorstand: Der alte Philoponos würde ihm von einem römischen Imperator und einer ägyptischen Königin erzählen.

Der Soldat und die Göttin (Philoponos' dritte Vorlesung)

Über lange Zeit hinweg empfanden die Römer für Alexandria die gleiche aus Furcht und Groll gespeiste Leidenschaft, wie sie der armselige Hirte für die schöne Prinzessin hegt … oder der völlig ungebildete Haudegen für die gebildetste aller Frauen.

Julius Caesar war alles andere als ein ungebildeter Hirte. Er rühmte sich gar einer Abstammung von einer der ältesten Familien Roms. Er war auch alles andere als ein ungebildeter Krieger, denn er hatte als junger Mann in der attischen Hauptstadt sein Studium abgeschlossen und sein Bericht über seine Eroberungen war in reinstem Latein abgefaßt. Ob er ein Haudegen war, kann ich, da ich mich in der Kriegskunst nicht auskenne, kaum beurteilen. Ich weiß nur, daß seine besiegten Feinde seine Großmut lobten.

Caesar kam als Schiedsrichter nach Alexandria, um einen dynastischen Konflikt zwischen zwei Brüdern zu

schlichten. Beide hießen natürlich Ptolemaios, und natürlich hatte der Ältere wieder einmal seine Schwester
geheiratet, die – wie du wohl schon erraten hast – auch
wieder Kleopatra hieß – die siebte dieses Namens. Die
Brüder waren eigentlich noch Kinder: Ptolemaios XIII., mit dem lächerlichen Beinamen ‹Dionysos›,
Gott des Weines und der Wonnen, war erst zehn Jahre
alt.

Die wahren Herren Ägyptens waren aber die Vormunde des jungen Königs: Achillas, ein Feldherr, der
den Thron anvisierte, und Potheinos, ein Eunuch. Bei
diesem zumindest bestand keine Gefahr, daß er eine
Dynastie gründen würde. Er hatte nur eine Möglichkeit, sich sein Andenken in der Nachwelt zu sichern: Er
mußte unsterblich werden wie ein Buch. Also erwarb
er für ungeheure Summen das Amt des Bibliothekars.
Intrigen, Korruption, Meutereien und Aufstände
waren Alltag geworden im Königreich. Kleopatra,
durch Potheinos' und Achillas' Winkelzüge aus dem
Lande vertrieben, mußte gar für eine Weile in Syrien
Zuflucht suchen.

Unterdessen häufte die Republik Rom Sieg auf Sieg.
Sie brauchte sich nicht mehr in lokalen Konflikten als
Mittler einzuschalten, sie besetzte die Länder, die um
Hilfe gerufen hatten, annektierte sie und beließ ihnen
manchmal einen Strohkönig oder eine Marionettenre-
gierung. An allen Ecken und Enden brachen Revolten
gegen den Besatzer aus, doch sie wurden brutal niedergeschlagen. Beutegut, Lösegelder und Sklaven gelangten von überallher nach Rom, wie in einen großen
Trichter gekippt. Bald lagen außerhalb Roms Vor-
mundschaftsbereich nur mehr Alexandria und Ägypten. Hielt ein obskurer Respekt vor der glorreichen
Vergangenheit des Landes der Pyramiden, des Leucht-

turms und der Bibliothek die römischen Legionen von unserem Staat fern? Oder waren die Strategen des Senats eher der Auffassung, die Frucht sei noch nicht reif oder würde ihnen ohnehin von allein in den Schoß fallen? Andererseits war der Senat nur noch ein Schatten seiner selbst. Die republikanische Tugend des Schwerts und des Pflugs war längst in Vergessenheit geraten. Diese auf ihren Privilegien hockende Patrizierkaste sah mit Sorge, wie das Ansehen ihrer drei obersten Feldherren beim Volk und im Heer zunehmend wuchs. Um sie Rom fernzuhalten, übertrugen sie daher diesen drei illustren Kriegshelden – Crassus, Caesar und Pompejus – je ein Drittel der eroberten Länder.

Die drei Feldherren stimmten sich jedoch ab und verbündeten sich gegen den Senat. Ihr Traum war es, die Herren Roms zu werden, daher teilten sie schon vorsorglich die Ämter und die Macht untereinander auf. Sie waren sich sicher, daß der Senat, der weder Unterstützung aus dem Volk noch eine Streitkraft wie die Legionen besaß, sie nicht würde aufhalten können. Doch Crassus wurde in einem Feldzug gegen die Parther, die einen Aufstand angezettelt hatten, getötet. Er war ein von grenzenloser Gier besessener Feldherr gewesen, der die Provinzen, die ihm anvertraut waren, brutal aussaugte, und die Parther zahlten ihm seine Sünden grausam heim: Sie gossen ihm geschmolzenes Gold in den Rachen. Jetzt war ein Zusammenprall der beiden Überlebenden, Caesar und Pompejus, unvermeidlich. Der eine war hochmütig und ungestüm, der andere geduldig und geschickt. Caesar besaß das wilde Gallien, das er ganz allein erobert hatte. Pompejus hatte den Rest geerbt, also Griechenland, Asien und Afrika – mit Ausnahme von Alexandria, wohlgemerkt. Zwischen den beiden stand Rom. Caesar wagte als erster den Einmarsch, an der Spitze seiner Truppen. Der Senat ergab sich. Pompejus flüchtete nach Griechenland, wurde aber von den aufständischen Hellenen geschlagen und mußte erneut fliehen. Schließlich blieb ihm nur noch die Flucht nach Alexandria, in der Hoffnung, Caesar würde ihn nicht weiter verfolgen. Ein fataler Irrtum! Durch diesen Schritt verließ er das Römische Reich und verriet Rom. Dort verlor er auch seine letzten Anhänger. Nun steuerte Caesars Flotte auf die alte Stadt der Ptolemaier zu. In Panik geraten, ermordete der junge König – oder besser gesagt, seine Vormunde – Pompejus.

Zwei Tage nach dem Mord landete Caesar. Man überreichte ihm den Kopf seines Rivalen. Er weinte und ließ ihn am Fuße der Mauern begraben. Dann – dann blieb er, entgegen aller Erwartung, obgleich ihm doch in Rom das Kapitol offenstand. Er gab vor, erst einmal die Streitigkeiten zwischen Anhängern von König Ptolemaios und denen seines jüngeren Bruders schlichten zu müssen. Kein Mensch glaubte ihm das. Es war eindeutig, daß er das schönste, das reichste, das einzige Prunkstück, das dem Imperium noch fehlte, für die Ewige Stadt erobern wollte: Ägypten. Wenn ihm das gelänge, würde im Senat keiner mehr wagen, sich ihm zu widersetzen!

Caesar, der im Residenzviertel, einer wahren Festungsanlage, sein Quartier aufgeschlagen hatte, befürchtete dennoch, daß man versuchen würde, ihn wie den verstorbenen Pompejus zu ermorden. An der Spitze des Komplotts stand Achillas, der allmächtige Herr des ägyptischen Heeres, der auch die Geschicke des jungen Königs lenkte. Anläßlich eines Festmahls wurde Caesars Barbier, als er mißtrauisch durch die Gänge schlich, Ohrenzeuge eines Auftrags, den

Potheinos einem der Diener gab: Dem römischen Feldherrn solle ein vergifteter Trank gereicht werden. Der Barbier rannte zu seinem Herrn, der sofort den Flügel des Palastes umzingeln ließ. Potheinos wurde getötet, doch Achillas und Ptolemaios konnten fliehen und einen Volksaufstand gegen Caesars Truppen bewerkstelligen.

Obwohl die Schlagkraft seines Heeres, dem sich die herrenlosen Soldaten Pompejus' angeschlossen hatten, beachtlich war, zog Achillas es vor, von der Meerseite her anzugreifen. Seine Flotte drang in die Reede ein und warf unter den hohen Mauern, die den Wasserspiegel hoch überragten, Anker. Sofort ließ Caesar auf die feindlichen Schiffe glühende Pechfackeln hinunterwerfen. Kurz darauf wütete in Reede und Hafen eine einzige Feuersbrunst …

Die vier Elemente sind auch die vier Feindes des Buches. Die Luft läßt es zerfallen, wenn man es nicht sorgfältig in schützende Schränke verschließt, das Wasser macht es unleserlich, wenn man es nicht regelmäßig an der Sonne atmen läßt, der Staub überdeckt es, wenn man es zu lange unbeachtet liegen läßt. Das Feuer aber ist der schlimmste Feind der Bücher, und auch der Mensch kann sie nicht vor ihm schützen, denn der Mensch ist es ja gerade, der das Feuer auslöst – durch Krieg, aus Haß auf die Gebildeten, aus Angst vor der Wahrheit oder, was am häufigsten der Fall ist, durch schlichte Nachlässigkeit. Man kann sie gar nicht zählen, die durch Flammen vernichteten Bibliotheken, und nie hat man erfahren, warum und wie das Feuer ausgebrochen war. Dennoch wurde der Brandstifter immer geächtet, ob er für das Unheil wirklich verantwortlich war oder nicht! Selbst wenn er unschuldig war, vermochte er sich niemals gänzlich vom Verdacht reinzuwaschen; die Schmach war zu groß: Wer Bücher verbrennt, der verbrennt seine Ahnen, verbrennt Vater und Mutter, verbrennt seine Seele und die ganze Menschheit gleich mit.

Caesar hatte viele Feinde, sowohl in Rom als auch im übrigen Reich. Sein Ehrgeiz, als Alleinherrscher, ob als Diktator oder als König, Macht auszuüben, war offensichtlich. Sein Heer war ihm mit Leib und Seele ergeben, und die einfache Bevölkerung Roms liebte ihn. So blieb den römischen Statthaltern jenseits der Meere nur eine Möglichkeit: Sie beschuldigten ihn, Alexandria verwüstet und die Bibliothek in Brand gesteckt zu haben.

Die Feuersbrunst, die er angeblich ausgelöst hatte, hatte sich nicht nur auf den ganzen Hafen ausgedehnt, sondern auch die Lagerhäuser erfaßt, in denen außer Korn etwa vierzigtausend Schriftrollen gelagert waren, Abschriften von Texten, die in alle Richtungen rund ums Mittelmeer und vor allem nach Rom verschickt und verkauft werden sollten. Obwohl nur Kopien vernichtet wurden, genügte das, um Caesar, weit über seinen Tod hinaus, den Ruf eines Bücherverbrenners einzutragen.

Caesar hatte gesiegt, Achillas sich umgebracht, und Ptolemaios war im Nil ertrunken. Mit dreizehn Jahren hatte der König noch immer nicht schwimmen gelernt! Schließlich erlebte das vom Krieg zerrüttete Alexandria aber einen Triumph der Liebe: Eines Tages, kurz nach dem Sieg, überbrachte im Königspalast von Alexandria ein Sklave Caesar ein Geschenk. Es war ein Teppich. Caesar rollte ihn aus, und da stand plötzlich ein junges Mädchen von großer Schönheit vor ihm. Es war Kleopatra, die Schwester und Gemahlin des ertrunkenen Königs, die aus dem syrischen Exil heimgekehrt war.

«Oh, Caesar», lauteten ihre ersten Worte, «ich bitte dich, verschone die Bibliothek!» Erst dann verlangte sie, den Thron wieder besteigen zu dürfen. Caesar, in der Blüte seiner Jahre, war verwirrt. Sie war dreißig Jahre jünger als er. Sein männliches Begehren war geweckt, aber sein Ehrgeiz als Eroberer war stärker. Er zögerte lange, ob er sie heiraten und sich zum König von Ägypten machen sollte, doch dann kehrte er an der Spitze seiner Truppen nach Rom zurück, wo er mühelos über seine Gegner triumphierte.

Das Volk stand hinter ihm, denn die Aristokratie, die Senatoren und Ritter bereicherten sich schamlos auf Kosten derer, die sie erobert hatten. Die Tugend der Bauern-Soldaten von einst war längst vergessen in der Republik. Hätte Caesar es gewagt, hätte er nicht nur die Plebs von Rom und das gesamte Heer um sich geschart, sondern auch all die Länder, die er erobert und mit Klugheit und Großmut verwaltet hatte.

Seine beste Verbündete wäre gewiß Kleopatra gewesen. Obwohl sie noch so jung war, besaß sie einen ausgeprägten Sinn für die Pflichten einer Königin von Ägypten. Und sie wurde von den zwei wichtigsten Volksgruppen ihrer Heimat verehrt: von den Griechen Alexandrias um ihrer Schönheit und ihrer Kenntnisse willen, von den kleinen Leuten aus den Vorstädten und den ländlichen Gebieten ihrer Schlichtheit wegen. Von allen Herrschern seit Ptolemaios Soter war sie nämlich die einzige, die ägyptisch sprach. Diese Verehrung wurde zu einem Kult. Die Griechen sahen in Kleopatra die Reinkarnation der Aphrodite, die Ägypter die ihrer Göttin Isis.

Das Verhältnis zwischen Caesar und Kleopatra sorgte in Rom für einen Skandal. Man beschuldigte den Feldherrn, König von Ägypten werden zu wollen. Weder die Königin noch er vermochten dieses Gerücht aus der Welt zu schaffen, nicht einmal, als sie ihren jüngeren Bruder heiratete, einen elfjährigen Knaben, der den Titel Ptolemaios XIV. erhielt. Caesar sah sich gezwungen, nach Rom zurückzukehren, um sich zu rechtfertigen. Das war sein Verderben. Er fiel in die Hände von Verschwörern, die fürchteten, er könne sich eines Tages eine Krone aufs Haupt setzen. In Wirklichkeit aber starb Caesar vor allem deswegen, weil er sich nicht rechtzeitig hatte entscheiden können: zwischen der Treue zu seinem Vaterland und dem Thron der Ptolemaier.

Caesars Mörder hofften auf eine Rückbesinnung Roms auf die alten Zeiten, als die Bürger vereint waren in Gleichheit, Brüderlichkeit und Freiheit. Eine illusorische Hoffnung! Und war das alte Rom überhaupt je so gewesen, wie sie es sich vorstellten? Die Vergangenheit scheint immer verklärt, wenn die Gegenwart nur aus Spannungen besteht. Sehnst du, Amr, nicht auch jene Zeit zurück, da dein Prophet in deiner Heimat herrschte? Dabei hast du sie selbst noch erlebt, jene Zeit, die ja erst knapp zwanzig Jahre zurückliegt. Ist es nicht eher deine Jugend, die du dir zurücksehnst?

Doch zurück zu Rom: Die gleichen Ursachen zeitigten die gleichen Wirkungen. Derjenige, der sich sofort als Caesars Nachfolger bestimmte, war Marcus Antonius, sein getreuester Soldat. Er hatte an allen Kriegen teilgenommen, und als Caesar sich in Alexandria aufhielt, war Marcus Antonius bereis der eigentliche Herrscher in Rom. Doch welch ein Kontrast zwischen Caesar, dem vornehmen und gebildeten Aristokraten, dem klugen Politiker, dem brillanten Strategen, und diesem rauhbeinigen Krieger Antonius, dem Vielfraß, Säufer und Hurenbock, dem Streithammel und Zechkumpan!

Dennoch war seine Popularität gewaltig, und die würdevollen Senatoren hielten sich die Nase zu. Sehr bald schon brachten sie einen der Ihren in Stellung, Lepidus, einen gewitzten und umsichtigen Diplomaten. Dann trat ein dritter auf den Plan, fast noch ein Kind, kalt, reserviert, doch voll unterschwelliger Energie: Octavian, Caesars Neffe. Eine Zeitlang hielt man ihn für eine Nebenfigur, man beachtete ihn kaum. Die Verschwörer, die Caesar umgebracht hatten, wurden schnell beseitigt. Auf Idealisten gab man nicht mehr viel, und so starb die Republik mit ihnen. Abermals lenkten drei Männer die Geschicke des Imperiums, und abermals war ein Zusammenstoß unvermeidlich.

Doch das erste Opfer war keiner dieser drei Männer – das erste Opfer war das Buch. Oder besser gesagt, ein Bücherschreiber, wohl der herausragendste römische Philosoph. Sein Name war Cicero, er war Advokat und hatte sich intensiv mit dem sokratischen Denken befaßt, war rund ums Meer gereist und hatte sich lange Zeit zum Studium in Alexandria aufgehalten. Er hätte sich damit begnügen können, die großen griechischen Philosophenschulen an die römische Realität anzupassen. Er tat es auch, und zwar brillant. Aber es genügte ihm eben nicht.

Cicero wollte seine Taten in Einklang bringen mit seinen Schriften. Auch das tat er. Er wurde der Mann des Wortes. Und was für eine Wortgewalt! Von der Rednertribüne herab verteidigte er den Schwachen gegenüber dem Starken, Gerechtigkeit gegen Ungerechtigkeit, die Republik gegen die Diktatur, die bürgerliche gegen die militärische Macht, die Toleranz gegen die Brutalität. Seine Worte beunruhigten unsere drei Ge neräle, hinderten sie sie doch daran, sich gegenseitig zu bekämpfen. Und so beschlossen die drei – Antonius, Octavius und Lepidus –, gemeinsam Cicero zu beseitigen. Aufrecht, wie er gelebt hatte, traf ihn der Todesstoß. Mit ihm starben die römischen Freiheiten.

Nun erst brach die Rivalität der Triumvirn aus. Octavian marschierte nach Rom und ließ sich als Konsul ausrufen. Der vorsichtigere Lepidus wählte Spanien und Afrika. Marcus Antonius herrschte über den Orient. So nannten die Römer alles, was östlich von Italien lag. Dabei wußten sie, daß die Erde rund war und daß jeder des anderen Orientale ist! Marcus Antonius wußte es vielleicht nicht. Wie dem auch sei, er schwelgte in Reichtum und dem genußvollen Leben unter unseren Himmeln. Aber vor allem begegnete er Kleopatra.

Seit Caesar tot war, herrschte die Königin von Ägypten allein. Ihr Volk, endlich vereint, hatte sie zur Gottheit erhoben. Ihren jüngeren Brudergemahl Ptolemaios XIV. hatte sie vergiften lassen und als Nachfolger den Sohn, den sie mit Caesar hatte, auf den Thron gehievt. Diesen Ptolemaios XV. nannten böse Zungen ironisch – in Anspielung auf seine Herkunft väterlicherseits – Caesarion. Es ging nämlich das Gerücht, Caesar sei Epileptiker und zeugungsunfähig gewesen und hätte ohnehin die Gesellschaft von Knaben vorgezogen.

Mit dem kleinen Caesarion an der Hand verfolgte Kleopatra nach dem Tod ihres Geliebten nur noch ein Ziel: Alexandria sollte den Glanz der Vergangenheit wiedergewinnen und ein neues Rom werden! Als das Rauhbein Marcus Antonius sich tolpatschig und eingeschüchtert vor ihr niederwarf, wurde ihr blitzartig klar, welchen Nutzen sie aus einem solchen Mann ziehen konnte. Mühelos erweckte sie in ihm eine Liebe, die an Wahnsinn grenzte. Während die Verbindung von Kleopatra und Caesar eine Verbindung gewesen war, die zwei ehrgeizige Ziele verfolgte: Der Feldherr wollte Rom, die Königin wollte Ägypten, wollte Marcus Antonius nur Kleopatra. Er bekam sie, glaubte es zumindest, denn er war nichts anderes als ihr Sklave, las ihr jeden Wunsch von den Augen ab und erhielt als Belohnung hin und wieder eine Liebesnacht – wie ein Hund seinen Knochen. Eines Tages brachte er ihr ein Huldigungsopfer dar: die Reste der Bibliothek von Pergamon. Dreihunderttausend Schriftrollen, eine mehr als üppige Entschädigung für jene, die ein paar Jahre zuvor beim Brand der Lagerhäuser vernichtet worden waren. Mit dieser Spende gewann das Museion einen Teil seiner vergangenen Größe zurück.

Diese Geschichte löste in Rom noch viel größeres Gelächter aus als die Geburt Caesarions. Antonius, der vermutlich in seinem ganzen Leben noch nie eine Verszeile gelesen hatte, schenkte seiner Geliebten die bedeutendsten Werke aus Naturwissenschaft und Philosophie! Nur Octavian lachte nicht. Er lachte übrigens nie. Er hatte seine Schwester Octavia mit Marcus Antonius verheiratet. Die Schmach, die jener ihr antat, war eine Schmach für Rom, war Verrat an der Heimat. Vor allem aber ein willkommener *casus belli*, der ideale Vorwand zur Anzettelung von Feindseligkeiten. Mittlerweile hatte Octavian auch das Volk und den Senat hinter sich. Ein Volk, das sah, wie einer der Ihren dem Zauber des Orients verfiel und in Hurerei und Ausschweifung verweichlichte. Ein Senat, dem alles in allem ein Aristokrat, der ihrem Bild entsprach, lieber war als ein unberechenbarer Söldner. Marcus Antonius, der nur seiner Leidenschaft lebte und sich in Prunk und Trägheit eines orientalischen Potentaten gefiel, merkte nicht, wie sich die Situation umkehrte. Was bedeutete ihm schon Rom, er hatte schließlich Kleopatra! Doch um seiner Königin gefällig zu sein, rüstete er die stärkste Flotte, die es je gegeben hatte.

Aber seine Soldaten, die in der Mehrzahl Römer waren, hielten nichts davon, gegen Landsleute zu kämpfen, nur der schönen Augen einer Fremden wegen. Stand auf der anderen Seite nicht vielleicht ein Bruder, ein Freund, ein Sohn? Es gibt keinen schlimmeren Krieg als den Bürgerkrieg. Schon Aischylos nannte ihn «den Krieg, der die Mütter weinen macht».

Für Kleopatra war der sich anbahnende Konflikt zwischen Octavian und Marcus Antonius nur eine Äußerlichkeit. Der wahre Krieg würde zwischen Rom und Alexandria auszufechten sein, zwischen Orient und Okzident. Sie versuchte, Verhandlungen mit dem Herrn der Stadt Rom aufzunehmen, und erhielt eine brutale Abfuhr: Sie solle Marcus Antonius ausliefern! Erst dann würden Octavian und der Senat sich beraten. Da sie wußte, daß das die bedingungslose Kapitulation der Heere ihres Liebhabers bedeuten würde, lehnte sie ab: Ägypten stünde nackt da vor Rom.

Octavian beschloß, kurzen Prozeß zu machen. Er überfiel Griechenland, das in den Herrschaftsbereich seines Rivalen gehörte, und zwang Marcus Antonius damit, den Kampf aufzunehmen. Mit seinen verweichlichten Legionären und Kleopatras Flotte fuhr er übers Meer, um seinen Feind vor Actium anzugreifen, jener vorgelagerten Felsnase, die Octavian als Schauplatz der Schlacht ausgewählt hatte. Bald schon geriet Marcus Antonius in eine Zwangslage. Obwohl noch nichts verloren war, bemerkte er, daß das Schiff seiner Königin die Sperren durchbrach und den Fluchtweg einschlug. Der Platz der Ägypterin war eben nicht hier unter diesen Römern, er war in ihrem Königreich, an der Seite ihres Sohnes! Voller Verzweiflung desertierte nun auch der liebestolle Marcus Antonius, dieser Haudegen, der niemals vor einer Gefahr zurückgeschreckt war. Er ließ seine Armee und seine Flotte im Stich und jagte Kleopatra nach wie ein Hund einer Hündin.

Seine Flotte kapitulierte kampflos und beteiligte sich an der Verfolgungsjagd. Bald schon erreichte das römische Heer die Mauern Alexandrias. Marcus Antonius beging Selbstmord. Er hatte alles für eine Frau aufgegeben, die in erster Linie Königin war.

Octavian entsandte in die belagerte Zitadelle einen seiner Emissäre, der Kleopatra tausendfach beteuerte, man würde Milde walten lassen. Sie glaubte nur eines der Versprechen: Ihr Sohn Caesarion würde verschont werden und den Lagiden-Thron besteigen als Ptolemaios XV., und Rom würde ihm Protektion gewähren. Nachdem der römische Emissär gegangen war, holte sie die heilige Giftschlange Amun-Res aus ihrem Korb und preßte sie an die Brust. Diese Geste machte sie zur Göttin – und unsterblich.

Wo Amr um Hilfe ersucht

«Dieser Marcus Antonius war nicht nur ein Rauhbein, er war auch ein Verräter», sagte Amr und streichelte versonnen das kleine Astrolabium, das er in der Hand hielt, mit dem Daumen. «Ich würde zwar mein Leben deiner Schönheit opfern, Hypatia, aber um nichts in der Welt meinem Glauben und meiner Heimat abschwören, auch wenn du Königin von Alexandria wärst. Wenn ich das täte, würde ich ja auch noch deine Anerkennung verlieren.»

«Ich würde nie so etwas von dir verlangen, General. Das einzige, worum ich inständig bitte: Verschone das schönste Geschöpf Alexandrias, die Bibliothek.»

«Philoponos hat seine Geschichte noch nicht zu Ende erzählt», erwiderte der Emir, enttäuscht über den kühlen Ton der jungen Frau. «Hat Octavian den jungen Caesarion verschont?»

«Nein. Er brach sein Versprechen und ließ ihn töten. Von nun an gab es weder die Ptolemaier noch Ägypten, das römische Provinz wurde; die Republik wurde Imperium; Octavian wurde Augustus; die Bibliothek und das Museion gingen in den Besitz Roms über. Der Kaiser selbst bestellte den Bibliothekar, der wieder umgetauft wurde in ‹Oberpriester der Bücher›. Die Bibliothek hat bis heute überlebt. Und Rom hat über fünfhundert Jahre hinweg die Welt beherrscht.»

«Eure Welt, nicht die meine», betonte Amr. «Und ich kenne Reiche der Levante, die uns Seide und Gewürze liefern und die weitaus mächtiger sind, weitaus dauerhafter als dieses Rom.»

«Wenn du die auch noch im Namen deines Gottes zu erobern gedenkst, dann beeil dich!» sagte Rhazes ironisch. «Etliche meiner Glaubensbrüder sind schon vor Ort am Werk. Etliche Christen ebenfalls. In Indien und China gibt es nämlich nicht nur Seide und Gewürze. Dort gibt es auch Bücher. Schon Alexander brachte einige mit. Aber wenn du über deine künftigen Eroberungen mehr erfahren willst, dann gibt es hier irgendwo einen Schrank voller Geographiebücher, in denen alles geschrieben steht, was du wissen möchtest und solltest. Es sei denn, ganz Asien ist schon in deinem Koran beschrieben.»

«Laß deinen Spott und Hohn, Rhazes! Liefere mir lieber Argumente, um meinen Kalifen umzustimmen! Wenn ich ihm das entsetzliche Ende des Marcus Antonius schildere, bestärke ich ihn ja nur in seiner Meinung, außerhalb Arabiens herrsche nur Perversion und Teufelswerk. Aus Furcht, meine Beduinen und ich könnten uns darin suhlen, würde er mir sofort befehlen, eure Stadt dem Erdboden gleichzumachen.»

«Dann erzähl' ihm doch vom Schicksal des Augustus», riet Philoponos. «Welcher Machtmensch würde dieser Versuchung widerstehen?»

«Oje, du kennst ihn nicht, meinen Kalifen. Haß auf alles Fremde und Furcht vor jeglichem Wissen sind seine Glaubensregeln. Der größte Schatz, auf den er lauert, sind die zu bekehrenden Seelen, ob freiwillig oder mit Gewalt. Er zählt sie ab wie ein Händler seine Bohnen. Er glaubt sich rein wie ein Diamant; aber um ans Ziel zu gelangen, sind ihm alle Schurkereien recht. Um dem wahren Glauben zum Triumph zu verhelfen, würde er sogar mit dem Satan einen Pakt schließen.»

«Ich kenne solche Männer aus eigener Erfahrung», sagte Philoponos, «und habe einst viel Schmach durch sie erfahren. Und ich glaube tatsächlich, nur der Tod könnte Omar bezwingen.»

«Dann laßt uns dem Tod doch ein wenig nachhelfen», rief Hypatia leicht exaltiert aus. «Brutus hat Caesar ja auch getötet, weil dieser die Republik abschaffen wollte. Gibt es unter deinen Leuten keinen tapferen, weltaufgeschlossenen Soldaten, der auf alles neugierig, tolerant und großmütig wäre und auch fähig, diesen fanatischen Tyrannen zu beseitigen?»

«Mein Volk und meine Religion sind noch zu jung, zu anfällig», erwiderte Amr, der sich in die Enge gedrängt sah. «Ein derartiger Schlag würde uns in Heidentum und Barbarei zurückwerfen. Nein, erst muß man versuchen, ihn zu überzeugen. Erzählt mir jetzt von Alexandria: Wie wurde es Hauptstadt der Bücher, Hauptstadt der Christen und Juden? Die vielen Kirchen und Synagogen hier sind ja wohl der Beweis dafür, daß die heidnischen Schriften nicht so verderblich gewirkt haben, um aus Alexandria ein neues Babylon zu machen. Ich, meine Freunde, habe nur den *advocatus diaboli* gespielt, der Teufel selbst sitzt in Medina. Ich weiß, daß viele der Bücher hier sich nicht gegen das Wort des Propheten richten, manche vielmehr sogar eine Bestätigung sind. Aber gibt es Schriften, die sich durch Blasphemie, Sakrileg oder Lüge der göttlichen Botschaft entgegenzustemmen wagen?»

«Vermutlich», erwiderte Philoponos, «aber muß man sie deswegen vernichten? Man triumphiert doch leichter über den Feind, wenn man seine Tricks und Machenschaften kennt. Eines kann ich dir jedenfalls beteuern: Es gibt kein Sakrileg bei Platon und auch keine Blasphemie bei Aristoteles. Wie denn auch, da sie ja das göttliche Wort nicht kannten. Wenn sie sich vergangen haben sollten, dann aus Unwissenheit, da sie ja vor der Offenbarung lebten. Ich, der alte christliche Philosoph, kenne sie lange, und ich habe häufig einen Gedanken bei ihnen gefunden, der mir geholfen hat, meinen Glauben an den einzigen Gott zu festigen, wie ja auch ein Römer bei Archimedes die ideale Lösung fand, um einen Aquädukt solide zu bauen. Ich bin übrigens absolut nicht der erste, der derartige Forschungen anstellte. Kurze Zeit nach Christi Geburt gelang es einem weisen Juden namens Philon, der aus

Alexandria stammte, die Philosophie der Antike ins hebräische Denken einzufügen, ohne daß dabei ein Widerspruch zum Alten Testament entstand. Aber Rhazes kann dir das morgen viel besser erzählen als ich.»

Was hat denn den Alten plötzlich gebissen? fragte sich der Arzt. Er weiß doch, daß mir nichts ferner liegt als Metaphysik. Na ja, dann werde ich den Bericht eben mit ein paar hübschen Hofintrigen garnieren. Vielleicht gefällt es diesem Haudegen ja und gibt ihm ein paar Ideen ein.

Der Jude und der Kaiser
(Rhazes' drittes Pamphlet)

Rom beherrschte nun bis auf weiteres das Mittelmeer und schob seine Grenzen weit darüber hinaus. Die Reichtümer der Welt strömten zur Hauptstadt des Imperiums, flossen dort zusammen und wurden aufgesogen wie von einem riesigen Schwamm. Den Göttern erging es ähnlich. Genüßlich stopfte man das olympische Pantheon voll mit Gottheiten aus aller Herren Länder, aus Ägypten, Babylon, Phönizien, Indien und Arachosia. Baal kopulierte mit Venus, Mithras würfelte mit Jupiter, Bacchus becherte mit Zoroaster.

Wegen seiner Religion wurde niemand behelligt – oder so gut wie niemand. Einen Gott jedoch gab es, der unvergleichlich und einzigartig war: der regierende Imperator. Und eine einzige Göttin: die Stadt, umringt von ihren großen Männern vergangener Zeiten. «Betet, wenn es euch Spaß macht, zu den Steinen am

Wegesrand, zu euren Ahnen in euren Schränken, zum Olivenbaum in eurem Garten», verkündete so ein Pontifex, «wispert ruhig insgeheim die Mysterien von Eleusis oder Dionysos, aber vergeßt niemals, dem Kaiser und der Stadt zu opfern!»

Deshalb waren die Juden – die Buchmenschen –, von denen ihr, Christen und Muslime, ja auch abstammt, scheel angesehen, sie wurden nicht verstanden und eher gefürchtet, weil sie keinen anderen Gott als den Einzigen akzeptierten.

Palästina war eine römische Provinz geworden, die turbulenteste von allen. Der Sanhedrin, der Rat der Priester von Jerusalem, wachte peinlich genau über die buchstabengetreue Einhaltung des mosaischen Gesetzes. Die von Rom dort ernannten Statthalter verhielten sich so zurückhaltend wie möglich, da ein solcher Posten ja eher als Beweis für Ungnade gehalten wurde. Sie wollten sich vor allem nicht einmischen in die ewigen Streitigkeiten zwischen den Rabbinern, die auf strengster Beachtung der mosaischen Gesetze bestanden, und der Jugend in den Städten, die häufig durchaus gebildet und alles andere als unempfänglich war für die Reize hellenischer Literatur und Zivilisation. Der bekannteste dieser Statthalter war Pontius Pilatus. Aber so vorsichtig wie er waren nicht alle Vertreter Roms. Einige, die um des Kaisers Gunst buhlten, legten besonderen Eifer an den Tag. Da gab es beispielsweise einen, der auf dem großen freien Platz vor dem Tempel ein Standbild von Octavian Augustus errichten lassen wollte, um die Juden zu zwingen, seinem Kult zu huldigen. Besseres konnte ihm nicht einfallen, um die gesamte Bevölkerung gegen sich aufzubringen. Es gab einen Volksaufstand, auf den dann selbstverständlich eine grauenvolle Repression folgte, die sich über das ganze Reich ausbreitete, überall, wo es Gemeinschaften von Exiljuden gab.

Es gab viele jüdische Kolonien rund ums Mittelmeer, in Parthien, in Medien, in Elam, Mesopotamien und Kappadokien, am Pontos, in Phrygien, Pamphylien, auf Kreta und in deinem Heimatland Arabien. Sogar bis Indien hinunter hatten sich einige ausgebreitet; ihre Gründung ging vielleicht auf ehemalige Soldaten Alexanders zurück. Andere hatten ihre phönizischen und später griechischen Nachbarn bis in deren Handelskontore in Iberien, Lusitanien, Sizilien und Gallien begleitet. Die jüngste und ärmlichste dieser Kolonien fand sich in Rom, die größte und reichste bestand in Alexandria.

Philon entstammte einer der großen jüdischen Familien Ägyptens. Die einen sahen in ihm einen Abkömmling jener, die von Palästina aus Alexander gefolgt waren, um diese Stadt zu gründen, andere hielten ihn für einen Sprößling eines der ‹Siebzig›, die Ptolemaios Soter herbeigerufen hatte, um die Thora zu übersetzen. Die ihm feindlich gesinnten frommen Rabbiner, die Philon so lustig «die Bärtigen im Mantel» nannte, behaupteten steif und fest, Philons Vorfahren hätten zu jenen Renegaten-Hebräern gehört, die sich geweigert hatten, mit Moses zu fliehen, um weiterhin dem Pharao zu dienen ... Das Schlimmste ist eben doch, wenn Bosheit sich mit Dummheit paart, was so häufig der Fall ist.

Philons Familie war jedenfalls mehr als reich. Sein Bruder, ein Großgrundbesitzer, hatte Gold und Silber gespendet für die Verkleidung der Pforten des Neuen Tempels von Jerusalem. Wie alle Juden in Alexandria besaßen sie die gleichen Rechte wie die Griechen der Stadt und waren befreit von der Kopfsteuer, jener Steuer, die nur die Ägypter zu zahlen hatten. Sie waren Reeder, Händler, Handwerker, Bauern und als solche von den Griechen verachtet, mit deren aristokratischer Herkunft jegliche Arbeit unvereinbar war. Die Ägypter allerdings beneideten sie wegen ihres Wohlstands.

In den dreihundert Jahren, die das Museion nun schon bestand, hatten dort immer auch Juden gearbeitet. Wie hätte man auch auf ein Volk verzichten können, dessen Abkömmlinge bereits in der Kindheit schreiben und lesen gelernt hatten und die mindestens zwei Sprachen, Aramäisch und Hebräisch, beherrschten, wenn nicht gar, was auf viele zutraf, auch noch Griechisch, Latein und Ägyptisch? In der Bibliothek waren sie über lange Zeit als Kopisten, Übersetzer, Buchhändler und Sekretäre tätig gewesen, da die Griechen sich die als edler geltenden Posten der Exegeten, Schriftsteller und – natürlich – Bibliothekare vorbehielten. Dennoch waren ihre Leistungen beachtlich: Sie waren die Vermittler der babylonischen Astrologie!

Zu Philons Zeiten war die Bibliothek nicht mehr Eigentum des Monarchen, sondern Besitz des römischen Staates. Der Kaiser persönlich ernannte auch ihren ‹Oberpriester›, der meist ein griechischer Beamter war und Beigeordneter des Statthalters von Alexandria. Er war eher zuständig für die Abrechnungen als für die Forschung der Gelehrten. Philosophen und Gelehrte kamen ohnehin nur noch nach Alexandria, um hier zu studieren, dann zog es sie nach Rom, wo sie als Erzieher oder Berater in den reichen Familien des Imperiums Karriere zu machen suchten. Oft waren sie zunächst nichts weiter als Sklaven, aber sie konnten wenigstens hoffen, eines Tages für ihren Eifer belohnt zu werden und den Status eines freien und später vollwertigen römischen Bürgers zu erhalten.

Die Zeit, in der die angesehenen Mathematiker- und Astronomen-Schulen Alexandrias geglänzt hatten, waren nun auch vorbei. Der seit eineinhalb Jahrhunderten verstorbene Hipparchos von Nikäa schien zu einer jener Herkulessäulen der Welt der Wissenschaften geworden zu sein, mit der niemand mehr etwas zu tun haben wollte. In den Zahlen und Gestirnen suchte man nur noch nach einer diffusen, von den Göttern entsandten Botschaft, und die Geographie sowie die anderen Naturwissenschaften waren für Rom nur insofern von Bedeutung, als sie ein Mittel waren, um die eroberten Landstriche besser kennenzulernen, was nichts anderes bedeutete, als sie besser in den Griff zu kriegen und auszubeuten.

Philon verfolgte gänzlich andere Interessen. Da er am blühenden und gewinnträchtigen Handelshaus seines Bruders keinen Geschmack zu finden schien, glaubte man lange Zeit, er würde sich der Religion widmen. Aber in jungen Jahren war er mehr innerhalb der Mauern des Museions anzutreffen als in der Rabbinerschule. Gemessen an seinem Stand, lebte er auf bescheidenem Fuße, und auch seine Gemahlin beteuerte, sie wolle sich nur mit einem einzigen Schmuckstück zieren: mit der Tugendhaftigkeit ihres Gatten. Bald schon war er ein ausgewiesener Kenner der griechischen Philosophie. Als erklärter Jünger der alexandrinischen Philologenschule beschloß er, den Pentateuch zu bearbeiten wie seine griechischen Vorgänger den Homer oder den Hesiod. Es ging ihm darum, hinter der Anekdote die tiefere Bedeutung auszumachen. Er sah in all den biblischen Geschichten und Figuren Allegorien einer höheren Wahrheit. Du kennst ja auch die Geschichte von Lots Frau, die sich nach dem brennenden Sodom umwandte und zur Salzsäule erstarrte.

Philon sah darin eine moralische Fabel und gab ihr die Bedeutung, daß es falsch sei, sich ständig in die Erinnerung an die eigene Vergangenheit zu versenken, denn das führe zu Versteinerung …

Philons Leistung war beachtlich, alles durchsiebte er mit seiner Exegese: die Nachkommenschaft Kains, Abrahams, Josephs, die zehn Gebote … Seine Methode gefiel den Griechen Alexandrias, die den Judaismus als eine jener Religionen voller Mysterien zu schätzen begannen, nach denen sie schon immer gelechzt hatten. Manche konvertierten gar in der Gewißheit, Beschneidung und Schweinefleischverbot habe für sie keine Gültigkeit. Und die Juden von Alexandria, die sich nur noch in einigen wenigen Dingen – der Beschneidung und dem Gebot der Sabbatruhe beispielsweise – von den Griechen unterschieden, waren hoch erfreut über Philons Schriften, trugen sie doch dank eines besseren Verständnisses ihres Glaubens zum Frieden unter den Bürgern bei. Der Philosoph unterstrich zudem mehr als einmal, daß ein Unterschied zu machen sei zwischen dem göttlichen Gesetz, das unantastbar sei, und den Gebräuchen, die sich je nach Zeit und Land, in dem man sich befinde, durchaus verändern könnten. Nur die Kirchenlehrer Palästinas, jene «Bärtigen im Mantel», stießen Entsetzensschreie aus, waren doch solche Veränderungen in ihren Augen die schändlichste Apostasie.

Wie dein Kalif sich an den Koran klammert, so klammerten sich die Rabbiner an jeden Buchstaben der Schrift. Geistvoll waren sie nicht gerade, das muß man schon sagen. Und dann stellten sie auch noch die Behauptung auf, Philon sei gar kein Jude, er habe ja das Vaterland gewechselt, das Land Israel gegen Alexandria eingetauscht wie auch den wahren Gott gegen den Glauben an die Standbilder des Imperators.

166

Im Jahre 40 nach Christi Geburt feierten die Juden Alexandrias wie jedes Jahr den Geburtstag der Septuaginta auf der Insel Pharos. Der Freudentaumel war besonders groß, da Kaiser Tiberius, der erste Nachfolger von Octavius Augustus, soeben verstorben war. Seine letzten Regierungsjahre waren arg düster gewesen, vor allem für die Juden, denen er mit Gewalt den Kult seiner Standbilder aufzuzwingen versuchte. Der neue Imperator war noch sehr jung. Das Volk von Rom setzte all seine Hoffnungen auf ihn und nannte ihn ‹unser Gestirn› und ‹unseren Säugling›. Rings um das Kapitol gab es nur Festlichkeiten und Musikwettbewerbe. Er sei ein zweiter Romulus, hieß es. All seine Untertanen sahen eine neue Morgenröte aufgehen mit Caligula.

Das Fest der ‹Siebzig› versprach noch viel großartiger zu werden, denn Agrippa, der Nachfolger von Herodes Antipas als Tetrarch von Palästina, reiste eigens aus Jerusalem an, um den Feierlichkeiten beizuwohnen. Caligula hatte ihm soeben den Titel ‹König von Judäa-Samaria› verliehen.

«Ihr könnt euch wahrlich glücklich preisen, lieber Philon, hier inmitten all dieser Bücher zu leben», sagte der jüdische Monarch zum Philosophen, der ihn im Anschluß an eine ausnehmend lange religiöse Zeremonie durch das Museion führte. «Würde man in Jerusalem erfahren – was der Himmel verhüten möge! –, daß ich es gewagt habe, auch nur das unbedeutendste Büchlein von Philostephanos aus Kyrene durchzublättern, dann würde Kaiphas, der Hohepriester, mir sofort König Achabs Los prophezeien. Um eines Gedichtes willen würden die Hunde mein Blut auflecken und die Huren sich darin baden. Eine hübsche Aussicht, fürwahr! Im Augenblick setzt Kaiphas mir ohnehin schon ständig zu, ich solle den Umtrieben einer Sekte von so sanften, erleuchteten Jüngern eines gewissen Jesus doch gefälligst ein Ende setzen. Hast du je von denen gehört? Nein? Was soll's! Ich aber muß dem Sanhedrin gefällig sein, damit er nicht wieder den Pöbel aufhetzt und einen Aufstand anzettelt, der in Rom Mißfallen erregen würde. Daher lasse ich gelegentlich einen dieser harmlosen Jünger einsperren oder hinrichten.»

«Oh König, werden diese Leute denn nicht endlich einmal begreifen, daß die Wahrheit nur aus dem Wortgefecht ersprießt und nicht aus dem Bannfluch?» erwiderte Philon.

«Ich bezweifle es», antwortete Agrippa. «Daher wirst du verstehen, daß diese Reise nach Alexandria für mich ein großes Aufatmen bedeutet. Könntest du mich vielleicht auch in diese Gymnasien führen, in diese Bäder, Theater und Freudenhäuser mit all den hübschen Frauen, von denen ich schon so viel gehört habe?»

«Ich fürchte, daß eure Anwesenheit an diesen Orten von Griechen und Ägyptern nicht geschätzt werden wird. Die Gefahr ist groß, dadurch Aufstände gegen unsere Glaubensgemeinschaft zu provozieren. Der Statthalter Flaccus mag uns nicht. Vorzuziehen wäre eher ein Besuch in der Bibliothek und …»

«Ach, Philon, du bist wie jene anderen, ein fadenscheiniger Grieche! Dann gehe ich eben ohne dich!»

Agrippa also beherzigte die weisen Ratschläge Philons nicht. Er zeigte sich überall in der Stadt, trotz der anzüglichen Bemerkungen der Griechen. Eine Woche später hatte ein satirisches Theaterstück, das ihn und sein Volk schmähte, großen Erfolg bei den Ägyptern. Die Lage verschärfte sich noch, nachdem er nach Rom abgereist war, um dem neuen Imperator seine Aufwartung zu machen. Philon ersuchte den Statthalter Flaccus um ein Machtwort, doch anstatt die Dinge zu schlichten, befahl der Vertreter Roms, in der großen Synagoge ein Standbild des Kaisers aufzustellen. Damit glaubte er dem jungen Caligula gefällig zu sein. Sofort erhoben sich die Juden Alexandrias. Die Antwort des vom ägyptischen Volk unterstützten Heeres fiel unglaublich brutal aus. Sämtliche Juden der Stadt wurden zusammengetrieben wie Schlachtvieh mitsamt ihren Jungen, tausende Männer und Frauen zusammengepfercht auf engstem Raum. Wer noch in der Stadt herumirrte oder zu fliehen versuchte, wurde gesteinigt oder mit Tonscherben beworfen, mit Pinien- oder Eichenästen so lange geprügelt, bis der Tod eintrat.

Merkwürdigerweise blieb das Residenz- und Museion-Viertel verschont, als hätte niemand gewagt, dieses Heiligtum, wo das gesammelte Wissen der Welt friedlich nebeneinander lagerte, zu entweihen.

Philon beschloß, als Gesandter nach Rom aufzubrechen, um beim Kaiser für sein Volk einzutreten. Das ganze Museion setzte sich ein, sein Vorhaben zu unterstützen. Geometer, Astronomen, Philosophen, Dichter, Kopisten, Übersetzer vergaßen ihre harten Wortgefechte und vereinten sich, ungeachtet ihrer Religionszugehörigkeit, damit ein Schiff angeheuert werden konnte. Auch Griechen schlossen sich der Gesandtschaft an, um ihre Kollegen zu unterstützen. Sogar der Oberpriester des Museions erbot sich, die Männer zu begleiten, und nur mit Mühe vermochte Philon ihn mit dem Hinweis davon abzuhalten, daß bei Sturm der Kapitän an Bord zu bleiben habe.

Als die Gesandtschaft der alexandrinischen Juden in Rom eintraf, erwartete sie eine Unglücksbotschaft: Der

Imperator lag im Todeskampf. Das besorgte Volk belagerte Tag und Nacht den Palast. Als dann endlich die Nachricht kam, Caligula sei genesen, ertönte in Rom ein einziger Freudenschrei.

Philon war Gast im Hause seines Freundes Seneca, eines stoischen Philosophen, der lange in Alexandria gelebt hatte. Dieser aus Iberien stammende Römer war inzwischen Quästor geworden. Das war ein wichtiges Amt, das dem Thron nahestand. Seneca versprach, so bald wie möglich um eine kaiserliche Audienz nachzusuchen. Doch die Tage vergingen, und jedesmal kam der Quästor kleinlaut aus dem Palast zurück und erfand tausenderlei Erklärungen, warum der Kaiser die alexandrinische Gesandtschaft noch nicht empfangen könne: Caligula sei noch nicht völlig gesundet, habe einen Rückfall erlitten, die Germanen stünden säbelrasselnd an den Grenzen des Rheins, jeder Vorwand mußte herhalten ... Schließlich riet er Philon gar, so schnell wie möglich nach Ägypten zurückzukehren. Der Philosoph, der sich als Gesandter empfand, lehnte dies kategorisch ab.

Eines Tages erschien Seneca dann doch mit einem Schreiben, das seinen Gästen eine Audienz versprach. Er zeigte indes keinerlei Stolz, dem Kaiser diese Gunst abgerungen zu haben.

«Ein letztes Mal flehe ich dich an, Freund Philon, fahr' heim! Hier gibt es keine Sicherheit mehr für Rechtschaffenheit. Es ist deine Pflicht, dem Forum und dem öffentlichen Leben zu entsagen und dich ausschließlich dem Studium zu widmen.»

«Was faselst du denn da?» fragte Philon. «Habe ich dir nicht schon hundertmal wiederholt, daß ich meine Bücher nicht leichten Herzens verlassen habe? Es geht um Tausende von Menschenleben! Und du, der

Tugend und Tapferkeit doch höher bewertet als Leid und Tod, du willst mir zu einer solchen Feigheit raten?»

Seneca schlug die Augen nieder; es wirkte so, als wolle er sich selbst eines nicht mehr gutzumachenden Verbrechens beschuldigen.

«Dem Himmel sei's geklagt, seit seiner Krankheit ist der Kaiser völlig verändert. Er hat nicht mehr alle Sinne beisammen. Vor meinen Augen hat er einen Verurteilten mit kleinen gezielten Schlägen so lange traktiert, bis jener keinen Atemzug mehr tat. Das hat lange, sehr lange gedauert. Caligula erklärte mir, das Opfer müsse seinen Tod erleben. Während er ihn so quälte, trank er ganz allein eine Amphore Wein leer. Dann mußte ich mit ihm zu den Gemächern seiner Schwester Drusilla gehen, die er mir als Gattin versprochen hatte, sobald sie im heiratsfähigen Alter sei. Und dort entblößte er vor meinen Augen diesen zartgliedrigen Körper, an dem die Brüste erst zu sprießen begannen, warf die arme Kleine auf den Marmorfußboden und drang mit Hyänengekicher in sie ein. Mir brüllte er dabei zu: ‹Besser als die Ptolemaier, nicht wahr, alter Seneca, besser als die Ptolemaier, findest du nicht auch?› Ich sage dir, Philon, der Kaiser hat den Verstand verloren.»

«Hat man seine Seele mit Nieswurz purgiert?» fragte einer der Ärzte aus der Delegation.

Seneca und Philon zuckten gleichzeitig die Achseln. Trotz der inständigen Bitten des alten Stoikers beschloß letzterer, die kaiserliche Audienz wahrzunehmen. Er, der gefürchtete Redner, geschult an des Demosthenes' und Ciceros Kraft, er fürchtete sich doch nicht, dem verrückten Kaiser die Stirn zu bieten!

Das Zusammentreffen fand in den Maecenas-Gärten statt, wo die seltensten Baumarten des Imperiums

wuchsen. In riesigen Becken voll lauwarmer Esels-
milch, auf der Perlen schwammen, badeten nackte
junge Frauen. Aus marmornen Tritonrachen mitten
in Springbrunnen schoß Honig und Wein in Garben
empor. Und auf elfenbeinernem Thron im Zentrum
eines rot-blauen Orchideenbeetes saß trotz der Win-
terkälte völlig nackt, nur mit einem langen falschen
Bart über seinen *pudenda*, einem Diadem aus Hai-
fischzähnen auf dem Kopf und einem Dreizack in der
Hand, der Imperator Caligula, der die Gesandtschaft
empfing.

Caesar nähert man sich nicht einfach so wie einem
normalen menschlichen Wesen. Zunächst ließ sich ein
fetter Sekretär auf ein Knie sinken. Dann trat ein Soldat in Rüstung vor bis zum Fuße des Throns. Nachdem
er hinter dem Kaiser Habachtstellung eingenommen,
klirrend ein Schwert aus der Scheide gezogen und ver-
tikal aufgepflanzt hatte, hieb jemand lautstark mit
einem Stock auf die Fliesen und brüllte: «Der Kaiser
gestattet euch näherzutreten!»

Caligula hatte nicht die geringste Ähnlichkeit mit
den Standbildern, denen die Juden huldigen sollten.
Fahle Gesichtsfarbe, Hals und Beine spindeldürr,
Schläfen und Augen hohl, breite Stirn und verschlage-
ner Blick, fast kahlköpfig trotz seines jugendlichen
Alters. Schultern und Rücken hingegen waren be-
haart, aber das war hartes, festes Haar wie bei einer
Ziege. Den Namen dieses Tieres auszusprechen hatte
er übrigens untersagt, darauf stand die Todesstrafe.
Aber das war ja nur eine seiner Marotten. An diesem
Morgen indes wirkte er eher ruhig, denn er hatte gerade erst einen seiner wilden Tobsuchtsanfälle hinter
sich. Daher hatte Seneca diesen Tag für die Audienz
der Gesandtschaft gewählt.

«Aha, soso, na ja, ihr Juden, ihr eßt, wie man hört, also kein Schweinefleisch, ihr findet das abscheulich?» fragte der Imperator mit ordinärem Zungenschlag. «Und du, Alter! Du weißt also gar nicht, wie himmlisch gefüllte Sauzitze schmeckt?»

Die Höflinge ringsum brachen in beflissenes Gelächter aus. Philon war verunsichert. Das Schweinefleischverbot gab zwar seit eh und je Anlaß zu Spott beim heidnischen Pöbel, aber daß ein Mann, der als kultiviert und von griechischer Literatur geprägt galt, sofort und auf so vulgäre Art dieses Thema ansteuerte, darauf war er nicht gefaßt gewesen. Zum Glück hatte er seine Antwort parat:

«Jedes Volk hat seine eigenen Gebräuche, großer Caesar. Gilt das nicht auch für die Römer, wenn sie Muränen, gemästet mit kleinen Parther-Sklaven, vertilgen?»

«Die wissen ja gar nicht, was gut ist», rief Caligula seinen kichernden Höflingen zu. «Aber … aber sag mir, alter Jude, stimmt es, daß ihr die Götter verabscheut und daß ihr nicht zugeben wollt, was doch für alle Völker der Welt offensichtlich ist: Ich bin Gott, und als solcher muß ich verehrt werden.»

«Schon Alexander der Große beanspruchte genau wie du, großer Caesar, göttlicher Herkunft zu sein. Er umgab sich mit tapferen Soldaten und klugen jüdischen Kirchenlehrern, die ihm halfen, Indien zu erobern. Doch ihn als Gott anzubeten hatte er ihnen erlassen, was ihren Diensteifer nur noch steigerte. Wir Juden von Alexandria huldigen ebenfalls dem Kaiser, aber deiner Person und nicht steinernen Standbildern. Und was deine Götter anbetrifft, so glauben wir, daß es sie nicht gibt oder, besser gesagt, daß sie nur eine Rohform des Göttlichen sind. Wie könnte man also, um mit Sokrates zu sprechen, verabscheuen, was es nicht gibt?»

Das Zitat war zwar falsch, aber bei Nennung des Namens Sokrates entspannte sich Caligulas Gesicht. Er nickte gravitätisch. Dann zog eine Wolke an seinen verdächtig glänzenden Augen vorüber:

«Aber von eurem Gott, von dem wißt ihr ja nicht einmal den Namen. Wie kann man an etwas glauben, das man nicht zu benennen vermag?»

«Erinnerst du dich nicht, daß schon Platon und Aristoteles mehrfach vom unbekannten Gott sprachen?»

«Warum beantwortest du meine Fragen immer mit einer Gegenfrage?»

«Warum nicht?»

Dann schien sich Caligulas Gesicht aufzulösen wie Honig in Essig. Gerade noch, daß er Seneca befehlen konnte, nach Alexandria zu reisen, den Statthalter Flaccus hinzurichten, den Erlaß zu verlesen, daß der Kaiser auf die Aufstellung seines Standbildes in sämtlichen Synagogen seines Imperiums verzichte, als er völlig grundlos begann, einen seiner Sklaven mit Fußtritten in den Bauch zu malträtieren. Philon erlebte das Ende dieser grotesken Szene nicht mehr. Seneca hatte ihn vorher mit sich gezerrt, hinaus aus dieser Hölle.

In Alexandria zog wieder Friede ein. Ein Jahr nach dieser Romreise erfuhr man mit Erleichterung, Caligula, der Irrsinnige, sei von Männern seiner Prätorianergarde ermordet worden. Nachfolger wurde sein Onkel Claudius. Agrippa, der König von Judäa, sicherte ihm unverzüglich seine Unterstützung zu. Der neue, den Juden gegenüber aufgeschlossene Kaiser rief Philon sowie eine Gesandtschaft aus alexandrinischen Griechen zurück nach Rom, um den Zwist zwischen den beiden Bevölkerungsgruppen endgültig beizulegen.

Diese Audienz begann unter besseren Auspizien. Claudius war bereit, beiden Lagern römisches Bürgerrecht zuzugestehen, als plötzlich eine andere jüdische Gesandtschaft im Palast auftauchte. Sie kam geradewegs aus Jerusalem und wurde von Kaiphas, dem Hohepriester höchstpersönlich, angeführt. Kaum hatte er den Kaiser gegrüßt, zeigte Kaiphas mit dem Zeigefinger auf Philon und rief:

«Wer gab dir das Recht, Verräter an Gott und deinem Volk, dich als dessen Vertreter aufzuspielen? Wehe dem abtrünnigen Sohn! Wehe denen, die Pläne vollführen, die nicht von IHM ausgehen, die Verträge schließen, die SEINEM Geist widersprechen, die Sünde auf Sünde häufen! Du ziehst gegen Rom, ohne IHN zu befragen, um in den Schutz des Pharao zu flüchten …»

Diese Parodie des Propheten Jesaja ließ auf Philons Lippen ein verächtliches Lächeln sprießen. Er wollte schon antworten, als Claudius sich auf seinem Stuhl reckte und mit glutrotem Gesicht zu stottern anhob – der Imperator war nämlich ein Stotterer und auch ein bißchen ein Säufer, wenn auch hoch gebildet: «Was ist das für ein … ein Durch … Durcheinander, und wer … wer schickt dich, al… alter B…bärt… bärtiger Alter?»

«Der König von Judäa-Samaria!»

Wieder einmal hatte Agrippa, um keine Scherereien zu bekommen, den Befehlen des Sanhedrin nachgegeben. Claudius war es leid: Er verfügte für die Juden freie Glaubensausübung und das Recht, ihren Sitten und Gebräuchen gemäß zu leben, verweigerte ihnen aber das römische Bürgerrecht. Besiegt kehrte Philon nach Alexandria zurück. Als er sich von Seneca verabschiedete, sagte er:

«Nimm diesen Stab, ich bekam ihn vom Geographen Strabo geschenkt. Er stützte sich darauf bei seinen Wanderungen durch die Welt. Auch du hast noch einen langen Weg vor dir, bis du eine Welt, in der Gerechtigkeit und Freiheit herrschen, erreichst. Adieu, lieber Freund. Und vergiß niemals, daß die Wahrheit stärker ist als der Tod.»

Philon starb dreimal. Zum ersten Mal als betagter Mann in seinem Bett und eines natürlichen Todes. Zum zweiten Mal, als die Rabbiner Palästinas die Septuaginta und sämtliche griechischen Kommentare der Schrift – seinen als ersten – mit einem Bannfluch belegten. Seinen dritten Tod verursachten die Christen, die versuchten, das Denken des alexandrinischen Philosophen für sich zu verbuchen und sich zu der Behauptung verstiegen, der Apostel Paulus habe Philon auf seine alten Tage noch bekehrt. Der arme Philon! Da taten ihm die Knochen schon lange nicht mehr weh.

Paulus jedenfalls bediente sich skrupellos des verstorbenen Philosophen, um Griechen und Römer für seine Sekte zu gewinnen. Er dispensierte sie von den Gebräuchen der Beschneidung, des Sabbats und der Speiseverbote. Viel, viel später benutzte ein anderer christlicher Denker, den ich aber nicht nennen werde, um ihn nicht in seiner Mittagsruhe zu stören, ebenfalls unseren Philon, um Platon und Aristoteles in seinen Glauben zu integrieren. Was ihm allerdings ein wenig Ärger eintrug mit dem Patriarchen von Byzanz. Stimmt doch, nicht wahr, Meister Philoponos?»

Wo Amr über das Schicksal nachdenkt

«Die Bärtigen im Mantel» lächelte Amr, «eine gelunge-
ne Formulierung, und ich wüßte etliche auf islamischem Boden, die diese Bezeichnung verdienten. Selt-
samerweise waren diese Bärtigen zu ihrer Zeit die
schlimmsten Gegner des Propheten.»

«Das scheint ein Universalgesetz zu sein, mein lieber
Amr», erwiderte Hypatia. «Übereifer ist das Symptom
schlechthin für Heuchelei. In der christlichen Religion
kaschieren sich Bart und Mantel unter glattrasierten
und gesalbten Gesichtern, unter Stola und goldenem
Meßgewand.»

«Wenn das alles ist, was du von Philons Geschichte
behalten hast, dann fürchte ich, meinen Speichel vergeudet zu haben», giftete jetzt Rhazes. «Ich hatte zu
verstehen geglaubt, dein Kalif habe in vielerlei Punkten Ähnlichkeit mit den Rabbinern des Sanhedrin, die
der Thora mit einer Art Götzenkult huldigten. Philon
hingegen hat es verstanden, ihr Allgemeingültigkeit zu
verleihen, indem er die Schrift mit Worten erklärte,
die an Logik und Vernunft appellierten, jene alten Tugenden der alten Griechen. Du bist hier in Alexandria,
General, nicht mehr in Medina! Glaubst du wirklich,
die Gesetze deines Propheten, die sich doch an rauh-
beinige Beduinen richteten, könnten den Leuten hier
gefallen? Die sind doch offen für alle Geistesströmun-
gen der Welt, wie der Hafen zu unseren Füßen offen ist
für alle Schiffe aus fremden Ländern.»

«Ich sehe schon, du kennst unser heiliges Buch
nicht. Der Koran braucht keinen Philon! Jede Parabel,
jede Geschichte, die der Prophet als Beispiel erzählt,
enthält ihre eigene Exegese. Es sind Worte Gottes,

nicht erschaffen, sondern ungeschaffen, vom Erzengel Gabriel an Mohammed weitergegeben.»

«Eine recht bodenständige Exegese», brummte Philoponos, ohne die Augen zu öffnen. «Dein Koran würde keine zwei Stunden lang den Argumenten eines byzantinischen Kirchenlehrers standhalten.»

«Sakrileg! Er ist auch nicht für einen byzantinischen Kirchenlehrer bestimmt, sondern für das einfache Volk, für die Armen und Elenden, die Ausgebeuteten. Haltet ihr diese Leute für so dumm, daß sie die Moral aus der Geschichte von Lots Frau, die du, Rhazes, vorhin erwähntest, nicht begreifen?»

«Arme, Elende, Ausgebeutete …», murmelte Rhazes. «Die kenne ich gut. Und sie lieben mich auch, glaube ich. Doch sobald ein arabischer Flaccus mit dem Finger auf mich zeigt, auf mich und alle Juden, und uns verantwortlich macht für ihr Elend, dann wird sich diese Schar Elender urplötzlich in eine Herde wilder Tiere verwandeln. Dann hätten sie schnell vergessen, wie ich sie gepflegt habe, dann würden sie mich kaltblütig steinigen.»

«Beruhige dich», antwortete Amr. «Der Islam weiß sehr wohl, was er den Leuten des BUCHES schuldet. Er weiß auch um den Irrweg, in den ihr alle, Juden und Christen, geschlittert seid und auf dem ihr beharrlich weitergeht. Es steht euch frei, so weiterzumachen. Der Islam weiß auch zu unterscheiden zwischen diesem Irrweg und der Unwissenheit, in der die Heiden befangen sind. An sie wendet er sich, nicht an euch.»

«Fein, daß es diese Geisteshaltung gibt», entgegnete Rhazes bitter. «Doch dein Kalif scheint sie nicht zu besitzen. Wenn ich recht verstanden habe, kennt seine Logik keinerlei Kompromiß. Sein einziger Horizont ist doch jenes ewige Paradies mit den siebzig Jungfrauen, die auf die Märtyrer des Islam warten, während allen anderen die Hölle beschieden ist. *Allen* anderen, Juden wie Christen, nicht nur den Heiden, hörst du, Amr?! Sein heiliger Krieg gegen jene, die er die ‹Ungläubigen› nennt, kennt als einzige Waffe nur blindwütiges Töten.»

«Du urteilst sehr hart», sagte Amr und nickte, «ich glaube in der Tat auch, daß Omar im Begriff ist, den Geist des Islam fehlzuleiten. Daher weiß ich auch nicht, wieso Philons Geschichte mir nützlich sein könnte für meinen Vorstoß bei dem Kalifen.»

«Ganz einfach: Sobald für dich der Moment gekommen ist, daß du wählen mußt zwischen deinem Schicksal und deinem Ruf, dann wirst du zu ihm sagen: ‹Weil dieser Jude Glauben und Aberglauben der Heiden studiert hatte, vermochte er sie zu überzeugen vom Wahrheitsgehalt des Buches. Machen wir es ihm doch nach, studieren wir sie ebenfalls! Dank dem Herrn und der Kraft, die ER uns verleiht, werden diese Glaubensformen uns nie und nimmer vergiften!›»

«Du hast mir meine Worte nicht zu diktieren!» erwiderte Amr erbost. «Und über mein Schicksal redest du ziemlich bedenkenlos. Meine Zukunft gehört Gott allein. Dort oben, in SEINEM großen Buch, steht alles schon längst geschrieben. Und dieser heidnische Aberglaube ... Ich sage es nochmals: Das Schlimmste ist, aus den Sternen die Zukunft lesen zu wollen, und das wollten die Astronomen ja, von denen ihr mir erzählt habt.»

«Der große Ptolemaios, ich spreche nicht von dem König, sondern von dem Geographen, war alles andere als abergläubisch», entgegnete Rhazes unerwartet ruhig. «Ganz im Gegenteil, er berichtete ausgesprochen vernünftig und tolerant über diese auf Vermutungen beruhende Kunst, die man Astrologie nennt. Er äußerte keinerlei waghalsige Prophezeiung, und was er über den Einfluß der Himmelskonstellationen in bezug auf Menschenschicksale lehrte, dürfte deinen Kalifen in Erstaunen versetzen …»

«Wenn du die Werke des Ptolemaios für tiefgründig und erhellend erachtest, dann mußt du sie mir schon genauer erklären.»

Jetzt sitze ich ganz schön in der Tinte, dachte Rhazes bei sich. Zumal ich selbst nicht überzeugt bin vom Wahrheitsgehalt der Astrologie. Aber das Wichtigste ist, dich, Amr, davon zu überzeugen, daß es dir bestimmt ist, wie es in den Sternen steht, ein neues Zeitalter aufzubauen und nicht Altes zu zerstören … Mogeln wir also ein bißchen und würzen die Worte mit einer Prise Geographie, Philosophie und Medizin!

Der Astrologe und der Stoiker
(Rhazes' viertes Pamphlet)

Über den göttlichen Ptolemaios, wie ihn seine Zeitgenossen nannten, wissen wir so gut wie nichts. Eigentlich ein Paradox, denn Klaudios Ptolemaios war berufen, zu allen Menschen zu sprechen. Er war einer von denen, die für die Ewigkeit bauen, und er besaß diese schöpferische Kraft, die unaufhörlich Neues schaffen muß.

Keine seiner Schriften enthält auch nur den geringsten Hinweis auf sein Leben oder seine Zeitgenossen – als wollte er damit klarstellen, daß es ihm einzig und allein, sowohl in der von der Natur bestimmten Wirklichkeit als auch in dem von Menschenhand geschaffenen Werk, um die richtigen Proportionen und den Zusammenhalt der Welt ging. Sein Geburtsdatum, seine Familie, seine Liebschaften, seine Freunde, seine gesellschaftliche Stellung, sein Beruf, all das wäre eine lange Kette von Rätseln geblieben, hätte die Bibliothek nicht sorgsam das einzige Manuskript, ein dünnes Büchlein mit dem Titel *Leben des Ptolemaios*, aufbewahrt, das der Historiker Simplikios, der unermüdliche Kommentator des Aristoteles und Epiktet, unvollendet gelassen hatte.

Demnach soll Klaudios Ptolemaios in Ptolemaïs Hermiou[19] etwa hundert Jahre nach Jesu Geburt geboren worden sein. Er gehörte ins Zeitalter der Antoninen, als Friede und Wohlstand im römischen Reich herrschten und Kultur- und Handelsbeziehungen gepflegt wurden.

Ptolemaios, der einzige Sohn einer vornehmen Familie, zeigte eine so außergewöhnliche Begabung für geometrisches Denken, daß sein Vater ihn bereits in Jünglingsjahren nach Alexandria schickte, wo er im Museion studieren sollte. Zu der Zeit kränkelte die Institution allerdings schon, und der Unterricht war ziemlich mittelmäßig. Die einzige Ausnahme unter den Professoren war Menelaos. Als guter Geometer erkannte er sehr schnell die Begabung seines Schülers. Er begriff, daß dieser bedächtige und besonnene junge Mann es eines schönen Tages verdienen würde, das geistige Erbe des Hipparchos anzutreten.

Rund zehn Jahre blieb Ptolemaios im Museion. Im Alter von fünfundzwanzig Jahren hatte er bereits mehrere beachtliche Abhandlungen geschrieben. Er wohnte im Palastviertel, bequem und sorgenfrei, und gab fleißigen Schülern ein wenig Unterricht. In Wirklichkeit langweilte er sich. Daher streunte er häufig durch

die Straßen der Stadt. Dank Kaiser Hadrian, der kurz
zuvor die große Straße hatte bauen lassen, die Alexandria mit dem Roten Meer verband, blühte der Handel
mit Afrika und dem Orient. In den langen Straßenzü-
gen reihten sich die Läden, die Obst, feine Stoffe,
Edelsteine und Gewürze feilboten, und ein buntes
Völkchen drängte und wälzte sich in wildem Durcheinander vorwärts. Ptolemaios blieb immer mal wieder
stehen, um irgendeinem Prediger irgendeiner dieser
zahllosen christlichen Sekten, von denen es nur so
wimmelte, zuzuhören. Es berührte ihn nicht, belustigte ihn aber, wie sie auf die Passanten einredeten und
einen Menschenauflauf provozierten, den die Ord-
nungshüter vergeblich zu zerstreuen suchten. Am
liebsten aber schlenderte er durch die Gewürzläden.
Er genoß es, sich hier die entlegensten Landstriche des
Orients auszumalen, während aus endlosen Reihen
bunter Fläschchen exotische Düfte ihn umhüllten.
Zimt aus Indien und Arabien, Speick aus dem Himalaya, Pfeffer aus Cochin, Styrax und Gummi aus Pisi-
dien, Cachou, Narde und Maranta – Ptolemaios träumte, die Augen halb geschlossen, und sog die verschiedenen Düfte in sich ein.

Eines Tages wurde er durch ein lebhaftes Gespräch
zweier Männer, die soeben den Laden betreten hatten,
aus seiner Träumerei gerissen. Ihre weiten, reichbe-
stickten Mäntel, ihre beredte Gestik und ihre Sprech-
weise ließen darauf schließen, daß sie Händler waren
und einträgliche Geschäfte betrieben. Doch einer von
ihnen beklagte sich bitter bei seinem Kollegen.

«Glaub' mir, die Geschäfte gehen sehr schlecht. Meine letzte Karawane, die ich für viel Geld aus Nepal
kommen ließ, hat volle sechs Monate verloren, weil sie
einem Flußlauf folgte, aber die Furt, die auf den Kar-

ten eingezeichnet war, nicht finden konnte. Meine Kameltreiber mußten eine andere Route suchen und wurden von Straßenräubern überfallen. Reines Verlustgeschäft! Ich habe mich in der Landkartenabteilung des Museions beklagt, aber die haben mich nur ausgelacht, diese angeblichen Geographen, die so hochnäsig wie unfähig sind!»

«Ich bin noch viel härter getroffen worden», klagte der zweite. «Ich habe eine ganze Schiffsladung verloren, sie versank im Meer, und die Schuld haben diese verdammten Geographen …»

«Ich verlasse diesen Laden nicht, ohne deine Geschichte gehört zu haben!»

«Ich hatte einen tüchtigen Kapitän an die Spitze einer Flottille mit zwei gut ausgestatteten Schiffen gesetzt, die aus Indien und Persien kostbare Fracht holen sollten. Alles verlief reibungslos, bis am vierzigsten Tag ein Sturm das Meer aufwühlte und die Schiffe von ihrer Route abkamen. Als der Sturm endlich nachließ, waren sie weit von allen Küsten entfernt und dem unermeßlichen Ozean ausgeliefert. Der Kapitän schickte den Ausguckmatrosen bis hoch hinauf in die Mastspitze, damit er den Horizont absuche. Als der Mann nach einer ganzen Weile wieder herunterkletterte, behauptete er, einen in der Sonne leuchtenden schwarzen Berg entdeckt zu haben. Der Kapitän ahnte, daß sie verloren waren. ‹Dieser Berg›, beteuerte er mir später, ‹ist zwar auf keiner Karte zu finden, aber alle Seeleute kennen und fürchten ihn, denn er besteht von oben bis unten aus metallenem Felsgestein, das Magnetstein heißt. Es enthält Substanzen, die die Schiffe machtvoll bis zum Fuße des Felsens heranziehen.› Genau das geschah, und wie von Zauberhand wurden alle Teile, die die Schiffe zusammenhielten, herausgerissen. Nägel, alles, was aus Eisen war, flog wie Pfeile auf die Bergwände zu und drang tief in das Gestein ein. Die Schiffe brachen auseinander, meine Fracht ging unter, alle Seeleute stürzten ins Meer, wo die meisten ertranken. Nur mit größter Not konnte sich mein Kapitän mit einer Schaluppe retten. Gerade gestern kam er zurück, in jämmerlichem Zustand, und erzählte mir diese traurige Geschichte.»

«Eine wirklich erstaunliche Geschichte. Aber warum, wenn du doch weißt, daß diese gefährliche Eiseninsel am Eingang zum Persischen Golf aufragt, warum hast du deinen Schiffen dann nicht gleich eine andere Route vorgegeben?»

«Ach ja? Und wie würden sie denn von Indien nach Alexandria kommen, Herr Geograph?»

«Na ja, hat der alte Eratosthenes nicht gesagt, das Mittelmeer sei über eine Westroute mit dem Indischen Ozean verbunden?»

Sein Gesprächspartner lachte nur spöttisch:

«Richtig, von den Herkulessäulen aus und nach abenteuerlicher Umschiffung Afrikas! Zu gewagt, zu lang, zu kostspielig! Gewiß, die Karten des Eratosthenes gelten als einzigartig, aber seine Nachfolger haben sie entweder verloren oder, was schlimmer ist, verfälscht. Und die von Hipparchos, die zwar von Strabo und Marinos von Tyros verbessert wurden, sind ungenau und fehlerhaft. Ich sage immer: ohne gute Geographie kein gutes Geschäft …»

«Und ich würde hinzufügen: ohne gute Mathematikkenntnisse keine gute Geographie!» mischte sich Ptolemaios mit energischer Stimme in das Gespräch ein.

Er war immer näher an die Händler herangerückt, weil es ihn brennend interessierte, was sie da redeten.

«Verzeiht, meine Herren, daß ich mich so einfach in euer Gespräch dränge», sagte er nun mit einer leichten Verbeugung, «aber ich bin jung, daher voller Temperament, und ich bin Geograph im Museion.»

Die Händler ruckten nur knapp mit dem Kinn, erst wollten sie wissen, ob da ein Erleuchteter oder ein Scharlatan vor ihnen stand.

«Ich heiße Klaudios Ptolemaios, und trotz meines Namens herrsche ich nur über ein paar Fußbreit in einem Vorlesungssaal. Eurem Standpunkt stimme ich uneingeschränkt zu: Die Geographie muß reformiert werden, will man die Sicherheit auf den Handelsrouten verbessern.»

«Das zu beteuern ist schön und gut», konterte einer der Händler, «aber wie ich selbst feststellen konnte, sind die Geographen eures Museions nicht gerade versessen darauf, etwas zu reformieren, wie du sagst.»

«Es stimmt, seit Eratosthenes hat die Kartographie kaum Fortschritte gemacht», räumte Ptolemaios ein. «Ich habe sie von meinem Lehrer Menelaos gelernt. Genauso wie Euklid mit den ebenen Dreiecken umging, muß man den Umgang mit den sphärischen Dreiecken beherrschen, wenn man die Positionen auf der Erde korrekt ausmachen will. Denn daß die Erde die Form einer Kugel hat, ist euch ja wohl bekannt.»

«Na, und?» knurrte der Händler, den die Sache trotz allem zu interessieren begann.

«Die Berechnungen der sphärischen Dreiecke sind äußerst komplex. Trotz aller Hochachtung, die ich meinem Lehrmeister schulde, muß ich zugeben, daß seine Abhandlung, die den Titel *Sphairika* trägt, zahlreiche Fehler enthält.»

«Du hast dieses Buch also genau studiert, um deiner Sache so sicher zu sein?»

«Ich habe es nicht nur studiert», antwortete Ptolemaios voller Stolz, «ich habe sogar einige Verbesserungen vorgenommen. In meinem letzten Werk *Planisphairion* erläutere ich ein neues Projektionssystem, das es mir ermöglicht, besser als jeder andere, wie ich meine, die Punkte einer Sphäre auf einer flachen Karte ausfindig zu machen. Ich verwende ganz spezielle Koordinaten, die …»

«Halt ein, junger Mann», unterbrach der zweite Händler, «ich verstehe von all dem kein Wort. Willst Du uns etwas verkaufen?»

«Versteht mich nicht falsch», sagte Ptolemaios beleidigt. «Mir geht es nur um die Wahrheit und um die Richtigkeit der Argumentation. Gleichzeitig will ich all diesen Aberglauben bekämpfen, der den Fortschritt der Wissenschaft hemmt. Dazu gehört auch diese magische Insel, von der euer Kapitän euch erzählt hat …»

Geschickt ließ er das Ende seines Satzes offen, als zögerte er, fortzufahren.

«Ja, was?» ermunterte ihn sein Gesprächspartner verunsichert.

«Tja», setzte Ptolemaios fort, «ich kann euch versichern, daß es sich dabei um eine reine Fabel handelt. Ich kenne diese Magnetsteine. Ich habe ihre Kraft und ihre Eigenschaften studiert. Glaubt mir, keine Insel, kein Berg, auch wenn sie von oben bis unten aus diesem Magneten bestünden, wäre stark genug, ein Schiff auseinanderzureißen. Ohne euch beleidigen zu wollen, edler Herr, aber ich fürchte stark, daß euer Kapitän euch betrogen hat. Hat er nicht vielleicht die Fracht für sich beiseite geschafft und euch dieses Seemannsgarn aufgetischt, das aber nur auf dummem Aberglauben beruht?»

Vom Gesichtsausdruck des Händlers war zuerst Verblüffung, dann Zorn, dann Verdacht und schließlich Erleuchtung abzulesen.

«Wenn das wahr ist, und das werde ich jetzt gleich in Erfahrung bringen, wird er mir das teuer bezahlen. Und dich, junger Mann, werde ich teuer bezahlen, wenn du bereit bist, für mich zu arbeiten.»

«Ich sagte euch schon, daß ich im Museion lebe und arbeite. Ich diene nur der Wissenschaft, nicht dem Kommerz.»

«Das ist doch nicht unvereinbar. Du scheinst sehr gelehrt, wenn auch ein wenig überheblich. Du hast Temperament und gewiß auch Ehrgeiz. Bist du in der Lage, die Kunst der Kartographie zu verbessern?»

«Ich denke schon, aber ich bin noch zu jung und habe daher nicht die Mittel, um nach meiner Methode der Kegelprojektion Karten zeichnen zu lassen.»

«Genau das meine ich. Ich will nur von der Überlegenheit deiner Methode, ... mit dem für mich zu komplizierten Namen, überzeugt werden; und ich wiederhole: Ich bin bereit, die Erstellung neuer Karten großzügig zu bezahlen. Unter der Bedingung – versteht sich –, daß sie besser sind als die alten! Ein Maß Gold für dich, Klaudios Ptolemaios, wenn du mir innerhalb des Jahres und nur mir allein eine Karte der bekannten Erde lieferst!»

«Und ich steuere ein zweites Maß Gold bei», erklärte der andere Händler, den die Begeisterung seines Freundes angesteckt hatte.

So kam es, daß Ptolemaios innerhalb eines Jahres unermüdlicher Arbeit die Kartographie revolutionierte. Zunächst unterzog er frühere Tabellen einer methodischen Revision und berechnete dann nach den Regeln der Geometrie ein neues Erdbild, wobei er die theoretischen Prinzipien Euklids anwandte. Er unterteilte die bekannte Welt nicht mehr nur in vier Klimazonen, wie Eratosthenes es noch getan hatte, sondern zog parallel zum Äquator Linie um Linie, immer im selben Abstand, bis zum Pol. Dann zog er die senkrechten Linien. Und so erhielt er ein Gerüst aus Längen- und Breitenkreisen, das sich über sämtliche bekannte Landstriche zog: von den Herkulessäulen im Westen bis zur Kette des fernen Himalaya im Osten, von Thule im Norden bis zu den Nilquellen im Süden. Anhand der numerierten Linien ließ sich jeder Punkt durch zwei Zahlen – Länge und Breite – genau lokalisieren. Jede Stadt, jeder Fluß, jeder Berg, jedes Land hatte seine feste Position auf der Erdkarte, und zwar so genau wie nie zuvor. Ptolemaios ließ siebenundzwanzig wundervoll kolorierte Karten herstellen, die er in einem großformatigen Atlas zusammenfaßte und *Geographie* nannte. Ein Werk, das bis heute seinesgleichen nicht hat, worauf ich dich hinweisen möchte, Amr, wenn du gestattest.

Seine Auftraggeber waren begeistert, und sie hielten ihr Versprechen. Und Ptolemaios, der Geograph, wie er von nun an genannt wurde, war jeglicher materieller Sorgen enthoben. Er kündigte sein Amt im Museion und ließ sich in Kanopos nieder. Dort, unter einem Himmel, der reiner war als im Residenzviertel, konnte er sich nun ausschließlich seiner wahren Leidenschaft widmen: der Wissenschaft von den Gestirnen. Er scherte sich nicht um Ehrungen, hielt sich wohlweislich fern von politischer und religiöser Aktivität, ging aber weiterhin in die Bibliothek, wo er die Arbeiten seiner berühmten Vorgänger immer wieder las und unermüdlich mit Anmerkungen versah. In erster Linie natürlich Hipparchos von Nikäa. Alles, was dieser nicht hatte vollenden können, vollendete Ptolemaios. Er tat aber noch weit mehr: Als Astronom erstellte er eine Himmelskarte und bestimmte die Position von eintausendundachtundzwanzig Sternen, gruppiert in achtundvierzig Konstellationen, die ebenfalls mit Hilfe der Koordinaten aufgefunden werden konnten. Als Ingenieur fertigte er die besten Astrolabien seiner Zeit. Als Musiker entwickelte er eine mathematische Theorie der Töne. Als Philosoph verfaßte er eine tiefsinnige Abhandlung über die Bestimmung der Seele.

Vor allem aber entwickelte Ptolemaios neue geometrische Vorlagen, um die Positionen der Himmelskörper vorauszusagen. Dabei ging es längst nicht mehr um dieses so komplizierte, die Sphären untereinander verbindende Räderwerk von Kreisen in Kreisen, wie Jahrhunderte früher Eudoxos und Apollonios von Perge es sich vorgestellt hatten. Ptolemaios arbeitete mit höchst subtilen Kombinationen von Kreisbewegungen. Bei ihm paarte sich mathematische Eleganz mit Genauigkeit.

Sein Ansehen wuchs beständig. Einmal pro Monat veranstaltete er öffentliche Vorführungen.

Er ließ ein großes mechanisches Planetarium bauen, das belebte Miniaturabbild des von ihm entwickelten neuen Weltsystems. Im Anschluß an eine dieser Vorführungen, wo sich ein buntes Gemisch von Amtsträgern, Schülern und Neugierigen drängte, trat ein würdiger, von den Jahren gebeugter Greis auf ihn zu. Ptolemaios erkannte ihn kaum: Es war sein Lehrmeister Menelaos. Ohne ein Wort, aber voller Rührung, die er sich nicht anmerken lassen wollte, hielt der bescheidene Lehrer dem ruhmreichen Schüler einen langen, sorgsam in eine lederne Hülle gewickelten Gegenstand hin. Ptolemaios löste die Verschnü-

rung: Es war der prachtvolle Stab Euklids. Der weise
Seneca hatte – noch bevor er sich auf Befehl Neros das
Leben nahm – den Wunsch geäußert, dieses Symbol
des Wissens solle an seinen Ursprungsort Alexandria
zurückkehren, weit weg vom Wahnsinn Roms und seiner irrsinnigen Kaiser. Fünfundzwanzig Jahre lang war
der Stab im Amtszimmer des für die Bibliothek verant-
wortlichen Beamten aufbewahrt worden, bis er Menelaos zuerkannt wurde, denn nur ihn hielt man für
fähig, das Werk der Forscher früherer Zeiten mit Würde fortzusetzen. Ein halbes Jahrhundert später war die
Zeit gekommen, diesen Stab weiterzureichen. Und wer
anderes als Ptolemaios hätte es verdient, dieses Erb-
stück entgegenzunehmen?

Als er ihn verließ, nahm der alte Geometer seinem
ehemaligen Schüler das Versprechen ab, eine Abhandlung zu schreiben, in der er methodisch die Gesamt-
heit seiner Erkenntnisse über die Struktur der Welt
darlegen sollte. Daher machte sich Ptolemaios an sein
Meisterwerk, das er etwa im Alter von fünfzig Jahren
vollendete und dem er den bescheidenen Titel *Mathematike syntaxis* gab. In Wirklichkeit wurde diese nach
dem Vorbild von Euklids *Elementen* in dreizehn Bücher
unterteilte astronomische Abhandlung schon bald als
so großartig erachtet, daß man sie *megiste*, «die größte»
nannte.[20]

Es war, als hätte ein neuer Prometheus den Göttern
die bis dato verschleierten Geheimnisse des Universums entlockt. Ptolemaios der Geograph bewies, daß
er das weite Feld der Kosmographie ebenso gut und
besser als jeder andere beherrschte. Seine mathematische Theorie von Sonne und Mond ermöglichte es
ihm, die genauesten Tabellen aufzustellen und die
Zeitpunkte der Finsternisse und deren Kennzeichen

mit voller Gewißheit im voraus zu bestimmen. Seine Beschreibung der Himmelskörper und ihrer Bewegungen, sein überarbeiteter Sternenkatalog, seine Hypothese von der Struktur des Universums und vor allem seine bahnbrechende Erklärung der Umlaufbahnen aller fünf Planeten waren die Krönung der griechischen Astronomie. Die heliozentrische Hypothese eines Aristarchos von Samos war in völlige Vergessenheit geraten. Die von Ptolemaios beschriebene ideale Gestalt des Kosmos, die der Himmelssphäre mit der Erde im Mittelpunkt, ermöglichte es – und tut es bis heute –, mit reiner Geometrie an alle gestellten Probleme heranzugehen: Finsternisse, Ungleichheit der Jahreszeiten, Auf- und Untergang der Gestirne, Planetenkonjunktionen. Sein System ist von zwingender Evidenz.

Stell dir nun vor, Amr, daß der größte Gelehrte seiner Zeit, nachdem er sein Meisterwerk vollendet hat, zu dem Schluß kommt, diese Leistung sei nur ein Schritt auf dem Wege zur letzten Wahrheit. Daß dieser Mann, ohne den geringsten Hang zum Aberglauben, beschloß, rationale Erkenntnis und intuitive Erkenntnis zu paaren und eine vollkommene Synthese zwischen der astronomischen Wissenschaft und jener höchsten Kunst der Vorhersage herzustellen, die bis dahin nur den Priestern, den Magiern und den Scharlatanen vorbehalten war: Ich meine die Astrologie.

Diese in Babylon erfundene Kunst der Vorhersage hatte in Ägypten durch die Schriften des Chaldäer-Priesters Berosos Verbreitung gefunden. In Alexandria begann diese Welle zur Zeit des Hipparchos mit dem Erscheinen von Berufsastrologen und volkstümlichen Handbüchern. Die griechische Zivilisation, die einst doch nur den Rationalismus verkündete, hatte eine tiefgreifende Wandlung durchgemacht. Die großen Gelehrten wie Euklid, Archimedes und Eratosthenes waren verschwunden, und das geistige Klima hatte sich grundlegend verändert. Nach und nach triumphierten im römischen Reich die Mysterienreligionen, die orientalischen Kulte und die Praktiken der Magie. Die Hermetik entwickelte sich mit ihrem Propheten Hermes-Thot und erzeugte die Künste von Himmel, Erde und Mensch, mit anderen Worten die Astrologie, die Alchemie und die Magie. Die in zunehmendem Maße um ihr persönliches Heil besorgten und vom Gefühl, daß die irdische Welt von bösen Mächten beherrscht sei, immer stärker überzeugten Menschen wandten sich in wachsender Zahl dem Okkultismus zu.

Diese merkwürdige Abweichung von der echten Astrologie hat dich, Amr, offensichtlich dazu verleitet, diejenigen, die in den Sternen die Zukunft des Menschen zu lesen versuchen, so hart zu verdammen. Aber hast du nicht vielleicht vorschnell geurteilt? Denn Ptolemaios hat die Astrologie wieder der Vernunft unterstellt, er befreite sie vom strengen und entmutigenden Fatalismus, den so viele Römer ihr zusprachen und den du, Amr, zu Recht anprangerst. Dies gelang ihm, weil er ein Charakteristikum des Genies seiner großen Vorbilder befolgte: die Verehrung des sichtbaren Kosmos, das Gefühl der Einheit mit ihm und – angesichts dieser Ordnung der Welt – die Bestätigung der Kraft des Geistes. Gegen den Aufstieg der okkulten Wissenschaften errichtete Ptolemaios sein astrologisches Werk als Bollwerk, als Schutzwall.

Seine *Tetrabiblos* stellt mit unvergleichlicher Stringenz die Regeln und Prinzipien der Astrologie auf. Darin behandelt er alle Bereiche, die sie betrifft: die

Reichtümer, die soziale Stellung, die Reisen, die physischen Veranlagungen, die Freundschaften, die Krankheiten, die Kinder, die Feinde, die Liebschaften, die Dauer der Ehen, die Freuden der Venus und die Art des Todes.

Simplikios berichtet, wie Ptolemaios bald schon Gelegenheit erhielt, seine Kunst unter Beweis zu stellen. Marcus Annius Verus, römischer Konsul, hatte eine ausgedehnte Inspektionsreise in die Provinzen des Imperiums unternommen. Viele sahen in ihm den Nachfolger von Antonius an der Spitze des Reiches. Der zukünftige Marcus Aurelius kam also auch in die Provinz Ägypten und machte halt in Alexandria. Ptolemaios' Ruf war ihm zu Ohren gekommen. Er äußerte den Wunsch, sich mit ihm zu unterhalten. Der überzeugte Stoiker, an Epiktet geschult, wollte mit dem alexandrinischen Gelehrten nicht nur über Naturwissenschaft und Philosophie diskutieren. Er hatte viel irdischere Sorgen. Seine Gemahlin Faustina, eine Matrone von fünfunddreißig Jahren, von leicht entflammbarem Temperament, hatte sich gerade erst in einen schönen Gladiator verliebt und ihrem Gemahl diese Leidenschaft gebeichtet. Der würdige Marcus war zwar von Natur aus skeptisch, hatte sich aber dennoch überreden lassen, seine Magier und seine Astrologen zu befragen, die ihm zu einer Roßkur rieten: Als erstes mußte natürlich der gotteslästerliche Gladiator geköpft werden; dann hatte Faustina ein heißes, duftendes, ausgedehntes Sitzbad nehmen und mit ihrem legitimen Gemahl eine leidenschaftliche Liebesnacht verbringen müssen. Im Anschluß an diese ungemein kluge Medikation wähnte sich der Konsul im Glauben, Faustinas Leidenschaft sei verflogen. Und um die Versöhnung festzuschmieden, hatte er verlangt, daß sie ihn auf seiner Ägyptenreise begleitete. Doch schon bald zeigte Faustina die ersten Anzeichen einer Schwangerschaft. Nun fragte sich Marcus Aurelius mit verständlicher Besorgnis, wer wohl der Vater sei. Im Zweifelsfall hätte er natürlich das Kind gleich nach der Geburt beseitigen lassen können. Doch abgesehen vom Haß, mit dem seine Gemahlin, die er trotz ihrer häufigen Untreue liebte, ihn überschütten würde, konnte er, der Stoiker, sich zu einer so grausamen Tat nicht entschließen. War es nicht besser, den berühmtesten aller Astrologen zu befragen, um sich zu vergewissern, daß die Geschicke des Imperiums in edle Hände gelegt werden würden?

Das Gespräch fand zu Ehren seines Gastes in der Luxusvilla des Konsuls statt, wo üppig aufgetischt worden war – Speisen und Obst: Trauben, Pflaumen, Datteln. Überall duftete es nach jungem Wein, die Luft war geschwängert von Düften und Säften aus fernen Ländern. Doch als Ptolemaios langsamen und gemessenen Schrittes auf den zukünftigen Kaiser zuging, gehüllt in ein rotes Gewand, da verspürte Marcus Aurelius, wie ihm ein Schauder über den Rücken lief. Er ahnte, daß diese Begegnung sein Leben erschüttern würde.

«Edler Gelehrter», sagte er einleitend, «dein Ruf als Astronom ist gesichert. Aber es heißt auch, du beherrschtest in höchstem Maße die Kunst der Vorhersage ...»

Ptolemaios ließ sich Zeit mit der Antwort. Dann sagte er in seinem sentenziösen und professoralen Ton, der ihm zur zweiten Natur geworden war:

«Dank der Astronomie lassen sich die relativen Positionen, die Sonne, Mond und Planeten aufgrund ihrer Bewegungen zueinander und im Verhältnis zur

Erde einnehmen, bestimmen. Die Astrologie läßt uns durch die Analyse der diesen Konfigurationen eigenen Charakteristika die Veränderungen erkennen, die sie im Ganzen, das sie umschließen, hervorrufen.»

«Gut, gut, aber welcher dieser beiden Wege scheint dir der sicherste, um an die Realität der Natur heranzukommen?»

«Die Astronomie hat den Status einer gesicherten Wissenschaft, denn die Regelmäßigkeit und die ewige Gleichheit der Bewegungen der Himmelskörper, die sich mit dem erprobten Instrument der Mathematik analysieren lassen, garantieren die Zuverlässigkeit. Die Astrologie hat den Status einer spekulativen Wissenschaft, denn ihr Gegenstand ist die von den Gestirnkonfigurationen ausgelöste Wirkung auf unsere sublunare Welt. Die einer unendlichen Zahl von Variablen unterworfene Realität der Natur ist das Spiel gegensätzlicher Kräfte, die sie bedingen und steuern.»

Marcus Aurelius schwieg eine ganze Weile, er bemühte sich, die schwierigen Gedankengänge des Gelehrten in sich aufzunehmen.

«In Rom», sagte er plötzlich unvermittelt, «habe ich meine Magier und meine Astrologen kommen lassen. Ich nannte ihnen die Stunde meiner Empfängnis und die meiner Geburt, und sie prophezeiten mir, ich bekäme ein männliches Kind, dessen Geburtsdatum man sich merken solle, denn an diesem Tag werde zum ersten Mal seit der Machtergreifung von Augustus ein künftiger Kaiser im Purpur geboren. Kannst du diese Prognose bestätigen?»

Ptolemaios zögerte mit der Antwort, er fühlte sich sichtlich unbehaglich.

«Großer Herr», sagte er dann behutsam, «ich kann nur wünschen, daß dieses Orakel sich bewahrheitet, denn aus dir würde es sicher den glücklichsten aller Menschen machen. Indes ...»

«Indes?» fragte der Konsul leicht beunruhigt.

«Indes vermag ich nicht, dir diese Voraussage zu bestätigen.»

«Ich verstehe nicht ... Sagt man denn nicht von dir, du seist der Fürst unter den Astrologen?»

«Auch dies vermag ich nicht zu bestätigen, Herr. Aber ich will in voller Offenheit mit dir reden. Wie konnten deine Astrologen das Horoskop eines noch nicht geborenen Wesens erstellen? Sie wußten doch gar nicht, wie im Augenblick seiner Geburt die Planeten und das Tierkreiszeichen zueinander stehen würden?»

Dieser Einwand schien auch den Konsul zu verunsichern.

«Ehrlich gesagt», murmelte er, «von Gestirnen war nicht die Rede. Sie gelangten zu dieser Überzeugung, indem sie die Eingeweide von Tieren befragten.»

Ptolemaios lächelte mitleidig:

«Die ernstzunehmende Astrologie ist es sich schuldig, ihre Spekulationen anhand der von der Astronomie beschriebenen Himmelsbewegungen zu erarbeiten. Ich würde sie als überaus schöne Dame bezeichnen, die augenscheinlich die höchsten Geheimnisse der Welt kennt ..., doch leider sitzt auf ihrem Thron häufig eine Dirne!»

«Willst du damit sagen, meine Astrologen seien Scharlatane?» Der Konsul war entgeistert.

«Ich sage nur, daß es viele gibt, die der Gewinn verlockt und die den Unkundigen ausnutzen, indem sie unter dem Deckmäntelchen der Astrologie eine ganz andere Kunst ausüben, und die ist in übelster Weise von Geldgier diktiert. Sie täuschen jene, die Rat bei ihnen suchen, indem sie vorgeben, so mancherlei vorauszusehen.»

«Und du, mit deiner höheren Kenntnis der Gestirne, irrst du dich nie?»

«Diesen Anspruch erhebe ich nicht. Auch der aufgeklärteste und gewissenhafteste Astrologe kann stolpern, aufgrund der Beschaffenheit des Gegenstandes seiner Voraussage und aufgrund der Schwäche seines Geistes im Vergleich zur Erhabenheit der Botschaft.»

Marcus Aurelius verfiel erneut in Nachdenklichkeit. Immer stärker gefesselt von der unbestreitbaren Argumentationskraft seines Gegenübers, hatte er jetzt viel eher Lust, über Philosophie zu diskutieren als über peinliche Vaterschaftsfragen.

«Was mich anbetrifft», murmelte er nach längerem Schweigen, «so haben mich Epiktets Lektionen davon überzeugt, daß Weisheit darin besteht, sich der Natur anzupassen und dadurch zur Einheit zwischen sich und der Welt zurückzufinden.»

«Selten hört man solch weise Worte aus dem Munde eines Monarchen», entgegnete Ptolemaios wohlwollend. «Das menschliche Sein wird ja tatsächlich im Schoß des großen Ganzen, innerhalb der Natur geformt. Folglich läßt sich sein Schicksal nur anhand einer Abfolge natürlicher Ursachen und Wirkungen vorhersagen. Nimm einmal an, jemand hätte sich eine genaue Kenntnis der Bewegung aller Gestirne – auch von Sonne und Mond – erworben, so daß ihm nichts unbekannt wäre, weder Ort noch Zeitpunkt all ihrer Konfigurationen; nimm ferner an, er hätte dank der seit Jahrhunderten unablässig vorangetriebenen Forschungen gelernt, das Allgemeingültige der Bewegung der Sterne zu erkennen. Was hindert diesen Menschen, das Temperament jedes Individuums zu bestimmen, und zwar anhand des Himmelsbildes im Augenblick der Geburt? Oder zum Beispiel auszusagen, sein Körper und sein Geist seien so oder so beschaffen; oder Ereignisse vorauszusagen, die zu bestimmten Momenten eintreten werden, weil dieses oder jenes Himmelsbild zu diesem oder jenem Temperament passe und Glück bedeute, während ein anderes dem entgegenwirke und somit ins Unglück führen müsse?»

«Ich hörte bereits Philosophen einwenden, daß der Astrologe, wenn er aus Versehen Unangenehmes voraussage, den Menschen unnötig ängstige und unglücklich mache. Aber wenn er Angenehmes voraussage und sich irre, er ebenfalls unnötig enttäusche und unglücklich mache.»

«Es gilt viel eher zu berücksichtigen, daß der unerwartete Charakter der Ereignisse exzessive Beunruhigung und wahnwitzige Begeisterung zu wecken vermag, wohingegen das Wissen um die Zukunft die Seele langsam daran gewöhnt und beruhigt, indem es sie darauf vorbereitet, das Zukünftige zu akzeptieren, als sei es schon Gegenwart, und sie dazu bringt, mit Ruhe und Gelassenheit jedes wie auch immer geartete Ereignis hinzunehmen.»

Wieder blickte Marcus Aurelius versonnen vor sich hin. Diese Diskussion erinnerte ihn an Epiktets Lektionen, die er in seiner Jugend mit Begeisterung in sich aufgenommen hatte und die ihn schließlich zum Anhänger der stoischen Philosophie hatten werden lassen.

«Ich glaube an die Selbstbestimmung des Individuums», sagte er schließlich zutiefst überzeugt. «Ich halte es für frei, aufgrund seiner Urteilskraft. Ich glaube an einen inneren, in jedem von uns gegenwärtigen Gott, den ich mir vorstelle wie einen Führer, der uns auch frei macht gegenüber äußerer Unbill. Ergibt das nicht einen Widerspruch? Der Astrologe nimmt doch an, der Charakter eines Individuums sei determiniert durch die Himmelskonfigurationen im Augenblick seiner Geburt oder Empfängnis. Wenn aber alle Ereignisse im Leben eines Menschen von den Gestirnen determiniert sind, wo bleibt dann sein freier Wille?»

«Die echte Astrologie ist nicht die der Horoskope. Man darf doch nicht glauben, alles, was geschehe, sei Auswirkung einer von oben gekommenen Ursache, als sei von Anfang an alles schon für jeden einzelnen geregelt und liefe nun zwangsläufig so ab, als gäbe es keinerlei Ursache, die sich ihm entgegenstellen könnte. In Wahrheit ist es doch so, daß die Bewegung der Himmelskörper zwar seit eh und je aufgrund einer göttlichen und unwandelbaren Bestimmung immer gleich abläuft, der Wandel der irdischen Angelegenheiten aber einer natürlichen und veränderlichen Bestimmung unterliegt, deren Ursache auch zufällig von oben kommen mag. Die veränderlichen Gesetzmäßigkeiten, die unserer sublunaren Welt eigen sind, modifizieren die vom Himmel stammenden Einflüsse. Daher ist im Falle von Katastrophen, wie zum Beispiel Kriegen, das Schicksal der Allgemeinheit höher einzustufen als das Los des einzelnen.»

«Das würde bedeuten, daß der Einfluß der Gestirne nicht unbedingt das Schicksal des einzelnen bestimmt, sondern in erster Linie auf das allgemeine Umfeld des Menschen einwirkt, auf Klima, Länder, Regionen und Städte?»

«Die Astrologie bestimmt in der Tat den allgemeinen Charakter jeden Volkes. Daraus kannst du, Herr, ableiten, daß die Kunst des Astrologen von großem politischen Nutzen ist. Ein kluger Monarch wäre gut beraten, wenn er, anstatt die Völker zu vernichten, über die er zu herrschen gedenkt, sich erst einmal über deren Veranlagungen klarwerden würde, um daraus auf ihre Stärken und Schwächen zu schließen und sie dementsprechend besser regieren zu können.»

«Im Augenblick», erwiderte der Konsul mit leiser Stimme, «verursachen die turbulenten Völker Galliens Rom große Sorgen. Was vermöchte deine Kunst uns über sie noch zu lehren, was wir nicht schon wüßten?»

«Die Gallier ganz allgemein sind von Natur aus rebellisch, sie unterwerfen sich nicht, wollen frei sein, sind Waffennarren und scheuen harte Arbeit nicht; sie sind ein kriegerisches Volk, führungsstark, rechtschaffen und großmütig. Sie lieben die Frauen nicht, ja, sie verachten sogar die heterosexuelle Liebe. Sie bevorzugen die geschlechtlichen Beziehungen zu Männern, und die betreiben sie mit Inbrunst und schämen sich auch nicht dafür. Dennoch sind sie keineswegs verweichlicht, weibisch oder lasziv. Ihre Art zu denken ist viril, sie sind umgänglich und loyal, ihrer Familie gegenüber anhänglich und großzügig.»

Diese gelehrte Unterhaltung dauerte bis tief in die Nacht hinein. Von Ptolemaios' Autorität geblendet, fragte Marcus Aurelius, ob er nicht mit ihm nach Rom kommen und sein Hausastrologe werden wolle. Ptolemaios lehnte natürlich ab, unter Hinweis auf sein fortgeschrittenes Alter. Er empfahl ihm aber einen seiner Schüler namens Galenos. Dieser war in Pergamon als Sohn eines Architekten geboren und hatte in Alexandria studiert. Enttäuscht vom Unterricht im Museion, war er mit anderen Schülern von Ptolemaios diesem nach Kanopos gefolgt. Doch bald wurde deutlich, daß Galenos, wenn auch ein verdienstvoller Geometer, vor allem Leidenschaft und Genie für die Medizin zeigte. Ptolemaios hatte ihm dringend geraten, den Spuren der beiden berühmten Ärzte, Herophilos und Erasistratos, zu folgen, die in Alexandria die Kunst der Anatomie entwickelt hatten. Durch die Nähe zu dem Astrologen war Galenos zu der Überzeugung gelangt, daß die Annahme eines Einflusses der Gestirne auf die meteorologischen Bedingungen notwendigerweise dazu führen müsse, auch deren Einfluß auf die Funktionen menschlicher Wesen anzuerkennen. Folglich erstellte er ein ganzes System symbolischer Analogien zwischen den Himmelszonen und den Körperteilen, so daß er im Falle von Erkrankungen seine Behandlung auf die Tierkreiskonfigurationen und die Stellung der Planeten abstimmen konnte.

Kurzum, als er wieder in Rom war, wurde Marcus Annius Verus Kaiser unter dem Namen Aurelius und berief, dem Rat von Ptolemaios folgend, Galenos zu seinem Leibarzt. So erlangte der junge Alexandriner unsterblichen Ruhm. Seine fünfzehn Bücher zur Anatomie und Heilkunst sind Schätze, aus denen ich bei meinen Behandlungsmethoden heute noch schöpfe.»

Damit war Rhazes am Ende seines Berichtes angelangt. Mit einem Seitenblick auf Hypatia fuhr er indes fort:

«Inzwischen kennst du mich ja schon ein bißchen. Als Kind Israels neige ich zu ironischer Skepsis und betrachte die Drehungen und Wendungen der Historie mit belustigtem Blick. Acht Monate nach dem Gespräch zwischen Marcus Aurelius und Ptolemaios kam also der fürchterliche Commodus zur Welt. Er war, daran konnte kein Zweifel bestehen, Faustinas Sohn, doch wer sein Vater war, wird nie jemand mit Gewißheit sagen können. Marcus Aurelius indes hätschelte ihn während seiner langen Regierungszeit, und die währte zwanzig Jahre. Immer hielt er ihn ganz dicht bei sich, als wollte er der einstigen Vorhersage seiner Magier Gewißheit verleihen. Als Marcus Aurelius an der Front starb, im Kampf gegen die Germanen, erbte Commodus in der Tat den väterlichen Thron ..., kehrte jedoch schleunigst nach Rom zurück, um dort endlich das Leben zu führen, von dem er insgeheim immer geträumt hatte: ein Leben voller Ausschweifungen und Sinneslust, mit Festen und Spielen von unerhörter Lüsternheit und grobschlächtigster Geilheit, durchtränkt von Wein und Blut. Commodus, der eine bestialische Grausamkeit an den Tag legte, sobald es darum ging, seine Ansprüche gegenüber einem zunehmend aufgebrachten Senat zu verteidigen, ließ seine Günstlinge an seiner Statt regieren. Und da besagte Günstlinge alles andere als uneigennützig waren, griffen Bestechlichkeit und Veruntreuung gewaltsam ein ins Räderwerk des Staates.

Obwohl er keinerlei Bedrohung von außen abzuwehren hatte, schaffte es Commodus, der immer mehr aus dem Gleichgewicht geriet, das militärische und wirtschaftliche Ansehen Roms in nur achtzehn Regierungsjahren zugrunde zu richten. Die Pest entvölkerte ganze Landstriche, fast überall richtete die Hungersnot Verheerungen an, und Soldatenhorden, die sich selbst überlassen waren und nicht entlohnt wurden, verwüsteten Gallien. Während dieser Zeit plusterte dieser Faulpelz von Imperator sich im Amphitheater auf. Verkleidet als Herkules, dessen Reinkarnation er zu sein vorgab, kämpfte er mit einer riesigen Holzkeule gegen wilde Tiere ... Es heißt sogar, in seinem Wahn hätte er verlangt, die Ewige Stadt habe von nun an seinen Namen zu tragen ...

Wo Amr das Lager wechselt

«Ich kann nicht behaupten, daß mich dein Bericht überzeugt hätte», sagte Amr und kratzte sich ein wenig ratlos am Kinn. «Dein Ptolemaios sprach vielleicht wie ein Orakel, dürfte aber arg langweilig gewesen sein. Außerdem hatte er das abscheuliche Leben dieses Kaisers Commodus nicht einmal vorausgesehen!»

Während Rhazes das Ende der Geschichte erzählte, hatte Hypatia voller Ungeduld dem jungen Arzt flammende Blicke zugeworfen. Dieser unverbesserliche Zyniker hatte sich seine ganze Argumentation verdorben. Diese tölpelhafte Ungeschicklichkeit galt es jetzt sofort wettzumachen. Amr mußte zerstreut werden, befand die junge Frau und sagte:

«Ich vermute, General, du hättest lieber gehört, was Ptolemaios über die Menschen deiner Heimat sagte, anstatt dir die Schilderung der Gallier anhören zu müssen?»

«Oh je», stöhnte Amr, «willst du mich etwa nun auch noch von eurer sinnlosen Astrologie überzeugen …»

«Urteile selbst, ob sie sinnlos ist», erwiderte Hypatia zornig. «Ptolemaios soll gesagt haben, die Menschen des Glücklichen Arabien stünden dem Schützen und dem Jupitergestirn sehr nahe. Daher sei die Gegend fruchtbar, gebe es Aromate im Überfluß, seien die Menschen in ihrem Lebensstil, in ihrer Kontaktfreudigkeit und im Geschäftsleben offen und interessiert …»

«Diese Voraussage ist geschickt formuliert, passend für den Augenblick», höhnte der Feldherr, um zu beweisen, daß er sie durchschaut hatte. «Willst du mir nicht gar mein Horoskop erstellen?»

«Spotte ruhig, Amr, denn was die Sterne sagen, dürfte dich erstaunen. Hör zu …»

Hypatia schloß die Augen, schien ein Weilchen zu meditieren und begann dann wie ein Orakel zu sprechen:

«Dein Sternzeichen ist der Wassermann, und das gleiche Zeichen hast du als Aszendenten. Sonne und Mond stehen im Wassermann, dem männlichen, aufsteigenden Zeichen. Der Mond hat die Sonne im Gefolge und das Gestirn von Jupiter, Mars und Venus. Das von Jupiter ist aufsteigend, und die von Mars und Venus befinden sich in Trigonenkonstellation mit der Mitte des Himmels. Dein Geburtshoroskop zeigt alle erforderlichen Bedingungen, um es *kosmokrator* (Weltenherrscher) zu nennen. Denn wenn die beiden Leuchtkörper in männlichen Zeichen stehen und insbesondere wenn der die Tag- oder Nachtfamilie anführende Leuchtkörper ebenfalls fünf Planeten im Gefolge hat, dann werden diejenigen, die geboren werden, ihr Leben lang wichtig, mächtig und Herren der Welt sein!»

Amr war verdutzt, dann lachte er gezwungen, was bedeuten sollte, daß er einem solch willkommenen Horoskop doch keinerlei Bedeutung zumessen würde!

«Bezaubernde Hypatia, wenn du redest wie der gelehrte Ptolemaios, klingst du genauso langweilig wie er. Nein, laß dir gesagt sein, ich glaube nicht an solche Vorhersagen aus den Gestirnen!»

Philoponos, der merkte, daß die Bemühungen der beiden jungen Leute zu scheitern drohten, mischte sich nun in das Gespräch ein:

«Wenn du Omar von Klaudios Ptolemaios erzählen solltest, wäre es wohl klüger, nur von seinem astronomischen System zu berichten. Eine kugelrunde Erde, die unbeweglich im Zentrum eines unveränderlichen und berechenbaren Universums steht, dürfte ihn beruhigen.»

«Du hast recht, weiser Philoponos, es wird Zeit, zur Realität zurückzukehren. Das Schicksal des Menschen gleicht letztlich dem Schicksal des Papiers: Er wird zerknittert geboren, er stirbt zerknittert, und das wird wohl auch unser Arzt nicht bestreiten. Was das Los der Bibliothek anbetrifft, das wird allein von Omars Willen abhängen … und davon, wie ich ihm von unseren Gesprächen berichte. Daher bitte ich euch nochmals, helft mir, ihm zu beweisen, daß eure Bücher nicht dem Koran widersprechen.»

«Ich danke dir für dein Verständnis, Amr», antwortete Philoponos. «Und da du inzwischen bereit scheinst, deinen Kalifen davon abzuhalten, die Bibliothek anzugreifen, solltest du uns jetzt von diesem Omar erzählen. Wenn wir ihn besser kennenlernen, werden wir dir auch besser helfen können, seinen Willen zu erschüttern.»

«Omar ist nicht nur ein ‹Bärtiger im Mantel›, auch wenn es so scheinen mag. Als Mann, der nur eine unbedeutende Rolle in einem zweitrangigen Stamm spielte, widersetzte er sich anfänglich der Verkündigung des Propheten und suchte die Verbindung zu den mächtigen Stämmen Mekkas. Als er spürte, daß der Wind sich zu drehen begann, wurde er einer der glühendsten Anhänger. Er selbst erzählt allerdings inzwischen eine ganz andere Geschichte, als wolle er seine eigene Legende schmieden. Er behauptet, er sei in seiner Jugend aus Not gezwungen gewesen, von den Auslagen der Händler Datteln und Obst zu stehlen, um seine arme Familie zu ernähren! Erst als er zufällig an die Tür eines Hauses klopfte, in dem einige fromme Männer eine Sure rezitierten, sei er der frömmste aller Muslime geworden …»

«Ich erinnere mich, Amr, an unsere erste Begegnung», unterbrach Philoponos. «Da warst du noch wie ein Händler gekleidet und erzähltest mir, der Koran steige wie eine Säule von Stimmen empor seit dem Tag, da Mohammed die Offenbarung erfuhr, und er solle nicht gelesen, sondern laut gesprochen werden ...»

«Wenn das so ist», warf Rhazes bitter ein, «kann ich mir nur schlecht vorstellen, wie Omar überzeugt werden könnte, die Bücher nicht zu verbrennen, da er ja nicht dem Buchstaben, sondern nur dem gesprochenen Wort Bedeutung beimißt.»

«Es heißt sogar, er habe das Testament des Propheten vernichtet, der seinen Schwiegersohn Ali als Nachfolger bestimmt hatte», pflichtete Amr bei. «Damit hat er die Wahl Abu Bakrs begünstigt, nachdem Mohammed gestorben war. Und nach Abus Tod nahm er wie selbstverständlich dessen Platz ein. Seitdem ist Omar aus dem Schatten herausgetreten, und nun soll all sein Tun Aufsehen erregen. Er schickte uns los, fremde Nationen zu erobern, und ließ Städte bauen in Arabien. Er hat die *hiǧra*, das Jahr der Auswanderung des Propheten nach Medina, als Beginn der islamischen Zeitrechnung eingeführt.[21] Er hat sich zum ersten Oberkommandierenden der Gläubigen gemacht. Er selbst wahrte demütigen und bescheidenen Anschein und sah mit Entsetzen, wie ringsum sich unerhörte Pracht entfaltete. Mit den ersten islamischen Eroberungen flossen die Reichtümer der Welt nach Medina, wo mittlerweile eine ganze Adelsschicht in Luxus und Genuß schwelgt. Im Hause Suqaynas, der Enkelin des Propheten, sind inzwischen mehr Dichter und Sänger anzutreffen als auf muslimische Theologie spezialisierte Imame ...»

«Dann ist dein Islam ja gar nicht so streng!» warf Hypatia lächelnd ein.

«Natürlich nicht, und Omar vertritt leider auch nicht den wahren Geist des Islam. Er ist kalt, berechnend und asketisch in seiner Lebensführung, und er verlangt diese Tugenden auch von anderen; er lebt in tiefer Ehrfurcht vor dem Barmherzigen, fürchtet aber auch die Gefahr und den Tod und kann es daher nicht zulassen, daß man sich auf Erden Freuden gönnt. Daher beseitigt er mit wilder Grausamkeit jeglichen Widerstand. Seinen Befehlen darf niemand widersprechen, nicht einmal die ältesten Gefolgsleute des Propheten, die doch Vorrang hätten …»

«Ich weiß genug», befand Philoponos. «Dieser Mann hat in der ersten Phase seines Lebens so viele Demütigungen erfahren, daß er sich jetzt rächen will. Er will der Geschichte sein Siegel aufprägen und selbst deinen Propheten übertrumpfen. Oh, wenn ich nicht so bangen müßte um das Schicksal unserer Bücher, dann würde ich mich freuen, daß deine Sekte einen solchen Meister gefunden hat!»

«Und wieso, bitte?»

«Weil seine Unerbittlichkeit, seine Engstirnigkeit, seine Unfähigkeit, eine seinen Wünschen zuwiderlaufende Meinung anzuhören, dazu führen werden, daß sich die Menschen seines Landes und seines Glaubens gegen ihn erheben werden. Und dann wird es bald nicht mehr nur einen Islam geben, sondern viele – zwei, zehn, zwanzig, mit anderen Worten: keinen mehr. Vor zwei hundert Jahren wäre dies beinahe der christlichen Kirche zugestoßen. Dabei war Kyrillos, der Bischof von Alexandria, alles andere als niederer Herkunft, im Gegensatz zu deinem Kalifen. Aber diese Geschichte soll Hypatia dir morgen erzählen, sie betrifft sie in gewisser Weise.»

Überzeuge mich, schöne Hypatia, dachte Amr bei sich, über-
zeuge mich ein für alle Male, dann ramme ich diesem Hund
Omar eigenhändig das Eisen in die Gedärme!

Die Frau und der Bischof
(Hypatias letzter Gesang)

Vier Jahrhunderte waren vergangen, seit Philon nach
Rom gereist war, um sein Anliegen vorzutragen. Der
Tempel von Jerusalem war zerstört, das jüdische Volk
noch weiter verstreut, und die Barbaren aus dem Norden hatten den äußersten Westen eingenommen. Byzanz, nun Konstantinopel genannt, gab den Ton an gegenüber Rom. Kaiser Konstantin hatte sich zum Christen erklärt, und die gesamte Aristokratie war ihm darin
gefolgt, dann die Familien und Sippschaften all dieser
großen Herren bis hin zum letzten ihrer Sklaven. Berg-
ab geht sich's ja immer leichter als bergauf.
  Dabei war man weit entfernt von der Schlichtheit
der Worte Christi, sofern sie denn schlicht waren.
Philosophen- oder, besser gesagt, Theologenschulen
schossen aus dem Boden, in Alexandria, in Athen, in
Pergamon. Die Geschichte wiederholt sich eben doch
immer wieder. Man könnte fast meinen, an bestimmten Orten wehe nun mal der Geist, ob der Himmel
rein oder voller schwarzer Wolken hängt. Hitzige Debatten wurden ausgefochten, und alle betrafen sie die
Religion. Wer einen neuen oder dem Kanon nicht
entsprechenden Gedanken vorbrachte, dem blühte
bestenfalls das Exil, schlimmstenfalls der Tod. Die
Christen, die ihre Märtyrervergangenheit vergessen

hatten, fügten anderen zu, was sie einst hatten erdulden müssen, wenngleich diese anderen nie ihre Henker gewesen waren. Die neuen Märtyrer wurden die Juden und die Freigeister, die Gelehrten und Philosophen. So verfahren leider alle Religionen, und ich fürchte, daß die über so lange Zeit verfolgten Kinder Israels es in Zukunft genauso halten werden, wenn sie erst einmal ihre Macht wiedergewonnen haben. Dann werden sie ihre ehemaligen Henker verfolgen, wird sich ihre Rachsucht über die friedlichen Völker ausbreiten, die nichts anderes wollen, als auf eigenem Boden zu leben und dessen Ertrag zu teilen.

Aber kehren wir zur Geschichte zurück, sonst wird Rhazes böse, das sehe ich ihm an. Alexandria blieb, auch unter christlichem Expansionsdrang, ein Hafen der Toleranz, zumindest im Residenzviertel. Jahrhunderte von Völkergemisch, von Austausch, von weltumspannendem Wissen lassen sich nicht so einfach hinwegfegen. Und da war ja auch noch das Meer, das Ägypten vor dem Einfall der Barbaren schützte, die den Westen überrannt hatten und wie Wellen gegen Konstantinopel prallten. Im Museion war von nun an die Philosophie Königin. Als das Christentum die Stadt noch nicht erobert hatte, hatten auch die Naturwissenschaften nochmals ihren alten Glanz entfaltet, denn Ptolemaios und Galenos hatten es verstanden, die Machthaber, die Philosophen und die Priester aller Glaubensrichtungen zufriedenzustellen. Da der eine sich um Religion nicht scherte und der andere an eine recht unbestimmte universelle Gottheit glaubte, übernahm die christliche Kirche kurzerhand das beachtliche Lebenswerk dieser beiden verstorbenen Gelehrten, wie sie es ja auch – was die Philosophie anbetraf – mit Philon gemacht hatte. In Wirklichkeit lag ihr nichts an der Erforschung der Natur. Sie fragte nicht nach ihrer Beschaffenheit, versuchte nicht, in ihre Geheimnisse einzudringen, um etwa die Leiden der Menschheit zu lindern. Wozu auch? Das Ende der Zeiten war ja nahe, wie sie sagte. Galenos und Ptolemaios kamen ihr zupaß, denn sie hatten ja wohl die Welt und die menschliche Natur definitiv beschrieben, wie die Evangelien Gott beschrieben hatten. Man forschte also nicht mehr, erfand nicht mehr, kompilierte nur noch. Und genau das ist das Anzeichen für den Untergang einer Welt. Man erstellte die Synthese der allgemein anerkannten Entdeckungen früherer Zeiten, verbesserte sie ein wenig, beschönigte sie häufig, bemühte sich aber niemals, sie zu bestreiten, in Zweifel zu ziehen oder gar zu übertreffen. Heron, Diophantos und Pappos besorgten dies für Mechanik, Mathematik und Astronomie. Das gleiche tat Theon, den Kaiser Theodosius zum Leiter des Museions ernannt hatte – Oberpriester sagte man nicht mehr. Unter seiner Fuchtel erlangte die große alexandrinische Schule eines Euklid, Aristarchos und Apollonios ein wenig von ihrem alten Glanz zurück. Doch die Nachwelt kennt ihn als Vater der gelehrtesten Frau der Geschichte: der Hypatia von Alexandria. Ich meine natürlich meine Namensverwandte, die vor zweihundertfünfzig Jahren geboren wurde.[22] Sie erblickte übrigens unter harmonischen Auspizien das Licht der Welt, da ihr Vater, der ein glühender Verfechter von Astronomie und Musik vermischenden Systemen war, ihr den Namen des tiefsten Tons gab, den die Erde – wie er sagte – im Zentrum des Universums ausstößt, wenn der melodische Chor der Sphärenmusik erklingt.[23]

Eines Tages aber, als Hypatia gerade erst vierzehn Jahre alt war, änderten sich die Dinge in Alexandria. Ein neuer Bischof wurde ernannt: Theophilos. Bis dahin lebten alle Glaubensrichtungen nebeneinander, ohne daß es zu wesentlichen Zusammenstößen kam. Aber dieser brutale Kirchenmann beschloß, das Heidentum mit Gewalt auszurotten. Auf seinen Befehl hin wurden sämtliche Tempel in Brand gesteckt, als erstes das Serapeion, das sechshundert Jahre zuvor von Ptolemaios Soter gegründet worden war. Die Fanatiker toben sich ja immer an den schönsten Gebäuden aus, an den schönsten Standbildern, sofern diese steinernen Andenken von vergangener Größe zeugen, die sie unbedingt auslöschen wollen. Die scharfzüngigen Alexandriner nannten ihren neuen Bischof insgeheim ‹Pharao›, denn er führte sich auf wie der Alleinherrscher über die Stadt. Dieser Theophilos hätte sich auch an der Bibliothek vergriffen, doch da setzte Byzanz ihm Grenzen. Also begnügte er sich damit, die dortigen Statuen zu zerstören, die in Glaubensdingen eher unzuverlässigen Gelehrten zu verjagen und den Bibliotheksleiter Theon ins Gefängnis zu werfen, um an seiner Statt einen ihm beigeordneten Priester zu ernennen.

So kam zum erstenmal ein Kirchenmann auf diesen Posten, und der hatte den Auftrag, alle dem Dogma nicht konformen Schriften zu vernichten. Und davon gab es ja eine Menge, weiß Gott! Aber vielleicht weiß ER das ja nicht.

Zum Glück hatten die Alexandriner seit Kleopatras Zeiten die alte Gewohnheit beibehalten, ihre ausländischen Herren zu umgarnen, und diese, trunken von der Vorstellung, nun Nachfolger zu werden von so vielen ruhmreichen Persönlichkeiten, ließen sich auch einwickeln und einlullen von der behaglichen Trägheit dieser Orte, wo das Raunen des Meeres das Wiegenlied sang, wo Besinnlichkeit herrschte, aber auch Luxus. Hatte Hypatias anmutige Gestalt dazu beigetragen, wenn sie durch die Wandelgänge des Museions streifte, das nun Basilika geworden war? Wie dem auch sei, der geistliche Bibliothekar führte seinen Zerstörungsauftrag niemals aus. Von Theophilos hatte er dabei nicht viel zu befürchten, denn dieser hielt sich häufiger in Konstantinopel auf als in seinem Bistum. Er glaubte nämlich, durch Blutbad und Zerstörung das Heidentum in Alexandria endgültig ausgerottet zu haben, und wandte sich daher jetzt denen zu, die er für seine wahren Feinde hielt, Christen wie er, aber Häretiker, die ihm nicht den Gefallen taten, genau nach seinen Normen zu denken.

So lebte beispielsweise in der ägyptischen Wüste eine Mönchsgemeinschaft in äußerster Kargheit, streng nach den Regeln Johannes des ‹Goldmundigen›. Gegen diesen wahren Heiligen nährte Theophilos einen wütenden Haß. An der Spitze seiner Soldaten zog er gegen das friedliche Refugium der Eremiten los; einige wurden ermordet, andere zwang er zur Flucht.

Zehn Jahre vergingen. Theon starb an Altersschwäche und Kummer. Und nun zeigte sich Hypatias Genie, es brach hervor, so wie ein Skandal ausbricht. Sie war fünfundzwanzig Jahre alt und stand im vollen Glanz ihrer Jahre. Hochgewachsen und schlank, wirkte sie dennoch, als sei ihr Körper ihr hinderlich. Ihr Gang war unbeholfen und energisch wie bei einem Kind, das zu schnell gewachsen ist. Doch von ihrem zarten und blassen Gesicht ging ein Strahlen, ein seltsames Leuchten aus, das die Männer blendete, fesselte und mit Angst erfüllte.

Hypatia war wie geschaffen, die Blitze der christlichen Kirche auf sich zu ziehen: Sie war Frau, war schön, war gelehrt und frei. Einer Königin oder Kurtisane hätte man das noch verziehen! Aber sie war zudem auch noch tugendhaft! Daher, weil das nicht ins Bild paßte, erklärten die Männer sie zur Jungfrau, was ihren eigenen Seelenfrieden sicherte. Sie aber hatte sich, um sich ihrer Angriffe zu erwehren, mit dem obskuren Philosophen Isidoros vermählt, der ihr in der Tat überallhin folgte. Doch diese Verbindung vermochte niemanden zu täuschen, da Isidoros, in seiner Verehrung für Sokrates, keinen Hehl daraus machte, daß er auch dessen Neigungen für Knaben teilte.

Anfangs hatte die schöne Hypatia sich damit begnügt, im Schatten ihres Vaters zu leben und ihm bei der Abfassung seiner Werke zu Astronomie und Musik behilflich zu sein. Man munkelte allerdings insgeheim, sie habe Theon längst überflügelt und sei die tatsächliche Verfasserin der väterlichen Werke. An ihrem eigenen Talent als Mathematikerin konnte aber bald schon kein Zweifel mehr bestehen, nachdem sie Schlag auf Schlag ihren *Astronomischen Kanon,* einen *Kommentar zu Diophantos* und einen *Traktat zu den Kegelschnitten* des Apollonios von Perge veröffentlicht hatte. Das Urteil ihrer Kollegen stand fest: Für sie war Hypatia keine Frau mehr, sondern reiner Geist, voll und ganz der abstrakten Spekulation verschrieben. Sie lieferte ihnen ein schneidendes Dementi, indem sie eigenhändig Astrolabien und Hydroskope von unerreichter Vollkommenheit herstellte. Und dann ging sie noch weiter. Um ein für allemal zu beweisen, daß sie die Tochter ihrer eigenen Werke war, schrieb sie eine überaus polemische Erwiderung zu einer posthumen Ausgabe eines Kommentars ihres Vaters zur *Syntaxis mathematike* des Ptolemaios. Dabei erkühnte sie sich, auf des Aristarchos von Samos Traktat *Von der Größe und den Ent-*

fernungen der Sonne und des Mondes Bezug zu nehmen, den sie in den staubigsten Winkeln der Bibliothek aufgestöbert hatte. Das Entsetzen ihrer Kollegen war nun erst recht groß, und sie bestürmten den geistlichen Vorsteher des Museions, ein altes, längst vergessenes Dekret des Museumsgründers Demetrios von Phaleron auszugraben, welches den Frauen den Zutritt zum Museion untersagte, mit Ausnahme der Kurtisanen, die für das Wohlergehen der dort wohnenden Gelehrten zugelassen waren.

Von nun an lehrte Hypatia also auf der Straße, sprach wie einst Sokrates Passanten an und lebte in völliger Armut, wenn nicht gar in Schamlosigkeit wie der Kyniker Diogenes, der Philosoph. Von einem Karren herab, den zwei ihrer besten Schüler von Ort zu Ort zogen, verkündete sie ihre Lehren. Sie verstand es, mit einfachen Worten das Herz des Volks zu erreichen. Die Menge hörte ihr zu und bewunderte sie. Den Ägyptern erschien sie wie eine Reinkarnation der großen Kleopatra oder gar ihrer antiken Göttin Isis. Die Griechen entdeckten in ihr all das wieder, was die Größe der athenischen Philosophie ausgemacht hatte, allerdings in gereinigter Form durch die neueren Exegesen Plotinos' und Porphyrios', die das Wesentliche, die Substanz herausgearbeitet hatten, wie Philon es mit dem Pentateuch getan hatte. Ihre Lehre ergänzte Hypatia durch die der Freiheit: die Freiheit zu glauben, die Freiheit, nach seiner eigenen Wahrheit zu suchen, die Freiheit, sich seine Regierung zu wählen. Und sie empfahl ihrer Hörerschaft, auch im öffentlichen Leben niemals das eigene Seelenleben zu vernachlässigen.

Natürlich weckte sie in ihren Schülern auch Leidenschaften, die nicht alle spiritueller Natur waren.

Aber da ihr sogenannter Gemahl Isidoros ja stets dabei war, blieb sie unerreichbar.

Einer ihrer Anbeter wagte sich weiter vor als all die anderen. Synesios war ein Student aus reicher kyrenischer Familie, dem nie etwas verwehrt worden war: Er war reich, intelligent und hatte auch noch Erfolg bei den Frauen. Er wollte mehr als nur ihr eifrigster Schüler sein und schrieb ihr die wahnwitzigsten Gedichte, die aber immer ohne Antwort blieben. In den Schenken, ja selbst in der Abgeschiedenheit der Bibliothek dachte er nur an sie, sprach nur von ihr.

Eines Tages wartete er wieder einmal vor dem bescheidenen Haus der Gelehrten, wartete, daß sie herauskommen möge und er ihr zuhören dürfe. Zuhören, na ja …, nicht unbedingt, aber betrachten wollte er sie, wenn sie lehrte.

Sie trat heraus, aber anstatt wie üblich den vor der Tür wartenden Karren zu besteigen, ging sie auf Synesios zu und hielt ihm ein von Menstruationsblut besudeltes Wäscheknäuel unter die Nase: «Das liebst du doch, Synesios, und schön ist das nicht!»

Schamrot rannte Synesios davon. Lange Zeit sah man ihn nicht wieder; er war heimgekehrt in die Kyrenaika. Sie schrieb ihm dorthin, um ihm zu erklären, daß seine Reaktion der Scham genauso überzogen sei wie seine aufdringliche Liebe zu ihr. Wenn sie ihn auf diese Art zurückgestoßen habe, dann nur, weil sie in den Augen ihrer zahlreichen Feinde doch untadelig erscheinen müsse. Die hätten ihr doch sofort vorgeworfen, sie verderbe die Jugend. «Ich kann nur insgeheim lieben», schrieb sie, «und gibt es ein schöneres Geheimnis als das in einem Brief beschlossene?»

Nun begann ein Briefwechsel, der über die Jahre hinweg anhielt. Doch von Liebe war darin nicht die

Rede. Sie tauschten sich über die Bewegung der Gestirne und die Trigonometrie, die Platon-Exegese und die Zahlen der Musik aus. Und dabei zeigte sich, daß Synesios Hypatia nicht nur betrachtet hatte. Er hatte ihr auch zugehört und ihre Lektionen beherzigt. Auf ihren Rat hin übernahm er ein öffentliches Amt. Er fuhr nach Konstantinopel als Botschafter der Kyrenaika. Dort hielt er vor dem jungen Kaiser Arcadius seine berühmte Rede *Über das Königtum*, wobei er Hypatias philosophische Auffassungen vom idealen Fürsten darlegte und die dekadenten Sitten des Hofes anprangerte. Es war, als spräche die schöne Gelehrte durch seinen Mund. Nachdem seine Reise dann beendet war, kehrte er über Alexandria nach Hause zurück. Niemand weiß, ob Hypatia ihn da endlich erhörte, aber man weiß, daß sie ihn zwang, ein Mädchen aus der christlichen Aristokratie des Palastviertels zu ehelichen, da dies ihrer Meinung nach die einzige Möglichkeit war, die Stufen der Macht zu erklimmen. Nach der Rückkehr in seine Heimat errang er Ruhm durch den Sieg über die Wüstenräuber.

Synesios führte in der Kyrenaika ein hochherrschaftliches Leben zwischen Jagd und Vergnügungen, setzte seinen Briefwechsel mit Hypatia aber fort. Er veröffentlichte auch Gedichte, Hymnen und Homilien, ein Traumbuch und Traktate über die Vorsehung. Ich habe diese Werke recht sorgfältig studiert und wage die Behauptung, daß sie aus Hypatias Feder stammen, die sich nicht als Dichterin hervortun wollte, um ihren Feinden nicht noch einen weiteren Angriffspunkt zu bieten.

Eines Tages erhielt Synesios einen Brief von ihr, der eher einem Hilferuf glich. Man hatte den Leichnam von Johannes dem ‹Goldmundigen› an einem Wegrain gefunden, ermordet von den Schlächtern des Theophilos. Nachdem nun sein Erzfeind beseitigt war, stand seine Rückkehr nach Alexandria zu befürchten. Synesios begriff sofort, was er zu tun hatte. Er begab sich nach Konstantinopel und ließ sich taufen. Diese Konversion war ein Segen für die Kirche, verhieß sie doch die Christianisierung der gesamten Kyrenaika, die ja wohl dem Vorbild ihres einflußreichen Mannes folgen würde. Im Hinblick darauf schlug der Patriarch vor, ihn sofort in den Bischofsrang zu erheben. Doch Synesios stellte seine Bedingungen: Er würde verheiratet bleiben und von der platonischen Doktrin der Präexistenz der Seele und der Ewigkeit der Welt nicht abweichen. Entgegen jeder Erwartung willigte der Patriarch ein: Diese Konzessionen lohnten sich, um die Kyrenaika zu gewinnen. Als Gegenleistung verlangte Theophilos von ihm, sich unverzüglich nach Alexandria zu begeben und den Zwist mit Orestes, dem Statthalter von Ägypten, zu bereinigen, der seiner Ansicht nach zu lässig bei der Niederschlagung der Häresien vorging.

Unter dem zeitlich befristeten Episkopat von Synesios und der Statthalterschaft von Orestes erlebte Alexandria abermals eine geistige Blütezeit. Christen, Häretiker und Nichthäretiker, Juden und Platoniker traten in Ideenwettstreit, aber nicht mit Gewalt, sondern durch das Wort. Und im Wortgefecht fürchtete Hypatia keinen von ihnen. Obgleich sie wieder Zugang hatte zum Museion, ging sie nur hin, um in einem Buch in der Bibliothek etwas nachzuschlagen. Ihre Lehre erteilte sie weiterhin auf den Straßen. Ihre begeisterte Zuhörerschaft lief in Scharen hinter ihr her. Häufig sah man in der Menge auch Synesios in Begleitung seines Freundes, des Statthalters.

Eines schönen Tages erfuhr man vom Tod des gefürchteten «Pharao» Theophilos, der allerdings nie mehr in sein Bistum zurückgekehrt war. Eine Zeitlang hoffte man, Synesios würde sein Nachfolger werden. Doch diese Hoffnung erfüllte sich nicht: Mit seinen zwei Bischofssitzen Ägypten und Kyrenaika wäre Hypatias Anbeter zum wichtigsten Mann des Imperiums geworden, gleich hinter dem Kaiser und dem Patriarchen.

Da trat ein anderer aus dem Schatten hervor, er war hager und fiebrigen Blicks. Sein Name war Kyrillos, und er war Theophilos' Neffe. Neffe oder Bastard, munkelten einige, denn der verstorbene Bischof hatte für sich selbst das Keuschheitsgebot, das er von seinen Schäfchen verlangte, nicht beherzigt.

Als erstes verdrängte Kyrillos den guten Synesios mit scheinheiligen Versprechungen aus dem Bistum, indem er die Zusage gab, Hypatia dürfe weiterhin ihre Lehren unters Volk tragen. Eine gewisse Vorsicht im Umgang mit einem so mächtigen Mann wie dem Bischof der Kyrenaika mußte trotz allem gewahrt werden, und ein Angriff auf die schöne Gelehrte war auch nicht ratsam, denn das hätte zu einem Aufruhr unter ihren Anbetern, ob Griechen oder Ägypter, Christen oder Platoniker, geführt.

Das die Stadt beherrschende Klima der Toleranz brachte diesen Mann, der alle haßte, die nicht dachten wie er, jedoch zur Weißglut. Als erstes nahm er sich die Juden vor. Dagegen würde niemand opponieren, weder bei den Christen noch bei den Platonikern, das wußte er. Und den Pöbel, der in den Kindern Israels die Quelle allen Übels sah, hätte er ohnehin hinter sich. Doch die Juden in Alexandria bildeten nicht mehr diese zu Philons Zeiten so prosperierende Gemeinschaft. Die Christen waren viel härter mit ihnen umgegangen als die Heiden, hatten in ihrer Raffgier gewaltige Steuern und Abgaben verlangt, bevor sie ihnen die Genehmigung erteilten, weiterhin ihren Kult auszuüben. Deswegen hatte der ‹Pharao› Theophilos sie weitgehend unbehelligt gelassen, schließlich war es ihnen zu verdanken, daß das Bistum Alexandria als das reichste des ganzen Imperiums galt.

Doch mit solch rein materiellen Überlegungen befaßte sich sein Neffe Kyrillos gar nicht erst. Ohne sich mit jemandem zu beraten, verfügte er, die Juden seien des Landes zu verweisen. Das Heer durchkämmte das Judenviertel. Wie eine Viehherde trieb man sie hinaus aus den Mauern Alexandrias. Der Exodus begann von neuem. Aber wohin sollten sie gehen? Da war kein verheißenes Land mehr, der Tempel war zerstört, Kanaan gab es nicht mehr. Auch keinen Moses, um sie zu führen.

Das konnte Hypatia nicht schweigend hinnehmen. Mit heftigen Worten prangerte sie die Ausrottung der Juden an und prophezeite, daß Alexandria, diese Stadt, wo sich seit eh und je sämtliche Rassen, sämtliche Religionen, sämtliche Wissenszweige gekreuzt hätten, bis ins Mark getroffen würde, wenn dieser Fanatiker mehr als siebeneinhalb Jahrhunderte toleranten Kosmopolitismus mit einem Streich auslöschen wolle!

Synesios hielt sich damals in Konstantinopel auf, wo er an einem neuen Konzil teilnahm. Ein Bote überbrachte ihm die alarmierende Nachricht, Bischof Kyrillos schmiede ein Komplott, um Hypatia zu beseitigen. Unverzüglich machte er sich auf nach Alexandria. Der ehemalige Ptolemaios-Palast war leer. Als er bei den Gemächern des Statthalters vorsprach, sagte man ihm,

Orestes sei die ganze Woche über auf der Jagd. Auch Kyrillos hatte sein Bistum verlassen, um fromme Einkehr in der Wüste zu halten.

Synesios nahm sich nicht einmal die Zeit, seine Reisekleidung gegen ein seinem kirchlichen Rang angemesseneres Gewand einzutauschen. Er hastete in die Stadt, wo er als verliebter Student seine Jugend zugebracht hatte. Durch seltsam leere Straßen führten seine Schritte ihn gleichsam ohne sein Zutun zu Hypatias Haus. Je näher er kam, desto lauter wurden Schreie, die in den geradlinigen Gassen der schachbrettartig angelegten Stadt widerhallten.

«Tötet sie, die Hexe! Krepiere, du Hure der Agora! Bischofsflittchen! Judenmetze!»

Synesios zog seinen schmalen Paradedegen aus der Scheide und rannte los. Vor der Tür ihres Hauses stand aufrecht in ihrem Karren Hypatia, bleich und lächelnd in ihrem schmucklosen, weißen langen Kleid, das sie noch schöner machte als einst.

Um sie zu schützen, versuchte Synesios die Menge zu spalten, die nichts mehr gemein hatte mit der üblichen Zuhörerschaft der gelehrten Philosophin. Manche schienen geradewegs den Elendsquartieren im kleinen Osthafen entsprungen zu sein; doch viele trugen Mönchskapuzen, und sie brüllten am lautesten im Chor der Schmäher. Synesios kam keinen Schritt weiter. Kraftvolle Arme versperrten ihm den Weg. Da, plötzlich, traf ein Stein Hypatia mitten auf die Stirn. Reglos stand sie, wie eine Marmorstatue. Dann hagelte es Steine, Holzstücke, Unrat, aufgelesen auf der Straße … Sie brach zusammen, wie eine schlanke Lilie unter der Tatze eines Raubtiers. Mönche kletterten auf den Karren. Da erhielt Synesios einen Hieb auf den Kopf und fiel bewußtlos zu Boden.

Als er wieder zu sich kam, war die Straße menschenleer. Lange Zeit taumelte er durch die blutverschmierten Straßen, bis er schließlich vor dem Karren stand, der dreißig Jahre lang der Philosophin als bescheidenes Katheder gedient hatte. Ein Betrunkener kam des Weges, hielt an, hauchte ihm seinen stinkenden Atem ins Gesicht und rülpste: «Na, Bischof? Sie haben sie bei lebendigem Leib in Stücke geschnitten, deine Metze, mit Austernschalen … und die Reste haben sie verbrannt und den Hunden zum Fraß hingeworfen!»

Der Mann torkelte mit rudernden Armbewegungen davon, ob aus Freude oder Furcht, das weiß man nicht. Synesios stürzte zu Boden, preßte seine Stirn gegen ein Rad des Karrens und begann zu weinen. Erst viel später entdeckte er den Gegenstand, der im Handgemenge unter den Karren gefallen und dank einer Unebenheit im Boden der Aufmerksamkeit aller entgangen war. Es war der schwere, alte Stab mit Goldeinlage, den Hypatia von ihrem Vater bekommen hatte und mit dem sie ihre Worte zu unterstreichen pflegte, indem sie mit flinken Handbewegungen die Luft durchschnitt, als dirigierte sie den Lauf und die Musik der Gestirne.

Wo Amr sich zum Schreiber macht

«War diese Hypatia die Ahnfrau deines Stammes?» fragte Amr, der gerührt wirkte.

«Wer weiß», erwiderte die junge Frau. Die Wörter «Ahnfrau» und «Stamm» entlockten ihr ein Lächeln, waren sie doch Schemen aus heidnischer Vergangenheit. «Wenn man der Legende glaubt, müßte ich dann ja von einer Jungfrau abstammen – und dafür gibt es zumindest ein berühmtes Vorbild.»

«Laß deinen Spott. Im Koran steht geschrieben, Maria habe ihren Sohn, den Propheten Jesus, bekommen, ohne daß je ein Mann sie berührt habe, wie der Engel vorhergesagt hatte.»

«Oho! Ihr kennt also auch das Dogma von der «Jungfrauengeburt?» fragte Philoponos wißbegierig. «Ist in euren Augen dann Christus von doppelter Natur, halb Mensch, halb Gott, oder ist seine Natur ausschließlich göttlichen Ursprungs?»

«Es gibt nur einen Gott, und das ist Allah. Gott ist ewig und kann nicht aus dem Bauch einer Frau geboren werden, auch nicht aus einer Jungfrau.»

«Wurde dein Mohammed dann genauso empfangen?»

«Davon steht nichts im Koran. Sein Vater, der reiche Abdallah aus dem Stamme der Quraisch, starb noch vor seiner Geburt, und seine Mutter Amina ging ein in Allahs Gärten, als er noch sehr klein war.»

«Eine interessante Dialektik», sann Philoponos vor sich hin. «Mohammed war also reich, Waise, verheiratet und verbreitete seine Lehre durch Krieg. Jesus war arm, Gott hatte ihm Eltern gegeben, er war keusch und predigte nur Frieden. Dein Prophet ist also *stricto sensu* der Antichrist.»

«Philoponos! Amr! Ich bitte euch!» fuhr Rhazes dazwischen. «Überlaßt doch diese fruchtlosen Debatten den Konzilsgewaltigen. Die Zeit drängt. Wenn der Emir will, daß sein Bote mit der Morgenröte aufbricht, dann wäre es doch höchste Zeit, aus Hypatias Geschichte die Lehren zu ziehen. Könnte die Gestalt einer solchen Frau den Kalifen vielleicht zum Nachdenken bringen, was meinst du, Amr?»

«Man müßte sie in anderem Licht präsentieren», antwortete der Emir. «Ich werde der Figur ein paar Züge von Chadidscha verleihen, der ersten Frau des Propheten. Sie war die erste, der Mohammed die Worte Gottes anvertraute. Und ein wenig auch von Fatima, seiner Tochter, die Alis Gemahlin wurde, die heiligste aller Frauen. Die Geschichte mit dem von Menstruationsblut besudelten Wäscheknäuel dürfte ihm gefallen. Seine Gemahlinnen behandelt Omar wie Haustiere. Diesen Tolpatsch Synesios halte ich – wenn ihr mich fragt – für eine recht blasse Figur. Wenn ich so leidenschaftlich verliebt wäre in eine andere Hypatia, würden mich ihre Monde nicht abstoßen. Im Gegenteil, das würde mich in meiner Liebe nur bestärken.»

«Als gelehrter und wißbegieriger Händler bist du mir lieber als in der Rolle des Haudegens, der schlüpfrige Witze liebt», schnitt ihm Hypatia das Wort ab.

Amr wurde schamrot: Daß er sich so vergessen hatte! «Die Werke dieses Galenos und auch die von jenem Mechaniker namens Heron müßtet ihr mir noch etwas ausführlicher erklären. Endgültige medizinische Erkenntnisse – das wird Omar beruhigen – und hydraulische Maschinen – die werden ihn interessieren wegen seiner Bewässerungsvorhaben. Auch das System christlicher Bekehrung von oben nach unten will ich erwähnen, denn die Königreiche, die wir jetzt zu unterwerfen hoffen, sind nicht mehr so, wie wir sie bisher kannten, mit heidnischen und ungebildeten Führern, jederzeit bereit, sich überzeugen zu lassen, wenn es nur einträglich ist. Wenn ihr, Juden und Christen, eure Religion weiterhin ausüben wollt, dann werdet ihr, das sage ich euch jetzt schon, bezahlen müssen.»

«Eine reizende Perspektive!» höhnte Rhazes. «Für uns ist das schon alte Gewohnheit. Aber die Vorstellung, daß unsere gestrigen Verfolger nun auch zur Börse werden greifen müssen, erheitert mich irgendwie! Was Galenos anbetrifft, schreibe ich dir nachher eine kurze Zusammenfassung. Und Hypatia dürfte das für Heron auch mühelos machen können.»

«Auch ich werde aufschreiben, was ihr mir bisher erzählt habt, all diese vielen Geschichten. Und Abschriften davon werde ich an mehrere hochgestellte Persönlichkeiten in Medina schicken. Vielleicht gelingt es ja ihnen, Omar zum Einlenken zu bewegen. Vielleicht, sage ich ausdrücklich. Aber für Omar mache ich noch einen Zusatz:

Lies! Im Namen deines HERRN, der erschuf!
Lies!

Das sind die ersten Worte, die der Erzengel Gabriel, Allahs Bote, in der Höhle des Berges Hira, wo Mohammed die Offenbarung erfuhr, zum Propheten sprach.»

«Ein großartiger Befehl!» Philoponos nickte zustimmend. «Ich glaube, ich werde deinen Koran doch noch studieren.»

«Nicht übel, in der Tat», befand nun auch Rhazes. «Klingt ein wenig nach Buch Baruch.»

Lesen, schön und gut, dachte Hypatia versonnen. Aber was und wie? Nur den Koran lesen oder voller Wißbegierde sich auch anderen Werken zuwenden? Lesen, ohne zu verstehen, ist nicht schlimm. Aber lesen, ohne zu zweifeln, das ist gefährlich. Lesen ohne Vergnügen ist nicht Lesen. Aber das diesem Mannsbild von Beduinen klarzumachen, ist vergeblich. Dem ist nur ein Vergnügen das höchste, und womöglich werde ich gezwungen sein, es ihm zu bieten.

Barbarenweisheit

Die Botschaft

Mit Wollust entrollte der Emir den Papyrus, den er aus einem Laden in der Vorstadt hatte holen lassen, und strich ihn zärtlich auf der Schreibplatte aus edlem Holz glatt. Ägyptischer Papyrus, dachte er, feinste Qualität! Zwei in Rillen gleitende Stäbchen hielten ihn flach, und glatt machte ihn seine sinnliche Hand. Nun öffnete er sein kunstvoll mit Elfenbein verziertes Tintenfaß und sog den Sandelholz- und Weihrauchduft in sich ein. Dann legte er die Pinsel aus Ziegenhaar auf ihre Porzellanhalterung und befestigte den rechteckigen Tintenstein, den er hatte abschleifen lassen, weil er ursprünglich Drachen und andere heidnische Symbole gezeigt hatte. An deren Stelle hatte er eigenhändig einen Vers des Buches eingeritzt: *Sei geduldig! Deine Geduld kommt von Gott.* Dieses wunderschöne Tintenfaß hatte Amr einem persischen Seemann abgekauft, als er als junger Handelsreisender im Auftrag seines Vaters aus Sohar, dem Hafen im Meer des Südens, eine Ladung Seide aus dem großen Reich des Morgenlandes abgeholt hatte.

Er kippte ein paar Tropfen aus seinem Wasserbeutel in die Höhlung des Steins, verrieb sie mit dem Tintenstab, bis die Mischung dickflüssig war, und tauchte dann erst die Spitze seines Pinsels ein.

Der Emir Amr ibn al-As an den Kalifen der wahren Gläubigen Omar ibn al-Chattab. Dir zum Gruß, und der Friede Allahs sei mit dir.

An diesem Tag des Neumonds des Mohar-
ram, im zwanzigsten Jahr der hiǧra,[24] habe ich
die große Stadt des Abendlandes erobert. Die
Stadt wurde mit Waffengewalt und ohne Verhandlungen eingenommen. Die wahren Gläubigen sind ungeduldig, die Frucht ihres Sieges
zu ernten.

Dann zählte er Alexandrias Schätze auf, die zahllosen
Paläste, öffentlichen Bäder, die Theater, Parfümerien,
Schmuckgeschäfte, die Schmieden und Webereien …
Omar war eher ungebildet; er konnte kaum lesen und
schreiben und rühmte sich dessen auch noch. Darin
ahme er den Propheten nach, verkündete der Kalif. Er
hatte das Gerücht in Umlauf gesetzt, auch Mohammed
sei ungebildet gewesen, womit er zu beweisen glaubte,
der Bote des Barmherzigen habe ihm alles wörtlich
diktiert. Der Kalif, ein eher finsterer Mann, sah das Leben wie eine ewige Strafe des HERRN und war überzeugt, die gesamte Menschheit habe sich gegen ihn
verschworen. Er war süchtig nach Macht, und nie kam
ihm auch nur der geringste Zweifel. Man haßte und
fürchtete ihn gleichermaßen. Leider glaubte das gesamte arabische Volk, von einigen Ausnahmen abgesehen, durch seinen Mund spreche der Erzengel Gabriel, selbst bei seinen grausamsten und absurdesten
Erlässen. Der Emir hoffte ihn sanft zu stimmen, indem
er ihm Alexandria gleichsam darbot. Man mußte auf
seine größte Schwäche, seinen schier maßlosen Hochmut, abzielen. Und auf die Zeit setzen, denn Omar war
schließlich nicht unsterblich. In zehn Jahren voller
Verschwörungen und Intrigen und in den acht Jahren
seiner Regierungszeit hatte er sich zahlreiche Feinde
gemacht; die Mordversuche ließen sich schon gar

nicht mehr zählen. Der Tag würde kommen, da ein Messer seine Tyrannei beendete. Also Geduld, Amr! Deine Geduld kommt von Gott ...

> «In el-Iskandariyya» – sorgfältig schrieb der Emir den Namen Alexandria in arabischen Schriftzeichen – «leben dreihunderttausend Seelen, davon sechzigtausend christliche Griechen und vierzigtausend Juden, die nicht konvertieren und somit Tribut zahlen werden ...»

Amr übertrieb ein wenig, aber das war wohl das beste Argument, um zu erklären, warum man die Stadt weder geplündert noch von Grund auf zerstört hatte. Schon bei den ersten Eroberungen hatte Omar diese Steuer eingeführt. Um ihre Religion weiter ausüben zu dürfen, zahlten in Medina die Völker der Bücher von Moses und Jesus dem Volke Mohammeds Tribut. In seiner Raffgier, die er als Toleranz ausgab, untersagte der zweite Kalif also seinen Glaubensbrüdern, Christen und Juden allein durch das Wort auf den vom Propheten vorgezeigten Weg der Wahrheit zu lenken. Kurz gesagt, der Wohlstand Medinas und sein eigener waren ihm weit wichtiger als der universale Triumph des Islam. Daher konnte sich Amr die Bemerkung nicht verkneifen,

> «das ägyptische Volk, das noch Tierkopfgötzen opfert, werden wir indes leicht zum Wahren Wort bekehren können, um ihm die Gärten Allahs zu öffnen ...»

Stundenlang schilderte der Eroberer Alexandrias dann die Geschichten, die Philoponos, Rhazes und Hypatia ihm über die Bibliothek erzählt hatten. Doch er erzählte sie auf seine Art, auf die Art seines Volkes, das Märchen und Dichtkunst ja so liebt. Mit Ausnahme Omars, dummerweise …

Kurz bevor der Morgen graute, weckte Amr seinen Ordonnanzoffizier, der auf dem blanken Boden vor dem Zelt schlief. Ob diese Beduinen eines Tages in den Palästen der eingenommenen Städte schlafen würden? Der Mann bedurfte keiner langen Erklärungen. Er nahm die Botschaft entgegen, sprang auf sein Pferd und verschwand in der Nacht. Gut vierzehn Tage würde er brauchen bis Medina und weitere vierzehn Tage, um die Antwort des Kalifen zu überbringen. Einen Mond lang … vieles dürfte sich bis dahin verändert haben in Alexandria, dessen Herr ja Amr war. Ein Herr, der trotz allem seinem Kalifen gehorchen mußte, denn dieser hatte seine Macht ja vom ERHABENEN und seinem Propheten.

Omar

Der Bote wartete auf die Antwort. Sein Gesicht war grau vom Staub, und sein Gewand war mit weißlichen Streifen vom Salz des Roten Meeres geriffelt. Der Kalif hatte ihn keines Blickes gewürdigt, aber der völlig erschöpfte junge Krieger war sich sicher, daß der Befehlshaber der Gläubigen ihm im Grunde seines Herzens dankbar war für seine Eilfertigkeit und ihn eines Tages belohnen würde.

Omar las mit Mühe. Langsam glitt sein Zeigefinger von rechts nach links, zögerte aber bei fast jedem Buchstaben. Die schönen Voluten der fünfzehn eigens für ihn auf prachtvoll geschmückter Kamelhaut abgeschriebenen Suren des Korans waren ihm mittlerweile vertraut geworden, aber diese fast verächtlich lässige Schreibschrift im Brief von General Amr war eine Qual für seine Augen wie auch für seinen Geist. Am liebsten hätte er seinen Sekretär gebeten, ihm das Schreiben vorzulesen, und ihm auch gleich die Antwort diktiert, aber diesmal duldete die Entscheidung, die er zu treffen hatte, keinen Zeugen. Diese Angelegenheit war zwischen Amr und ihm allein zu regeln.

«Warte nicht länger, mein Junge», sagte er zu dem Boten. «Nach so einem langen Ritt hast du dir wahrlich etwas Ruhe verdient. Sicher hast du auch Verwandte hier in Medina, die du aufsuchen möchtest?»

«Ich werde leider nicht einmal meinen Vater begrüßen können, mein Kommandant. Ich muß noch ein paar andere Briefe austragen für den General, bevor ich mit eurer Antwort zurückkreise.»

«Noch andere Briefe, sagst du?»

Der Bote biß sich auf die Lippen. Um dem Kalifen seinen Diensteifer zu beweisen, hatte er doch glatt seinen Vorgesetzten verraten, dabei verehrte er ihn wie niemanden sonst. Der Kalif wies ihn hinaus, er solle am nächsten Morgen wiederkommen. An wen besagte Briefe gerichtet waren, würde ein Omar schnell herausfinden.

Mit der Einnahme von Alexandria hatte sich auch in Medina so manches verändert. Es war noch nicht lange her, da bezweifelte kein Mensch, daß die Eroberungen von Palästina und Ägypten nur dem vom Allmächtigen inspirierten Kalifen zu verdanken waren, und die kämpfenden Wahren Gläubigen waren nichts weiter als die ausführenden Organe. Aber jetzt besang man überall auf islamischem Boden den Ruhm Amrs, des

Triumphators über die reiche und mächtige Stadt des Sonnenuntergangs. Und in diesem langen Brief hier sang Amr selbst ja auch ständig das Lob Zul-Karneins, dieses Zweihörnigen, von dem der Koran spricht, dieses Eroberers Alexander, der bis ins Land, wo die Sonne aufgeht, vorgedrungen war. Auch diesen General von Ägypten namens Caesar lobte er, der Imperator geworden war, nachdem er eine Königin geheiratet hatte. Eiferte Amr denen etwa nach? Hatte ihn das Pharaonenland etwa so bestochen? Nein! Das war schon immer so gewesen. Der Emir Amr ibn al-As war ein echter Sprößling seiner Sippschaft, dieser reichen Händler aus dem Stamme der Quraisch, die sich allen überlegen fühlten. Omar hatte ihn absichtlich so weit weg geschickt in den Heiligen Krieg, um seinen Ehrgeiz etwas zu dämpfen. Doch diese Taktik schien sich jetzt gegen ihn, den Oberbefehlshaber aller Gläubigen, zu kehren, denn Amr wurde vom Volk geliebt, Omar wurde gefürchtet. Man mußte ihm klarmachen, daß der Islam nur ein Oberhaupt hatte, dessen Name der Muezzin rief, wenn er die Gläubigen zum Gebet holte. Und dieses Oberhaupt war er, Omar Abu Hafsa ibn al-Chattab, der Kalif, der Diener Allahs und einziger Emir der Soldaten des Propheten.

Und all diese Ammenmärchen von heidnischen Denkern, mit ihrem Geschreibsel über die Zahl der Sterne oder die menschliche Seele, diese unanständigen Bemerkungen über das Blut der Frauen, dieses Gerede über Tausende von Büchern, die mächtiger sein sollten als die schlagkräftigsten Heere, diese Christen und Juden, die gar dem Propheten Lektionen zu erteilen hätten – all dieses Zeug war doch nur Tarnung, hinter der dieser General seine Kraft und sein Vermögen zusammenballte, um dem Kalifat die Stirn zu bieten. Wie weit er wohl gehen würde? Vermutlich hatte er in Medina Mitverschwörer, Anhänger, die auf Omars Untergang hinarbeiteten. Und dort, in Alexandria, hatte er seine Beduinen, die sich für ihn töten lassen würden, aber zusätzlich noch, nach der Aussage der Spione, eine Art Kronrat, und zu dem gehörten ein uralter Christ, ein Jude und eine Frau, eine heidnische Priesterin, die ihn behext hatte. Sakrileg! Komplott!

Omar brauchte keinen Rat. Er erhielt seine Befehle vom Allmächtigen selbst, der ihm im Traum erschien. Wem hätte er sich auch anvertrauen sollen? Medina bestand nur noch aus Intriganten, aus finsteren Ehrgeizlingen, sie alle hofften doch nur, ihn, Omar, möge ein Messer zu Fall bringen, ihn, den Handwerker bescheidener Herkunft, der es einzig und allein durch seine Willenskraft, durch seine ohne Umschweife auf den Glauben gerichteten listigen Schachzüge fertiggebracht hatte, sich an die Spitze des islamischen Reiches zu stellen. Seine Feinde, die Ungläubigen, hatten in Amr den Mann gefunden, den sie brauchten: einen liebenswürdigen Mann von hohem Ansehen, großzügig, der die Freuden von Tisch und Bett nicht verschmähte, der zudem ein gebildeter Dichter, aber auch ein tapferer Held im Kampf und ein geschickter Stratege war.

Omar war nichts von alledem. An irdischen Vergnügen kannte er nur eines: die Macht. Und die nutzte er aus, da er wußte, daß sie ihm DORT OBEN entzogen sein würde. Aber stellte er diese Macht denn nicht voll und ganz in den Dienst des Weltenschöpfers?

Mit großer Aufmerksamkeit und jetzt auch mit etwas weniger Mühe las der Kalif den langen Brief des Generals noch einmal. Im ersten Teil, der die Siegesbotschaft enthielt, hatte Amr nur die materiellen Reichtümer Alexandrias gerühmt, hatte die Tempel, all das Gold, all die kostbaren Handelswaren, die tributpflichtigen Völker der Thora und die noch zu bekehrenden heidnischen Seelen erwähnt. Dann war jedoch nur noch die Rede von Büchern, von Gelehrten, von Astrologen, Philosophen und Dichtern, von Königen und Königinnen vergangener Zeiten, und dann wieder von Büchern.

Für gewöhnlich gab Omar nichts auf solche Dinge. Er verachtete die Schöngeister, die ihre Zeit und ihre Seele vergeudeten, indem sie Sterne benannten oder aus einer Rose weissagten. Aber diesmal ... die glühende Begeisterung, mit der der General dieses Museion verteidigte ... das war verdächtig! Welche Absicht steckte hinter diesem Plädoyer für einen Haufen alter Schriftrollen und verschimmelter Bücher? Bestimmt hatte sich Amr in ganz Ägypten – und wohl auch schriftlich bei seinen Freunden in Mekka und Medina – als Beschützer der Künste und Wissenschaften gerühmt, ob heidnischer, jüdischer oder christlicher Herkunft. Wollte er damit vielleicht mit den feindlichen Reichen Persien und Byzanz Bande knüpfen?

Omar hatte sich seine hohe Stellung im Islam nur durch Intrige und Komplott erobert. Daher witterte er überall auch nur Komplott und Intrige. Er traf seine Entscheidung. Bis jetzt hatte Amr immer gehorcht, wenn auch eher aus Berechnung als aus Treue oder Pflichtbewußtsein, wie der Kalif vermutete. Man mußte ihm eine schöne Gelegenheit liefern, damit er aufbegehrte. Fügte er sich, würde er auf ewig sein Ansehen bei seinen Freunden, aber auch bei seinen alexandrinischen und byzantinischen Verbündeten einbüßen. Sträubte er sich, würde er die Verliese in Medina kennenlernen und das Beil des Henkers. Und schließlich würde er in seinem Verrat alle mit sich reißen, die lieber Ali an der Spitze des Kalifats gesehen hätten und ihn

immer noch unterstützten. Ein fahles Lächeln deutete
sich unter Omars struppigem Bart an. Der Vorwand, um
die Vernichtung dieser wertlosen Papyrushaufen zu be-
schleunigen, war ihm wie eine Erleuchtung gekommen.
Er ergriff seine Rohrfeder, tauchte sie in braune Tinte
und schrieb mühsam auf das Pergament:

> Der Sklave Gottes und Befehlshaber der Gläu-
> bigen, Omar, an General Amr, mit Gruß.
> Das gesamte Land des Islam hat deinen schö-
> nen Sieg mit der gebührenden Freude gefeiert.
> Jetzt mußt du ihn festigen gegenüber mögli-
> chen Angriffen von Meeresseite und jeglichen
> Widerstand ersticken, der aufkeimen könnte
> bei den von dir erwähnten jüdischen, christ-
> lichen und heidnischen Völkerschaften. Um
> dich bei dieser Aufgabe zu unterstützen, schik-
> ke ich dir einen Statthalter, den ich noch er-
> nennen werde. Der heilige Krieg muß fortge-
> setzt werden. Sobald ich dir den Befehl erteile,
> wirst du an der Spitze deines Heeres zu den
> Ländern von Sonnenuntergang aufbrechen.
> Bezüglich der Bücher, von denen du mir in
> deinem letzten Brief geschrieben hast, so lautet
> mein Befehl: Wenn ihr Inhalt sich mit dem
> Buch Allahs vereinbaren läßt, so können wir
> auf sie verzichten, da in diesem Falle der Koran
> mehr als ausreichend ist. Enthalten sie hinge-
> gen Dinge, die abweichen von dem, was der
> Barmherzige zum Propheten gesagt hat, dann
> gibt es erst recht keinen Grund, sie aufzubewah-
> ren. Handle also und vernichte sie alle.

Omar las seinen Brief noch einmal durch, bevor er ihn
versiegelte. Die Stimme des Muezzin erklang über der

Stadt. Omar warf sich nieder und vergaß die politischen Beweggründe seines Antwortschreibens. Er war sicher: Der Erzengel Gabriel hatte ihm den Brief diktiert.

Syllogismen

Von der Terrasse des Museions, auf die Amr, Philoponos und Rhazes sich zurückgezogen hatten, sah man aufs Meer hinaus. Die Sonne schien gleißend, ihre Strahlen drangen aber nicht in die Laube mit den kärglichen grünen Weintrauben ein, wo die drei Männer einen spritzigen Wein aus Zypern tranken. Dort unten, auf der Insel Pharos, verblaßte allmählich das Feuer hoch oben im Turm, als würde es erstickt vom vollkommenen Blau des Wassers und des Himmels in diesen Stunden kurz vor Mittag. Die vom Schmerz der Jahrhunderte gekrümmten knorrigen Olivenbäume rings um das gewaltige Bauwerk sahen aus wie greise Seeleute, die auf eine letzte Ausfahrt hoffen.

Tief betroffen sank Amr in seinem Rohrsessel zusammen, streckte Philoponos den Brief hin und sagte:

«Alles ist verloren, lest selbst.»

«Aber mein Freund, ich bin zwar Grammatiker, doch eure Schrift kann ich nicht lesen.»

Der General zuckte mit den Achseln und übersetzte laut das Schreiben des Kalifen:

«... *gibt es erst recht keinen Grund, sie aufzubewahren. Handle also und vernichte sie alle.* Nichts weiter. Nicht einmal eine Höflichkeitsfloskel. Ich bin in Ungnade gefallen.»

«Was immer Aristoteles davon hielt», seufzte Philoponos, «der Syllogismus ist die gefährlichste Waffe der Fanatiker und der Dummköpfe. Da euer heiliges Buch alles sagt, wie dein Kalif behauptet, haben die anderen nichts zu sagen. Was willst du darauf antworten? Sinnlos, gegen eine solch felsenfeste Gewißheit anreden zu wollen.»

«Aber das ist Gotteslästerung. Nirgendwo steht geschrieben, daß der Koran alles sage. Der Erzengel spricht zum Propheten nur über das Wesentliche, um den wahren Gläubigen zu Gott hin zu führen. Ansonsten ist alles erlaubt: Man darf durchaus die Entfernung zwischen Alexandria und Medina abschreiten, um die Anzahl der Schritte zu zählen, darf Verse schreiben zu Ehren der Dame seines Herzens, darf die Schönheit der aufgehenden Sonne besingen oder in einem Buch beschreiben, wie man den Schmerz lindern kann. Das alles tut dem Menschen doch gut! Das ist Ausdruck seiner Freiheit, macht seine Größe aus! Und folglich die Größe des Allmächtigen. Das alles habe ich ihm in meinem Brief geschrieben.»

«Ich komme nochmals auf den Syllogismus zurück», unterbrach ihn jetzt Rhazes. «Und das ist nicht nur ein Spiel. Ein Kreter sagt: Alle Kreter sind Lügner. Sagt er die Wahrheit, Amr?»

«Wenn er lügt, sind nicht alle Kreter ... Wenn er nicht lügt, sind die Kreter ... Das ist absurd! Ein Lügner lügt doch nicht jedesmal, wenn er den Mund aufmacht, das tut er doch nur, wenn er denkt, daß es notwendig ist.

«Eine glänzende Antwort», lobte Philoponos. «In den meisten Fällen lassen sich die Syllogismen in einem ihrer Teile zerschlagen. Man braucht sie nur entzweizuhauen wie Alexander den gordischen Knoten.»

«Folglich ist das, was man zerschlagen kann, in den meisten Fällen ein Syllogismus», spottete Rhazes begeistert. «Zumindest in einem der beiden Teile. Ein Fels kann zerschlagen werden. Folglich – ein Syllogismus. Dein Kalif ist ein Fels …»

Philoponos schwang seinen von den Jahrhunderten polierten schweren Stab wie ein Lehrer, der dem Hinterbänkler mit seiner Fuchtel droht: «Laß doch deine Geistreicheleien, Rhazes! Mit dieser Oberflächlichkeit könnte es dich eines Tages von dannen heben, und dann löst du dich in Luft auf.»

Amr war sprachlos, er starrte die beiden Gelehrten an, den Lehrer und den Schüler, die da mit Wörtern und Einfällen jonglierten, ohne ihre Aufregung zu kaschieren. Was war das? Wochenlang hatten sie Seite an Seite gekämpft, um ihn zu überzeugen, daß die Schätze der Bibliothek erhalten werden müßten, und jetzt, da sie wußten, daß das, was ihnen das Liebste war auf der Welt, vernichtet werden würde, da führten sie sich auf wie zwei Studenten nach einer sterbenslangweiligen Vorlesung. Plötzlich kam dem General die Erleuchtung, er verstand: Debattieren, Ideen gegeneinanderstellen, nach der Wahrheit suchen, das war nicht nur aufreibende und farblose Mühsal todernster Gelehrter, das war auch Spielerei, Spiel des Geistes, wie die Liebe ein Spiel der Körper war.

«Wenn ihr beide so weitermacht, rufe ich jetzt sofort Hypatia. Die wird euch schon zur Vernunft bringen. Wo ist sie überhaupt?»

«Im Frauenbad», antwortete Rhazes scharfzüngig. «Wenn sie nicht liest und nicht schreibt, dann ist sie im Badehaus. Ich beklage die gute alte Athener Zeit, da die Damen zu derlei Häusern keinen Zutritt hatten.»

«Dort will ich sie auf keinen Fall abholen», rief Amr

entsetzt aus. «Nach der Einnahme von Heliopolis – aber kein Wort darüber zu meinen Gemahlinnen, solltet ihr ihnen zufällig eines Tages begegnen! –, da also beschloß ich, in ein Badehaus für Frauen zu gehen, in der Annahme, dieses sei eines jener gastlichen Häuser, wo ein siegreicher Krieger gern Entspannung sucht. Zwei riesige Matronen packten mich an den Schultern, und schon rollte ich die ganze Treppe hinunter. Fast hätten sie mir noch einen Tritt in den Hintern verpaßt! Da fehlte nicht viel! Und das mir, der ich zwei Tage zuvor mit gezücktem Säbel auf meinem von Schweiß und Blut triefenden Roß die Tore ihrer Stadt aufgebrochen hatte! Mir blieb nichts anderes übrig, als in einem der anderen zahllosen Bäder der besiegten Stadt in ein albernes Planschbecken zu steigen. Das war vielleicht langweilig! Nur Männer! Ein Schwitzbad – da ging's mir wie meinem getreuen Schlachtroß. Ihr habt es vielleicht gesehen, es ist nicht sonderlich schnell, aber robust und tapfer. Ein Rappe, mit einer weißen Strähne auf der Stirn.»

«Wunderbar, Amr, wunderbar, mein Sohn!» lachte Philoponos und wischte eine Träne weg, die aus seinen fahlen Augen über die tiefen, faltigen Augenringe zu den spitzen Backenknochen hin rann. «Das Lachen ist eben doch eine verläßlichere Rüstung als der robusteste eherne Harnisch. Schenk dir noch ein Glas ein.»

«Aber nur noch eines, denn wie der Prophet sagt, wird uns der Wein, den wir hier unten trinken, in Seinen ewigen Gärten vom Lohne abgezogen werden. Doch ich bin noch nicht fertig mit den Bädern von Heliopolis. Während ein nubischer Sklave mir mit einer teuflisch harten Bürste den Rücken aufrauhte, kam mir eine Idee. Um den Schmerz zu vergessen, malte ich mir warme Bäder in den Oasen, in Medina, in Mekka, in den Häfen des Meeres von Oman aus … Und Gemächer, in denen man schlafen, Tische, an denen man sich stärken, und einen Markt, wo man Erzeugnisse aus allen Himmelsrichtungen tauschen kann … Das wäre höchst ertragreich! Was hältst du von dieser Idee, Rhazes?»

«Ich denke, daß die Kinder Ismaels wirklich die Brüder der Kinder Israels sind! Nur, sag mir, wie würde man in deinen warmen Bädern denn das Wasser heiß machen? Indem man Bücher verbrennt?»

Tiefes Schweigen senkte sich herab. Vor lauter Scherzen und Witzeleien hatten die drei Männer fast die Bedrohung vergessen, die auf der Bibliothek lastete. Zumindest hatten sie sie für kurze Zeit verdrängt. Doch sofort setzte Amr wieder seine ernste und überhebliche Kriegsherrnmiene auf.

«Ich führe deinen letzten Syllogismus zu Ende, Rhazes: Jeder Kalif ist ein Fels, folglich kann jeder Kalif zerschlagen werden. Ich fürchte nur, daß es einen geeigneten Zeitpunkt dafür gibt und dieser Zeitpunkt noch nicht gekommen ist. Nur ungern bekenne ich es euch, meinen besiegten Freunden, aber es wäre verfrüht. Nach Mohammeds Tod hat Arabien schreckliche Bürgerkriege erlebt, der Bruder kämpfte gegen den Bruder, der Sohn warf seinen Vater ins Gefängnis, überall tauchten falsche Propheten auf, die das Volk zu blutigen Auseinandersetzungen anstachelten … Omar hat es verstanden, uns zu einen, und darin liegt sein Verdienst. Er hat es fertiggebracht, uns in den Heiligen Krieg zu schicken. Wollte ich ihn jetzt beseitigen, würden all diese Greuel von vorne beginnen, und die Geschichte würde mich dafür verantwortlich machen. Das aber will ich nicht. Ich will nicht, daß mein Name und der meiner Ahnen besudelt wird mit dem unauslöschlichen Makel der Wörter ‹Verräter an Gott und seinem Volk›.»

«Alexandria ist nicht der Feind der Araber, Amr», sagte Philoponos. «Ein jeder hier erhofft sich von deiner Anwesenheit die Befreiung aus byzantinischem Joch und persischer Bedrohung. Wir danken dir, großmütiger Sieger, daß du deinen Soldaten Plünderungen und Vergeltung verboten hast. Doch wenn ihr die Bibliothek zerstört, dann zerstört ihr das Herz Alexandrias. Dann wird sich das Volk wie ein Mann gegen euch stellen, wie auch schon in der Vergangenheit, als es gegen andere Tyrannen, gegen andere Eroberer aufbegehrte. Deine Religion wird ihren Einfluß erst ausweiten können, wenn sie das Wertvollste aus griechischem, römischem, christlichem und jüdischem Erbe bewahrt haben wird. Erst wenn ihr Weltoffenheit beweist, werdet ihr euch an die Spitze setzen können, dann könnt ihr mit den Völkern auf der ganzen Welt Austausch pflegen und werdet dann diejenigen sein, die zu neuen Erkenntnissen in Mathematik, Naturwissenschaften und Philosophie gelangen. Behandelt ihr aber alle Ungläubigen wie Feinde, bekämpft ihr mit Haß jeden, der nicht denkt wie ihr, dann werdet ihr auch eure Frauen wie Vieh behandeln, und dann brechen düstere Zeiten für den Islam an.»

«Auch das habe ich Omar geschrieben. Aber du hast mir gerade da etwas deutlich gemacht, Philoponos. Ist das die Methode des geistigen Geburtshelfers, die von diesem Sokrates, von dem du mir so viel erzählt hast? Ja, jetzt hab ich's begriffen ... Nicht die Bücher will der Kalif zerstören, mich will er vernichten. Die ununterbrochene Reihe meiner Siege hat mich berühmt und beliebt beim Volk gemacht, von Maskat über Medina bis Jerusalem. Und Omar befürchtet, daß ich das ausnützen könnte, um ihn zu stürzen. Wie wenig er mich doch kennt! Wenn ich auch Heerführer bin, so liegt mir doch nichts an der Macht! Und das Kalifenamt könnte ich gar nicht anstreben, denn der Prophet selbst hat uns deutlich gemacht: Dieses Amt gebührt einem Gottesmann und keinem Krieger. Bei uns sind die Soldaten nur der bewaffnete Arm eines Körpers, dessen Kopf der Kalif und dessen Seele GOTT ist. Ja, ich bin ein ehrlicher Mann. Aber ich bin auch ein Esel. Um bei meinen gebildeten Freunden in Medina und Mekka Eindruck zu schinden, habe ich ihnen all eure schönen Geschichten erzählt. Mein Volk lechzt doch nach solchen Geschichten! Und Omar wird geglaubt haben, ich schmiede ein Komplott! Wie töricht ich bin! Es war auch töricht, ihm von diesen Büchern zu erzählen. Hätte ich kein Wort darüber verloren, hätte es ihn nicht gekümmert. Indem er mir befiehlt, sie zu vernichten, will er meinen Gehorsam auf die Probe stellen. Wenn ich mich weigere, läßt er mich ab-schlachten wie einen Verräter. Wenn ich mich unter-werfe, wird die Schmach der Ermordung eines Jahrtau-sends von Denkern mich treffen – mich allein! Ich bin verloren …»

«Sei doch nicht so feige, General! Du redest von Tapferkeit, Ehre und Treue, und kaum kommt der Augenblick, wo du wählen müßtest zwischen deinem Schicksal und deinem Ruf, da entscheidest du dich für die Flucht. Und so willst du mir gefallen?»

Hypatia stand vor ihnen, schön und schrecklich an-zusehen. Langes weißes Kleid, schweres schwarzes Haar, gefaßt in ein perlenbestecktes Diadem – Pallas Athene, hätte man meinen können. Mit funkelndem Blick gab sie Philoponos und Rhazes zu verstehen, daß es Zeit für sie sei, sich zurückzuziehen. Der alte Philosoph und der stürmische Arzt vermochten nichts mehr gegen die Befehle des Kalifen. Mit einem letzten Achselzucken zogen sie ab, langsam, würdevoll, steif, wie zwei Statuen.

Der Blick, den Hypatia Amr jetzt zuwarf, war unzweideutig.

Die Badehäuser

Nur eine Woche verstrich zwischen dem Tag, da Amr ibn al-As den Befehl zur Zerstörung der Bibliothek erhalten hatte, und jenem Augenblick, da der Statthalter, ein Vertrauter des Kalifen Omar, in Alexandria eintraf. Die Zeitspanne war zu kurz, um den General des Aufruhrs zu bezichtigen. Der Kalif hatte sich einen anderen Vorwand ausgedacht, um den allzu populären Emir eine Zeitlang kaltzustellen, da er befürchtete, ein Akt offensichtlicher Gehorsamsverweigerung von seiten des hochangesehenen Feldherrn des ägyptischen Heeres würde eine Kettenreaktion bei den in Syrien und Palästina stationierten Besatzungstruppen nach sich ziehen. Daher entschied er kurzerhand, Amr habe durch seine Briefe an Freunde in Medina und Mekka einen schweren Vertrauensbruch begangen und Staatsgeheimnisse verraten. So würde niemand die Ablösung des Generals bekritteln können, nicht einmal der Beschuldigte selbst.

Amr wurde in der Tat, wie er es schon vorhergesehen hatte, in seinen eigenen Gemächern im Palast unter Hausarrest gestellt. Ein goldener Käfig, in dem er jedoch voller Bitterkeit sein politisches Ungeschick beklagte. Das einzige, was er nie bereuen würde, war, dem Befehl Hypatias gehorcht zu haben. Als einer seiner Soldaten ihm mitgeteilt hatte, der von Omar ernannte Statthalter stehe bereits vor den Toren der Stadt und habe eine schlagkräftige Eskorte dabei, da hatte der Eroberer Alexandrias zu seinen Freunden gesagt: «Diesmal ist's wirklich aus. Ein paar Stunden lang kann ich diesen Mann noch zurückhalten. Trommelt eure Leute zusammen, und rettet die Bücher, die gerettet werden müssen.»

«Alle müssen gerettet werden!» schrie Hypatia.

«Dazu ist leider keine Zeit mehr, liebe Nichte», seufzte Philoponos. «Wenn das Haus brennt, muß man entscheiden, was man mitnimmt.»

Philoponos und Rhazes machten sich ans Werk. Welche Bücher sollte man retten? Es zerriß einem das Herz, einige wenige auszuwählen und die vielen anderen zu opfern. Das wäre ohnehin die Mehrzahl. Amr hatte angeboten, die Bücher in seinen Gemächern gleich neben dem Museion vorübergehend zu lagern. Hypatia hatte ihm nämlich eine Geheimtür gezeigt, durch die die Bibliothekare einst zu jeder Tages- und Nachtzeit ihre Arbeitsstätte erreichen konnten. Niemand würde den General verdächtigen, hier zu verstecken, was ihm zu vernichten befohlen war. Und niemand würde es wagen, hier herumzuschnüffeln, nicht einmal der Gesandte des Kalifen.

Was also auswählen? Als erstes mußte auf die Schriftstücke verzichtet werden, von denen zumindest eine Kopie in irgendeiner anderen kaiserlichen Bibliothek der östlichen oder westlichen Welt vorhanden war. Aber abgesehen von Konstantinopel, wußte man doch gar nichts Genaues. Rom war so oft von Barbaren in Schutt und Asche gelegt worden, wer sollte da noch wissen, was es tatsächlich noch gab? Seit zwei Jahrhunderten waren die Bibliotheken der Stadt verschlossen wie Särge. Toledo war in Händen eines Westgotenkönigs, von dem hieß es allerdings, er sei den Künsten und der Literatur gegenüber sehr aufgeschlossen. Aber konnte man diesem Gerücht trauen? Alles übrige …? Gallien war Beute fränkischer Horden, um Pergamon rissen sich Byzanz und Persien, und es war vermutlich ein einziger Trümmerhaufen.

Philoponos und Rhazes einigten sich darauf, nur die wichtigsten der großen vorchristlichen Werke zu retten. Wer wußte schon genau, ob der Patriarch in Byzanz nicht auch die Schriften der Ungläubigen oder der Heiden zu vernichten die Absicht hatte? Philoponos übernahm also die Rettung von Platon, Aristoteles und Kallimachos, der von Konstantinopel neuerdings mit dem Bannfluch belegten Septuaginta, von Philon und einigen anderen. Rhazes übernahm Euklid, Archimedes, Eratosthenes, Hipparchos, Hero und auch ein paar andere. Sie zögerten kurz bei Ptolemaios, dem Geographen, und Galenos, dem Arzt … welches Los sollte denen zuteil werden? Tolerierte das christliche Dogma die beiden nicht? Sicherer war es jedoch, sie beide zu retten. Bei all diesen Konzilen wußte man nie so recht, welche Wandlungen das Christentum erfuhr.

Hypatia weigerte sich in jugendlicher Unnachgiebigkeit, an ihren Debatten und dieser Rettungsaktion teilzunehmen.

«Das Verbrechen ist dasselbe», erklärte sie, «ob es um ein verbranntes Buch geht oder um eine Million Schriftstücke! Wenn wir nur ein paar von ihnen retten, machen wir uns schon zu Komplizen der Mörder.»

Ohne ihnen noch Gelegenheit zu geben, sie umzustimmen, verließ sie den Raum.

«Herr, Herr, da sind sie!»

Ein Sklave kam durch die Wandelhalle gerannt, er war wie von Sinnen. Sofort rafften die beiden, was sie an Schriftrollen nur tragen konnten, und hasteten auf die Geheimtür zu Amrs Gemächern zu.

«Hypatia? Wo ist Hypatia?» fragte Rhazes besorgt.

«Ich sah sie zuletzt auf der Freitreppe des Museions», erwiderte der Sklave. «Sie wird sich wohl nach Hause geflüchtet haben.»

«Mein Stab? Wo ist mein Stab?» fragte jetzt Philoponos.

«Eure Nichte hatte ihn bei sich, Herr.»

Die Tür zu Amrs Gemächern fiel hinter ihnen ins Schloß, während unter dem ersten Peristyl bereits die Schritte der Soldaten widerhallten.

Hoch oben auf den Stufen vor dem Eingangstor der Bibliothek stand Hypatia. Sie schwang den schweren, kostbar verzierten Stab des Onkels und pflanzte ihn auf wie ein Wachposten seine Waffe. Als die Truppe dies sah, machte sie unten vor den Stufen halt. Ihnen war, als sei eine Marmorstatue plötzlich lebendig geworden.

«Niemand hat das Recht, bewaffnet den Tempel der Naturwissenschaft und der Kunst zu betreten!» schleuderte sie ihnen mit entschlossener Stimme entgegen.

«Die kenne ich», rief jemand. «Das ist die Hexe, die unseren General bezirzt hat. Verdammt sollst du sein!»

Ein Stein flog und traf Hypatia mitten auf die Brust. Sie stieß einen Schmerzensschrei aus und geriet aus dem Gleichgewicht. Nun hagelte es Steine, bis sie verschüttet war. Die Soldaten sprangen über sie hinweg und drangen in die Bibliothek ein.

Bis zum Einbruch der Nacht dauerte das Hin und Her. Die Bücher wurden auf Karren verladen und zu den viertausend Badehäusern der Stadt verfrachtet. Als das Museion endlich verlassen dastand, huschten Amr und Rhazes wie zwei Schattengestalten herbei und bargen den Körper der jungen Frau. Sie betteten ihn in den Gemächern des Generals. Der jüdische Arzt weinte, der ehemalige arabische Händler betete. Philoponos betrachtete versonnen seinen Stab, dann löste er einen kleinen Mechanismus aus, der unter dem Knauf versteckt war: Euklids Stab war innen hohl. Der alte Grammatiker zog vier vergilbte Schriftrollen heraus und glättete sie. Trotz ihrer strikten Weigerung hatte Hypatia in diesem Versteck, das ihr Onkel ihr einst verraten hatte, einiges in Sicherheit gebracht: Auszüge von Aristarchos' *Entfernung der Sonne und des Mondes* und vor allem seiner *Hypothese*, dieser häretischen Schrift, in der der Astronom zu behaupten wagte, die Erde sei nicht der Mittelpunkt des Alls, sondern nur ein kleiner, sich um die Sonne drehender Planet. Johannes Philoponos, der Christ, hätte sich niemals zur Rettung dieses abwegigen und somit nutzlosen Werks entschlossen. Aber da Hypatia es so gewollt hatte … Er schob die Rollen in ihr Versteck zurück, verschloß es sorgfältig und ging niedergeschlagen von dannen. Noch eine Weile sollte dieser Stab ihn stützen.

Sechs Monate lang speisten die Bücher der Bibliothek von Alexandria die Öfen der städtischen Badehäuser. Die Beduinen hatten Geschmack gefunden an diesen warmen Bädern, die Entspannung und neue Kräfte verliehen.

Philoponos überlebte den Tod seiner Nichte und die Zerstörung der Bibliothek nicht mehr lange. Wie es heißt, verschied er an seinem hundertsten Geburtstag. Euklids Stab hatte er Rhazes vermacht. Dieser wurde Leibarzt, Ratgeber und Vertrauter von General Amr. Wenige Monate nach diesen Ereignissen brachen sie miteinander nach Arabien auf, nachdem sie erfahren hatten, der Kalif Omar sei in der Moschee von Medina von einem mesopotamischen Sklaven ermordet worden. Während sie sich noch auf Reisen befanden, griff die Flotte von Byzanz Alexandria an und nahm die Stadt wieder ein. Daher setzte der neue Kalif Amr unverzüglich wieder in sein Amt als Oberbefehlshaber von Ägypten ein, Byzanz' Truppen wurden wieder in die Flucht geschlagen, und die erste Friedenshandlung des ruhmreichen Soldaten Allahs bestand darin, daß er seinen Arzt zum Bibliothekar des Museions ernannte – zumindest dessen, was davon noch übrig war.

Eines schönen Tages brach Amr dann, wie stets in Begleitung seines jüdischen Freundes, von dem er sich nie trennte, an der Spitze seiner Truppen im Namen des Barmherzigen zu neuen Eroberungen in den Ländern von Sonnenuntergang auf. In Erinnerung an das unauslöschliche Licht des Leuchtturms verfügte er, die Architekten sollten sich von diesem großartigen Bauwerk inspirieren lassen und den Moscheen Türme verleihen. Denn von dort oben würde der Muezzin in Zukunft die verirrten Seelen zum Licht des wahren Glaubens führen und die Getreuen zum Gebet aufrufen. Hieß es denn nicht in Sure XXIV, *Allah ist das Licht der Himmel und der Erde. Sein Licht ist gleich einer Nische, in der sich eine Lampe befindet; die Lampe ist in einem Glase und das Glas gleich einem flimmernden Stern?*

Und so kam es, daß der Islam über seinen Bauwerken Minarette erblühen ließ, unzähligen Leuchttürmen gleich.[25]

Epilog

Ein Spazierstock für Nikolaus

Sechs Pferde hatten Mühe, das schwere Gefährt über die Berge in Richtung Nürnberg zu ziehen. Auf schwarzem Grund prangte das Wappen des Bischofs von Ermland. Ein mit Reisekoffern und Bündeln beladener leichterer Wagen rollte hinterher. Vor zwei Monaten hatte man Rom verlassen, an den ersten Frühlingstagen im Jahre des Herrn 1504. Nikolaus hatte es nicht eilig, seinen Platz im Domkapitel von Frauenberg wieder einzunehmen. Daher fuhr er gemächlich über Land.

Bei dieser langsamen Reise wurde es dem polnischen Kanonikus wieder leicht ums Herz, wie damals, als er mit Begeisterung Mathematik und Astronomie studierte und unbekümmert und fröhlich in die Welt blickte. Bei seinem Aufenthalt in Ferrara hatte er nämlich einen seiner Studienfreunde von der Jagellonen-Universität in Krakau wiedergetroffen, den Dr. Johannes Faust, den er dann auch gleich eingeladen hatte, mit ihm nach Polen zu reisen. Dieses Wiedersehen war nicht rein zufällig zustande gekommen. Faust, der rund zehn Jahre früher mit Vasco da Gama über die Meere gefahren war, hatte sich in Indien abgesetzt und war allein weitergereist bis nach China. Dann hatte er kehrtgemacht. In Venedig, wo er eine Erbschaftsangelegenheit zu regeln gehabt hatte, erfuhr er plötzlich, sein Jugendfreund halte sich ebenfalls in Italien auf, allerdings in einer rein kirchlichen Angelegenheit. Überwiegend kirchlich ... zumindest. Und so hatten

sich die beiden fröhlichen Gesellen von einst in Ferrara wiedergefunden.

Auf dieser eintönigen Reise hatte Johannes, der ja
viel mehr gesehen hatte als Nikolaus, natürlich auch
viel mehr zu erzählen. Und so kam er eines Tages auch
auf den Brand der Bibliothek von Alexandria zu sprechen, da er sich in dieser Stadt eine Weile aufgehalten
hatte. Die ehemalige Hochburg der Ptolemaier sei inzwischen nur mehr ein mehr oder weniger verlotterter
großer Marktplatz. Den Leuchtturm hatte das Erdbeben von 1303 zu Fall gebracht, und den Rest hatten
die Wasser besorgt. Das Museion sei der Dummheit der
Menschen zum Opfer gefallen, ob sie sich nun christliche Kreuzritter oder Soldaten Mohammeds nannten.

Diesen Bericht hatte Faust einer *Geschichte der exakten
Wissenschaften im Orient* entnommen, dem Werk eines
arabischen Schriftstellers namens Ibn al-Kifti. Auf dem
Rückweg seiner Weltreise hatte er diesen Text in der
Bibliothek von Konstantinopel aufgestöbert, das die
osmanischen Besatzer ein halbes Jahrhundert zuvor in
Istanbul umgetauft hatten. Das Wesentliche aus diesem
Werk erzählte er Nikolaus.

Die beiden Freunde hatten erheblichen Zweifel am
Wahrheitsgehalt dieses Berichts, der lange nach der
Einnahme Alexandrias durch die Araber verfaßt worden war. So beteuerte dieser Ibn al-Kifti beispielsweise,
Kalif Omar habe von Bagdad aus regiert, was völlig un-
möglich war, da es diese Stadt in den Jahren um 640
nach Christus, zum Zeitpunkt der berichteten Ereignisse also, noch gar nicht gab. Aber da war noch ein
anderes Verdachtsmoment: Der Autor dieser Gelehr-
tengeschichte gehörte zu jener muslimischen Sekte,
die sich *Schiiten* nannten, einer Sekte, die die drei Kalifen, die auf Mohammed gefolgt waren, für Usurpato-

ren hielt. Angefangen bei Omar, der – wie sie behaupteten – beim Tode des Propheten das Manuskript der letzten Suren vernichtet habe.

Mit der Beschuldigung, dieser Mann habe die große Bibliothek niedergebrannt, schwärzte Ibn al-Kifti auf ewig das Andenken des ersten Befehlshabers der Gläubigen, dessen Anhänger, die *Sunniten*, ihn doch ganz im Gegenteil als den größten Eroberer des triumphierenden Islam feierten, als überaus frommen Herrscher und geschickten Diplomaten.

«Der arme Omar!» sagte Nikolaus mit einem komischen Seufzer. «Sein Ruf ist also auf immer und ewig beschädigt. Denn wenn das, was du mir erzählt hast, stimmt, dann dürfte die christliche Kirche des Orients nach Kenntnis dieser Geschichte ihn ihrerseits auch ganz schön ... gepiesackt haben. Omar ... gepiesackt! Gepiesackt! ... Wie gefällt dir das, Johannes?»

«Mein lieber Kanonikus», erwiderte Faust, «dein Fall ist wirklich tragisch. Fünfzehn Jahre Studium und Priestertum haben dich offensichtlich noch immer nicht geheilt von deiner Manie, mit Wörtern dumme Späße zu treiben. Aber das Schlimmste bei dir ist, daß du deine fürchterlichen Kalauer immer dreimal wiederholen zu müssen glaubst, aus Furcht, dein Gegenüber könnte die Pikanterie überhören!

Ja, die schiitischen Abweichler jener fernen Zeit hatten in der Tat, indem sie Omar beschuldigten, der orthodoxen Kirche unabsichtlich eine viel zu schöne Gelegenheit geliefert. Während man im Westen die Heldentaten Karls des Großen und Rolands besang, die über die ‹ungläubigen Sarazenen› triumphiert hatten, über diese Kerle mit der höllenschwarzen Haut, der krummen Nase und der verschlagenen Intelligenz, da wiederholte man unablässig im belagerten Konstantinopel, die sektiererischen Horden Mohammeds hätten ein Jahrtausend des Wissens, wenn nicht gar mehr vernichtet. Omar halste man es auf, dieses nicht zu sühnende Verbrechen.»

Nikolaus vergaß, daß er ein Kirchengewand trug, denn er sagte: «Eine willkommene Gelegenheit auch, um die Massaker an den Juden und die Zerstörung der Götterbilder zu vertuschen, die dieser Grobian von heiligem Theophilos begangen hatte und nach ihm sein Bastard Kyrillos, beide Bischöfe von Alexandria, beide mit Heiligenschein und kanonisiert. Oder glaubst du, Faust, daß diese Fanatiker sich mit der Zerstörung des Serapis-Tempels begnügt haben? Der Onkel und sein angeblicher Neffe hätten doch geradezu überkorrekte Inquisitoren abgegeben. Warum soll der heilige Kyrillos nicht der Versuchung erlegen sein, noch vor den Muslimen die Fackel an die Bibliotheksregale zu halten?»

«Ihr Christen, lieber Nikolaus, habt in der Tat schon lange Erfahrung mit Scheiterhaufen. Ein merkwürdiger Brauch, dessen glorreiche Erfinder vielleicht wirklich Kyrillos und Theophilos waren. Die Zerstörung der Bibliothek wurde immer wieder geschildert und den verschiedensten Parteien und Herrschern angelastet, nicht um der wahrheitsgetreuen Chronik des Gebäudes willen, sondern um als politisches Pamphlet herzuhalten. Ich glaube daher, daß es sinnlos ist, dem Brandstifter einen Namen geben zu wollen; was tut's, ob er nun Caesar, Theophilos, Kyrillos oder Omar heißt? Wenn die Bücher verschwanden, als die Araber Alexandria einnahmen, dann ist doch der Krieg der einzig Schuldige! Fahrlässige Tötung, gewissermaßen. Außerdem haben ja Averroës, Avicenna und so viele andere muslimische Geistesgrößen Euklid und Aristoteles, Platon und Ptolemaios, Eratosthenes und Galenos wohl kaum aus einem Haufen Asche neu entdeckt und in ihre Sprache übersetzt. Denn du weißt ja genausogut wie ich, du errätst, wie ich es von Ispahan bis Bagdad immer wieder hörte: Aus diesen Beduinen, diesen Männern der Wüste, ihren Nachkommen und aus den von ihnen unterworfenen Völkern gingen doch bald schon Astronomen, Mathematiker, Philosophen und Geographen hervor, die sich ebenfalls als Übersetzer und Nachlaßverwalter des Wissens der Antike verstanden. Während das Christentum sich mit recht zweifelhafter Lust der todbringenden Erwartung des Endes der Zeiten hingab, bauten die ‹Ungläubigen›, wie ihr sie nennt, geduldig die Ruinen des Denkens wieder auf – ein Denken, das eure Könige, eure Priester und eure Pestepidemien mit wilder Wut zerstört hatten. Wir anderen aber, die Eingeweihten, die Hüter des echten Wissens, wir behutsamen Vermittler zwischen euren beiden Sekten, die uns alles verdanken, wir hielten euch voller Bescheidenheit ihre Arbeit hin, die ihr schleunigst auf eure Scheiterhaufen warft. Dabei war es uns nur darum gegangen, euch ein wenig Licht zu bringen. Euer Dank dafür war Feuer und Blut. Und diejenigen von euch, die es wagten, Kenntnis zu nehmen von dem, was wir ihnen darbrachten ... gestatte mir, daß ich beweine, was diesen Gerechten geschah: Abälard wurde kastriert, Beckett erdolcht und Pico della Mirandola vergiftet.»

«Wir, ihr, sie ... Du machst es dir leicht, Johannes», murmelte Nikolaus ablehnend. «Mein Vater war nur ein einfacher Händler in Thorn. Und sein Leben lang hat er nichts anderes verbrannt als die armseligen Schuldscheine seiner noch armseligeren Schuldner, um ihnen wenigstens diese Last zu nehmen. Inwiefern sollte er beteiligt gewesen sein an den Verbrechen eines Theophilos, Kyrillos, Dominikus, Torquemada oder einer Isabella von Kastilien, die man die Katholische nennt? Und ich, müßte ich etwa auch für jene geradestehen? Und wenn ich Kinder hätte, würdest du die etwa auch zur Buße zwingen, bis ins letzte Glied?»

Die Freunde schwiegen sehr lange, keiner wagte den anderen mehr anzublicken, während das schaukelnde Gefährt die Hügel hinunterrollte. Die Pferde schnaubten, und der Kutscher brüllte Zotiges, um sie anzufeuern. Faust strich sich mit seiner schmalen, sonnengebräunten Hand durchs ebenholzschwarze Haargewirr und sagte schließlich: «Eines habe ich auf all meinen Reisen gelernt: Man muß dem anderen, dem Fremden, zuhören, muß in ihm lesen, dem Fremden. Muß ihn verstehen. Das muß uns zur Gewohnheit werden, Nikolaus, das müssen wir uns zur obersten Regel machen! Wie das griechische Sprichwort sagt: Nimm den Fremden freundlich bei dir auf …»

«Nimm den Fremden freundlich bei dir auf, denn auch du wirst eines Tages ein Fremder sein», ergänzte Nikolaus.

Mittlerweile rollte der kleine Treck schon durch das Tal, an dessen hinterem Ende wie auf einem Felssporn Nürnberg thront. Sie ließen in der Nähe eines schönen Hauses anhalten, zu dessen Linken das des Buchdruckers Froben und zu dessen Rechten das des Malers Dürer steht.

«Hier werden wir uns jetzt trennen, Nikolaus», sagte Faust. «Mein großer Bruder Martin Behaim erwartet mich. Ich freue mich schon auf seine Begeisterung, wenn ich ihm diese Karte von China überreichen werde, die mein Freund Chu Su Pen, Bürger von Hangtschou, der größten Stadt der Welt, für mich gezeichnet hat. O je, beinahe hätte ich's vergessen, alter Kumpel! Hier, mein Geschenk für dich: ein geschnitzter und schön bearbeiteter Spazierstock. Nein, nicht der Bacchusstab, aber ein Kunstwerk von beachtlichem Wert. Ich bekam es von einem Freund, einem Grammatiker in Bagdad, der sich rühmt, ein Abkömmling des Astronomen Al Battani zu sein. Dir zu Nutz und Frommen!»

«Du willst mir doch wohl nicht einreden, Johannes, dein Geschenk sei Euklids Schattenstab, von dem du mir stundenlang erzählt hast. So naiv bin ich nicht, mein Lieber.»

«Habe ich denn dergleichen gesagt?»

«Natürlich nicht. Aber man darf ja träumen!» rief Kopernikus lachend aus. «Sieh an, der Stock klingt hohl. Sollte vielleicht doch ein unbekannter Schatz darin versteckt sein?»

«Du wirst schon sehen, mein Freund, du wirst schon sehen.»

«Nur noch ein Wort, bevor du verschwindest, mein guter Faust: Sei ehrlich, was meinst du, wer die Bibliothek von Alexandria verbrannt hat?»

«Das Feuer, Nikolaus, das Feuer, ganz einfach. Warum nicht das Feuer des Leuchtturms, als er einstürzte an jenem Tag, da die Erde ein wenig stärker bebte als gewöhnlich? Das Feuer und die verstreichende Zeit – die verschlingt doch mehr als alle Feuer zusammen. Das erzählte zumindest einst der andalusische Reisende Ibn Battuta. Ein Muslim, der bis nach China reiste.»

Ein Stallbursche stellte einen kleinen Schemel bereit, doch Faust lehnte ab. Mit einem Satz sprang er auf das hölzerne Straßenpflaster und knallte die Tür mit dem Wappen des Bischofs von Ermland hinter sich zu. Ein paar Schritte noch bis zum Haus seines Bruders, dann hielt seine mächtige, leicht gebeugte Gestalt urplötzlich nochmals inne. Ohne sich umzuwenden, hob er einen Arm, der riesig wirkte, winkte mit der Hand zum Abschied, hoch hinauf gegen den Himmel, als wollte er die Sonne herunterholen. Laut schallend rief er:

«Friede sei mit dir, Nikolaus Kopernikus!»

Nachwort

Sie haben einen Roman gelesen, keinen historischen Essay. Aus diesem Grund werde ich auch nicht die (zahlreichen) Quellen zitieren, aus denen ich geschöpft habe, und auch keine Bibliographie erstellen. Viele Anregungen erhielt ich – und deswegen sei es auch hier erwähnt – aus Luciano Canforas Buch *Die verschwundene Bibliothek.*

Neugierige Leser werden sich trotz allem fragen, wieviel historische Realität in den fiktiven Roman eingeflossen ist. Für sie ist der Anhang gedacht. Die Gelehrtenbiographien sind eine Kurzfassung derer, die man in allen guten Enzyklopädien finden kann. Anhand der Zeittafeln von Königen und Gelehrten läßt sich parallel die Chronologie der politischen Ereignisse und der Personen ablesen. Die ‹gelehrten Fußnoten› sind für die Liebhaber von Geometrie und Astronomie gedacht. Neben einigen wegweisenden Entdeckungen der alexandrinischen Gelehrten finden sich hier auch einige Anmerkungen für den Laien.

Abgesehen von diesen wenigen ‹Wegmarken›, die (fast) alle Historiker anerkennen, muß auch hier daran erinnert werden, daß keine historische ‹Wahrheit› über jene fernen Zeiten wirklich gesichert ist. Es gibt unzählige Berichte über die Bibliothek von Alexandria und die Personen, die in irgendeiner Weise mit ihr verbunden waren, aber die meisten dieser ‹Zeugenaussagen› entstanden viel, viel später. Außerdem lastete auf den Historikern der Vergangenheit der ganz erhebliche Druck von Ideologien, so daß ihre Art der Geschichtsschreibung gar nicht so objektiv ausfallen konnte, wie es heute bei Wissenschaftshistorikern üblich ist. So beschuldigten die Feinde Roms Caesar, die Bibliothek niedergebrannt zu haben, während andere dieses abscheuliche Verbrechen den Arabern, den Byzantinern oder den Christen anlasteten.

Eine solche ungesicherte historische Realität läßt dem Romanschreiber gewisse Freiheiten … Eine Freiheit, die ich weidlich ausgenutzt habe! Haben die Figuren des Romans wirklich existiert? Die Antwort ist «Ja», mit Ausnahme jener Hypatia des VII. Jahrhunderts, die in meiner Darstellung großen Einfluß hat auf die endgültige Entscheidung des Emirs Amr. Sehr unwahrscheinlich ist jedoch, daß der christliche Philosoph Johannes Philoponos, der den Historikern und Philologen als unermüdlicher Kommentator des Aristoteles wohlbekannt ist, bei der Erstürmung von Alexandria noch am Leben war und mit Amr Gespräche führen konnte, wie es Ibn al-Kifti (1172–1248) in seiner *Geschichte der exakten Wissenschaften im Orient* behauptet. Andere Quellen nennen als Amrs Gesprächspartner einen gewissen Johannes, jakobitischer Patriarch von Syrien, und als weiteren Teilnehmer einen jüdischen Arzt namens Philaretus. Aufgrund der historischen Ungewißheiten habe ich lieber al-Kiftis ‹romantische› Version ausgesponnen und den verehrungswürdigen und authentischen Philoponos in Szene gesetzt. Und den Juden Philaretus habe ich in Rhazes umgetauft, um einem großen persischen Arzt zu huldigen, der ein Jahrhundert nach diesen Ereignissen lebte …

Was nun die Gelehrten und Philosophen anbetrifft … auch da habe ich einige Episoden ihres Lebens nach Herzenslust erfunden. Daß man so gut wie nichts

260

über die Biographie eines Euklid, eines Hipparchos und eines gewissen Klaudios Ptolemaios weiß, soll zu meiner Entlastung dienen. Geblieben sind nur ihre atemberaubenden Werke, zumindest teilweise, und das genügt, um sie unsterblich zu machen.

Gewisse Personen untereinander zu verbinden, indem ich mich auf einfache Zeit- und Ortsgleichheit stützte, hat mir ebenfalls Vergnügen bereitet. Ein Beispiel: Es scheint zwar gesichert, daß Aristarchos von Samos wegen seiner Behauptung, die Erde drehe sich um die Sonne, der Häresie beschuldigt wurde, doch daß Archimedes persönlich ihn verteidigt hätte, ist reine Fiktion meinerseits. So habe ich auch die Begegnung zwischen dem zukünftigen Imperator Mark Aurel und dem Astrologen Klaudios Ptolemaios erfunden, obwohl sie hinsichtlich der Daten *hätte stattfinden können*, als der römische Konsul Ägypten besuchte.

Kurzum, es wäre lähmend langweilig und höchst prosaisch gewesen, eine genaue Liste dessen, was «wahr» ist, und dessen, was ich «erfunden» habe, zu erstellen. Es soll genügen, wenn ich sage, daß ich mich bei der Auswertung der mir zur Verfügung stehenden historischen Bruchstücke stets bemüht habe, das Romanhafte *plausibel* darzustellen.

Anhang

Figuren

EUDOXOS VON KNIDOS (um 390–340 v. Chr.)

Schüler Platons, Astronom und Mathematiker, der erste, der das von seinem Lehrer aufgeworfene kosmologische Problem beantwortete: ein System von Kreisbewegungen zu finden, das die augenscheinliche Bewegung der Planeten abbildet. Er nutzte seine astronomischen Beobachtungen, um die geographischen Breitengrade von Knidos (in Karien) und Heliopolis (in Ägypten) zu bestimmen. Wir verdanken ihm auch die präzise Berechnung des Jahres: 365 Tage und ein Viertel. Verfasser einer Abhandlung über Geographie, vermutlich mit Karten, und einer über die Sterne.

ARISTOTELES (384–322 v. Chr.)

Setzte als Schüler Platons das Modell der Akademie fort, indem er in Athen das Lykeion gründete, eine Schule, an der Philosophie und Naturwissenschaften gelehrt wurden. Sein enzyklopädisches Werk hatte gewaltigen Einfluß, nicht nur auf die Intellektuellen, sondern auch auf die Akteure der Geschichte: Von 343 an war Aristoteles der Erzieher und Lehrmeister Alexander des Großen. Seine «technischen» Schriften *(Physik, Meteorologie)* kennzeichnen die Geburtsstunde der griechischen Naturwissenschaft.

DEMETRIOS VON PHALERON (um 350–283 v. Chr.)

Schüler am Lykeion des Aristoteles. Von 317 bis 307 favorisierte er als Statthalter über Athen die Erweiterung des Lykeions. Des Landes verjagt, flüchtete er zu Ptolemaios I. Soter nach Alexandria, wo er den Anstoß gab zur Gründung des Museions und der Bibliothek. Unter Ptolemaios II. Philadelphos fiel er in Ungnade.

ZENODOT AUS EPHESOS (um 320–240 v. Chr.)

Erster Vorsteher der Bibliothek von Alexandria und Herausgeber der ersten kritischen Ausgabe von Homers Gedichten.

ARAT VON SOLOI (um 315–240 v. Chr.)
Griechischer Dichter, in Kilikien geboren und in Makedonien gestorben, lebte lange Zeit in Athen, wo er Mathematik, Astronomie, Philosophie und Literatur studierte. Verfasser der berühmten *Phainomena*, jenes Gedichts über die Himmelserscheinungen, entlehnt einer Abhandlung von Eudoxos, das jahrhundertelang die Schriften der Astronomie beeinflußte.

EUKLID (wohl um 300 v. Chr.)
Einer der größten Mathematiker der Geschichte. Von seinem Leben weiß man nichts. Zwischen 323 und 285 soll er unter Ptolemaios I. Soter in Alexandria gelehrt haben. Die Krönung seines Werks waren die *Elemente*. Diese umfassende Synthese der mathematischen Erkenntnisse klassischer Zeit kann als Handbuch gelten für eine Gesamtschau methodischer Postulate und Definitionen. Darin findet sich vor allem auch das berühmte «fünfte Postulat», welches besagt, daß sich durch einen Punkt auf einer Ebene nur eine Parallele zu einer gegebenen Geraden ziehen läßt.

HEROPHILOS AUS CHALCEDON (um 330–250 v. Chr.)
Einer der größten Ärzte der Antike. Nach Studienjahren in Athen wirkte er als Arzt hauptsächlich in Alexandria am Museion unter Ptolemaios I. Soter. Er sezierte als erster Tiere und Menschen und nahm Vivisektionen vor an zum Tode Verurteilten. Er entdeckte den Blutkreislauf und die Rolle des Herzens, gab die erste anatomische Beschreibung von Gehirn und Eierstöcken, lehrte Geburtshilfe und das Ziehen von Zähnen.

ARISTYLLOS UND TIMOCHARIS (3. Jh. v. Chr.)
Astronomen, Zeitgenossen von Euklid, die in Alexandria die Koordinaten einiger heller Sterne maßen. Ihre ca. 150 Jahre später von Hipparchos analysierten Daten ermöglichten diesem die Entdeckung der Präzession der Tagundnachtgleichen.

ARISTARCH VON SAMOS (um 310–230 v. Chr.)
Er stammte von der Insel Samos, lehrte aber in Alexandria in der Zeitspanne zwischen Euklid und Archimedes. Er erfand eine Methode zur Berechnung der Entfernung der Sonne und des Mondes, von der Erde aus gesehen. Lange vor Kopernikus entdeckte er als erster, daß die Erde sich um ihre Achse und um die Sonne dreht. Er wurde wegen dieser Theorie der Häresie angeklagt.

KLEANTHES AUS ASSOS (um 331–232 v. Chr.)
Griechischer Philosoph stoischer Tendenz, Schüler des Zenon aus Elea, Autor eines *Hymnus an Zeus*. Ankläger des Aristarchos von Samos bei dessen Prozeß wegen Häresie.

KALLIMACHOS VON KYRENE (um 310–240 v. Chr.)
Dichter und Grammatiker an der Bibliothek von Alexandria unter Ptolemaios II. Philadelphos. Einer der bedeutendsten Vertreter der alexandrinischen Poesie, vor allem bekannt als Autor der *Locke der Berenike.*

ARCHIMEDES (287–212 v. Chr.)
Geboren und gestorben in Syrakus, Sohn des Astronomen Phidias. Einer der ersten Gelehrten der Antike, der die von den Geometern und Astronomen erarbeiteten Theorien von der Bewegung auf die Konstruktion von mechanischen Geräten anwandte. Zu seinen Erfindungen gehören der Hebel und die Archimedische Schraube, diese Pumpe, um per Flaschenzug Wasser in die Höhe zu befördern. Vom Ruhm Alexandrias angelockt, reiste er zumindest einmal nach Ägypten und korrespondierte regelmäßig mit Konon von Samos, Dositheos und Eratosthenes, dem er sein Testament zukommen ließ. Er stellte sein Genie in den Dienst der Stadt Syrakus, für die er gefürchtete Kriegsmaschinen baute. Als die Römer die Stadt belagerten, wurde er von einem Soldaten getötet.

KONON VON SAMOS (um 280–220 v. Chr.)
In Samos geboren, dann Hofastronom unter Ptolemaios III.
Euergetes. Freund des Archimedes, mit dem er mathematische Gedanken austauschte. Autor von sieben Büchern zur
Astronomie, von Sammelbänden zur Sonnen- und Mondfinsternis, einer Abhandlung zu den Kegelschnitten und angeblicher Erfinder der Archimedischen Schraube. Soll auch
ein Sternbild benannt haben.

APOLLONIOS, DER RHODIER (um 295–230 v. Chr.)
Alexandrinischer Dichter und Grammatiker, Schüler von
Kallimachos und Autor des Epos *Argonautika*.

ERATOSTHENES AUS KYRENE (285–197 v. Chr.)
Universalgelehrter. Geboren in Kyrene (Libyen), Studium in
Alexandria und Athen, später Vorsteher der Bibliothek von
Alexandria. Ein Multitalent. Arbeiten zur Geometrie und
den Primzahlen, Messung des Neigungswinkels der Rota-
tionsachse der Erde, Erstellung eines Sternenkatalogs sowie
geographischer Karten. Erstaunlich exakt war seine Messung
des Erdumfangs.

APOLLONIOS VON PERGE (um 262–200 v. Chr.)
Mit Euklids Schule verbundener Mathematiker und Astronom, Autor eines grundlegenden Werkes über die Kegel-
schnitte.

ARISTOPHANES VON BYZANZ (um 257–180 v. Chr.)
Grammatiker und Kritiker, Nachfolger von Zenodotos, Leiter des Museions und der Bibliothek von Alexandria um
195.

ARISTARCH VON SAMOTHRAKE (um 220–143 v. Chr.)
Schüler und Nachfolger des Aristophanes von Byzanz. Autor
des *Alexandrinischen Codex* (in dem griechische literarische
Werke ihrem Rang entsprechend geordnet sind) und kriti-
scher Schriften zu Homer.

HIPPARCH AUS NIKÄA (um 180–125 v. Chr.)
Astronom aus Nikäa (dem heutigen Isnik, Türkei), gestorben auf Rhodos. Die Kenntnis seiner Werke verdanken wir Ptolemaios. Begründer der Positionsastronomie. Er erstellte exakte Tafeln der Bewegung von Mond und Sonne, entdeckte das Vorrücken der Tagundnachtgleichen, schrieb das erste Fixsternverzeichnis, in dem er sie nach Größenklassen ordnete, je nach ihrem Helligkeitsgrad. Er legte ferner die Grundlagen der sphärischen Trigonometrie und erfand die stereographische Projektion für Kartographie.

HYPSIKLES VON ALEXANDRIA (um 180–120 v. Chr.)
Mathematiker, Verfasser einer Ergänzung zu Euklids *Elementen*: über die Möglichkeit, regelmäßige Körper in eine Kugel einzuschreiben. Als Astronom war er der erste, der den Tierkreis in 360 Grade einteilte.

POSEIDONIOS AUS RHODOS (um 135–51 v. Chr.)
Griechischer Schriftsteller und Gründer einer Philosophenschule auf Rhodos, wo Cicero und Pompejus zu seinen Schülern zählten.

STRABO (um 58 v. Chr. – 25 n. Chr.)
Geograph. Bereiste einen großen Teil des römischen Imperiums und lieferte eine Beschreibung Alexandrias und des Museions. Seine *Geographica* schöpften ausführlich aus den Werken von Eratosthenes, Hipparchos und Posidonios.

PHILON VON ALEXANDRIA (zwischen 13 und 29 v. Chr. – 50 n. Chr.)
Jüdischer Philosoph aus der griechischen Diaspora, geboren und gestorben in Alexandria. Er versuchte aufzuzeigen, wie biblisches Gedankengut und hellenistisch-philosophische Doktrinen einander ergänzen, insbesondere die von Platon. Er übte einen starken Einfluß auf die Kirchenväter aus, vor allem auf die der alexandrinischen Schule.

SENECA (um 4 v. Chr. – 65 n. Chr.)
Lateinischer Philosoph, bei den Stoikern in die Lehre ge-
gangen. Apologet der Askese und des Verzichts auf irdische
Güter. Verfasser der *Trostschriften*, von moralischen Trakta-
ten, der *Naturales quaestiones*, Erzieher Neros, der ihm den
Befehl gab, sich die Pulsadern aufzuschneiden.

EPIKTET (um 50–130 n. Chr.)
Durch Nero freigelassener Sklave, bekehrte sich zur Philosophie der Stoiker und lehrte in der Öffentlichkeit. Durch Do-
mitian im Jahre 94 mit anderen stoischen Philosophen aus
Rom verbannt.

HERON VON ALEXANDRIA (1. Jh. n. Chr.)
Mathematiker und «Mechaniker», dem die Erfindung et-
licher Maschinen zugesprochen wird, unter anderem der
Springbrunnen mit Druckluft (Heronsbrunnen). Seine
Pneumatica erklären etliche Apparate und «Roboter», die
menschliches Tun simulieren und nach den Prinzipien der
Hydraulik funktionieren.

MENELAOS VON ALEXANDRIA (um 70–130)
Mathematiker, Verfasser einer Abhandlung über die sphärischen Dreiecke und ihre Anwendbarkeit auf die Astronomie.

MARINOS VON TYROS (Ende 1. Jh.)
Mathematiker und Geograph, von dessen Schaffen man nur
auf dem Umweg über Ptolemaios Kenntnis hat, der Marinos'
Arbeiten für seine *Geographie* nutzte.

KLAUDIOS PTOLEMAIOS (2. Jh. n. Chr.)
Universalgelehrter, geboren in Ptolemaïs in Oberägypten,
gestorben in Kanopos. Über sein Leben weiß man nichts, nur
daß er in den Jahren 127 bis 141 in Alexandria astronomische Beobachtungen machte. Sein überaus reiches Schrift-
tum hingegen gilt als die Krönung der antiken Naturwissenschaft. Seine *Syntaxis mathematike* – bekannter unter dem
Namen *Almagest* – blieb bis zu Kopernikus und Kepler im

16. Jh. das maßgebliche Werk der Astronomie. Darin führt er sein Weltsystem aus, ein mathematisches Modell, das von seinen astronomischen Beobachtungen Zeugnis ablegt.

In seiner *Geographie* beschrieb er die Projektionsmethoden, wodurch er erstmalig zu präzisen Landkarten gelangte. Zu seinen weiteren Werken gehören die unter dem Namen *Tetrabiblos* bekannte Abhandlung zu den Grundlagen der Astrologie und die *Harmonielehre* zur mathematischen Theorie der Töne.

GALENOS (von Pergamon, 129–ca. 216)

Arzt, in Pergamon geboren, in Rom gestorben. Sohn eines Baumeisters, der sein Studium in Alexandria fortsetzte und später durch sein Wissen die Hauptstadt des römischen Imperiums eroberte, wo er Leibarzt von Marc Aurel war. Durch das Sezieren von Tieren gelangen ihm wichtige anatomische Entdeckungen, insbesondere über das Nervensystem und das Herz. Er schrieb eine sehr große Zahl von Abhandlungen, doch ein großer Teil verbrannte im Jahre 192 in seiner eigenen Bibliothek, woraufhin er sie nochmals schrieb. Bis zur Mitte des 17. Jahrhunderts war sein Werk, das als Höhepunkt der griechischen Medizin galt, maßgebend.

DIOPHANTOS (um 250)

Mathematiker der alexandrinischen Schule, von dessen Leben wir so gut wie nichts wissen. Seine *Arithmetica* gelten als Höhepunkt der griechischen Algebra und übten gewaltigen Einfluß aus auf die Entwicklung der arabischen Mathematik.

PAPPOS VON ALEXANDRIA (um 290–350)

Der letzte der großen griechischen Geometer. Sein Hauptwerk sind die *Mathematicae collectiones* in acht Bänden.

THEON VON ALEXANDRIA (um 335–395)

Als Vorsteher des Museions von Alexandria lehrte er Mathematik und Astronomie. Kommentator des *Almagest* von Ptolemaios, der Werke Euklids und der Astronomie und Musik vermischenden Theorien. Vater der Hypatia.

HYPATIA VON ALEXANDRIA (um 370–415)
Mathematikerin, Astronomin und Philosophin, den Neuplatonikern zugerechnet. Geboren und gestorben zu Alexandria. Gilt als erste Märtyrerin religiöser Intoleranz gegenüber den Naturwissenschaften. Zu ihren Werken, die alle verloren sind, gehörten ein *Sternenkanon*, ein Kommentar zu den *Arithmetica* des Diophantos, ein Kommentar zu den *Kegelschnitten* des Apollonios von Perge und der von ihr herausgegebene dritte Band des *Kommentars zum Almagest des Ptolemaios* ihres Vaters Theon. Erhalten blieben nur ein paar Briefe des Synesios an Hypatia, in denen er ihren Rat erbittet zum Bau eines Astrolabiums und eines Hydroskops.

SYNESIOS (um 370–415)
Aus Kyrene stammender griechischer Philosoph. Schüler Hypatias, zum Christentum konvertiert und später zum Bischof von Ptolemaïs ernannt. Versuchte Platonismus und Christentum zu verbinden. Schrieb ein Traumbuch, Briefe an Hypatia, über das Geschenk eines Astrolabiums.

SIMPLIKIOS (um 500)
Neuplatonischer Historiker und Philosoph, der in Alexandria wirkte. Als Kommentator von Aristoteles und Epiktet versuchte er Platons und Aristoteles' Denken in Einklang zu bringen, widersetzte sich aber dem Christentum.

JOHANNES FAUSTUS (um 1480–1540)
Deutscher Arzt und Astrologe. Held zahlreicher literarischer und musikalischer Werke, wodurch er zu einer legendären Figur wurde.

NIKOLAUS KOPERNIKUS (1473–1543)
Polnischer Astronom, geboren in Thorn, gestorben in Frauenberg. Studierte in Krakau und Bologna Mathematik, Astronomie, Medizin und Jurisprudenz und wurde Kanoni-

kus in Frauenberg. Seine Freizeit widmete er der Astronomie; von 1507 an befaßte er sich mit den Fragen zur Bewegung der Planeten.

Er bewies, daß das geozentrische Weltsystem keine genaue Vorhersage der Bewegungen gestattete. Er verwarf die Theorie des Ptolemaios und nahm die Gedanken des Aristarchos von Samos wieder auf, der schon lange gesagt hatte, die Erde stehe nicht im Zentrum des Universums, sondern drehe sich um die Sonne wie die anderen Planeten auch. Kopernikus erklärte auch die tägliche Bewegung der Sterne durch die Rotation der Erde. Kurz vor seinem Tode im Jahre 1543 veröffentlichte er seine Theorien in Nürnberg, die unter dem Titel *De revolutionibus orbium coelestum* bekannt sind. Diese neue Konzeption, im folgenden Jahrhundert dann durch die Arbeiten von Kepler und Galilei erhärtet, führte schließlich zur Emanzipation der Kosmologie aus der Vormundschaft der Theologie.

Chronologische Tabelle
der Könige und Gelehrten

Politische Geschichte	*Kulturgeschichte*
331 v. Chr.: Gründung Alexandrias durch Alexander den Großen.	Tod des Aristoteles (322)
323: Tod Alexanders in Babylon. Sein Reich wird unter seinen Generälen aufgeteilt. Ptolemaios wählt Ägypten.	
317–307: Demetrios von Phaleron regiert in Athen, muß ins Exil.	
305–283: Regierungszeit von Ptolemaios I. Soter (Retter). Der ehemalige General Alexanders begründet die Dynastie der Lagiden und holt sich als Ratgeber in Regierungsgeschäften Demetrios von Phaleron.	Gründung von Museion und Bibliothek. Alexandria wird Zentrum hellenischer Kultur. Zenodot von Ephesos, erster Bibliothekar. Euklid, Mathematiker. Herophilos, Arzt.
283: Attaliden errichten Königreich Pergamon	
283–246: Regierungszeit von Ptolemaios II. Philadelphos (der seine Schwester Liebende). Heiratet seine Schwester Arsinoë II. Verbannt Demetrios.	Bau des Leuchtturms. Septuaginta (Übersetzung des Alten Testaments ins Griechische). Aristyllos, Astronom (um 275).

Politische Geschichte	Kulturgeschichte
	Timocharis, Astronom (um 275). Aristarch von Samos, Astronom (zwischen 280 und 264). Kallimachos, Dichter und Grammatiker.
263–241: Eumenes I., Herrscher von Pergamon	Apollonios der Rhodier, zweiter Bibliothekar.
246–221: Regierungszeit von Ptolemaios III. Euergetes (der Wohltäter). Alexandria ist die beherrschende Seemacht. Kontrolle über das östliche Mittelmeer und das Schwarze Meer.	Konon von Samos, Astronom. Archimedes, Mathematiker. Eratosthenes, Astronom, Mathematiker und Geograph.
241–197: In Pergamon wird Attalos I. Nachfolger von Eumenes. Verbündet sich mit Rom in seinem Kampf gegen die Nachbarstaaten.	Apollonios von Perge, Mathematiker.
221–204: Regierungszeit von Ptolemaios IV. Philopator (der seinen Vater Liebende). Schwach und grausam, wird verdächtigt, seinen Vater vergiftet zu haben.	Aristophanes von Byzanz, dritter Bibliothekar.
204–181: Regierungszeit von Ptolemaios V. Epiphanes (der sich offenbart).	

Politische Geschichte	Kulturgeschichte
König im Alter von 5 Jahren. Wird vergiftet.	
197–159: Eumenes II. regiert in Pergamon.	
181–170: Regierungszeit von Ptolemaios VI. Philometor (der seiner Mutter Freund ist). König im Alter von 5 Jahren mit seiner Mutter Kleopatra I. als Regentin.	
170–163: Ptolemaios VIII: Euergetes II., genannt Physkon (Schmerbauch). Bruder von Philometor. Gleich nach seiner Thronbesteigung verjagt er die Gelehrten aus dem Museion und verfolgt die Literaten.	Aristarch von Samothrake, Historiker, Bibliothekar.
163–145: Ptolemaios VI. Philometor kehrt auf den Thron zurück.	
145–144: Ptolemaios VII. Neos Philopator. Sohn von Philometor, ermordet am Tag, da seine Mutter seinen Onkel Ptolemaios VIII. heiratet.	Hipparch von Nikäa, Astronom. Hypsikles, Mathematiker.
144–116: Ptolemaios VIII. kehrt auf den Thron zurück.	

Politische Geschichte	Kulturgeschichte
133: Pergamon wird an Rom vererbt durch seinen letzten König Attalos III., der ohne Nachfolger starb.	Die Bibliothek von Pergamon wird von den Römern vereinnahmt.
116–107: Regierungszeit von Ptolemaios IX. Philometor Soter II, genannt Physkon (Fettwanst). Von seinem Bruder Ptolemaios X. verjagt, flüchtet er nach Zypern.	
107–88: Ptolemaios X. Alexander I. läßt seine Mutter ermorden. Soll das Grab Alexanders des Großen entweiht haben, um sich die Schätze anzueignen, verursacht dadurch einen Aufruhr, der ihn zur Flucht zwingt.	
88–80: Ptolemaios IX. übernimmt wieder die Macht.	
80: Ptolemaios XI. Alexander II. Sohn von Ptolemaios X., wird von Sulla als Regent eingesetzt und ermordet. Ende der legitimen Abkömmlinge der Ptolemaier.	
80–58: Ptolemaios XII. Neos Dionysos, genannt Nothos (Bastard) oder Auletes (Flötenspieler). Unehelicher Sohn von Ptolemaios X.	Posidonios von Rhodos, Geograph.

Politische Geschichte	Kulturgeschichte
58–55: Ptolemaios XII. im Exil in Rom. An der Macht ist seine Tochter Berenike.	
55–51: Rückkehr von Ptolemaios XII.	
51–47: Regierungszeit von Ptolemaios XIII. Dionysos, Sohn von Ptolemaios VII. König im Alter von 10 Jahren, verheiratet mit seiner Schwester Kleopatra VII. Läßt Pompejus ermorden.	
47: Julius Caesar führt Krieg gegen Alexandria. Ptolemaios XIII. ertrinkt im Nil. Caesar setzt Kleopatra auf den Thron und verheiratet sie mit Ptolemaios XIV., dem elfjährigen Bruder des vorherigen.	Brand der Bibliothekslagerhäuser.
44: Julius Caesar wird ermordet. Kleopatra, wieder in Alexandria, läßt den König vergiften.	
44–30: Ptolemaios XV. Caesarion (Caesarchen), Sohn von Caesar und Kleopatra, letzter König von Ägypten.	Marcus Antonius schenkt Kleopatra die Bibliothek von Pergamon.
30: Antonius stirbt, Kleopatra nimmt sich das Leben. Octavian läßt den Caesarion hinrichten.	Die Bibliothek von Alexandria wird öffentliche Einrichtung der römischen Provinz.

Politische Geschichte	Kulturgeschichte
Ende sämtlicher Ptolemaier. Alexandria wird Hauptstadt der römischen Provinz Ägypten.	Der «Priester des Museion» wird direkt vom Kaiser ernannt.

CHRISTLICHE ÄRA

Politische Geschichte	Kulturgeschichte
um 1–33: Lebenszeit Jesu. Beginn der christlichen Ära.	
37–41: Caligula römischer Kaiser. Wird nach schwerer Krankheit wahnsinnig. Ermordet. 41–44: Herodes Agrippa, König der Juden. Erster Verfolger der Christengemeinde.	Philon von Alexandria, Schriftsteller. Strabon, Historiker und Geograph. Seneca, Philosoph. Epiktet, Philosoph. Heron von Alexandria, Ingenieur.
2. Jahrhundert: Alexandria wird zu einem Zentrum der Christenheit.	
Jahrhundert der Antonine: Nerva (96–98), Trajan (98–117), Hadrian (117–138), Antoninus Pius (138–161), Lucius Verus (161–169), Marcus Aurelius (161–180), Commodus (180–192).	Menelaos, Mathematiker. Klaudios Ptolemaios, Astronom und Geograph. Galenos, Arzt.
Das sogenannte Goldene Zeitalter des römischen Imperiums endet mit dem Wahnsinn des Commodus.	Diophantos, Mathematiker.

Politische Geschichte	Kulturgeschichte
202: Christenverfolgung, befohlen von Septimius Severus.	Plotin, Porphyrius, Neuplatonische Philosophien
215: Schließung des Museion, verfügt von Caracalla.	
270–297: Plünderung und Zerstörung des Museumsviertels unter der Regierung von Aurelian und Diokletian.	Pappos, Mathematiker.
379–395: Theodosius herrscht über Byzanz (Konstantinopel).	
395: Gründung des byzantinischen Reiches. Arcadius Herrscher.	Theon, Mathematiker. Hypatia, Mathematikerin.
493–526: Theoderich, König der Ostgoten, herrscht über Italien. Beschützer der Kirche.	Philoponos, Philosoph.
570–632: Lebenszeit Mohammeds. Verläßt Mekka und geht 622 nach Medina (Hedschra). Geburt des Islam.	
616: Die Perser nehmen Alexandria ein.	
642: Emir Amr ibn al-As nimmt Alexandria ein. Muslimische Besatzung. Vernichtung der Bücher auf Befehl von Kalif Omar.	

«Gelehrte Fußnoten»

1 20. Januar 331 v. Chr.

2 Der Lehrsatz des Pythagoras lautet: Bei einem recht-winkligen Dreieck ist der Flächeninhalt des Quadrats über der Hypotenuse genausogroß wie die Summe der Flächeninhalte der Quadrate über den beiden Katheten. Insbesondere ist das Dreieck mit den Seitenlängen 3, 4 und 5 rechtwinklig, denn $3^2 + 4^2 = 5^2$ (9 + 16 = 25).

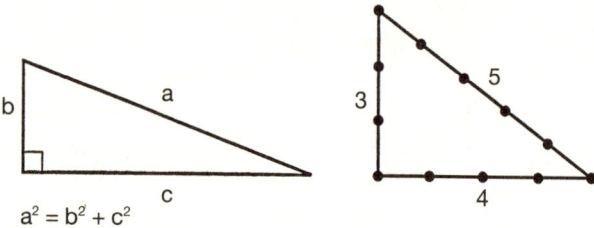

$$a^2 = b^2 + c^2$$

Das Theorem des Pythagoras und der Sonderfall des magischen Dreiecks.

3 Die ursprüngliche Formulierung des «Parallelenaxioms in Euklids *Elementen* (Buch I) weicht ab von der bekann-teren Version, die auf den schottischen Mathematiker John Playfair (18. Jh.) zurückgeht.

4 Um 270 v. Chr.

5 In Wirklichkeit ist die Sonne fast 400mal weiter von uns entfernt als der Mond (s. Anm. 7). Die Entfernung Erde-Sonne beträgt 150 000 000 km und die Entfernung Erde-Mond 384 000 km.

6 In Wirklichkeit ist der Durchmesser der Sonne (1 400 000 km) etwa 109mal größer als der Durchmes-ser der Erde (12 800 km), und ihr Volumen ist eine Mil-lion Mal größer.

7 Aristarch bestimmte das Verhältnis der Entfernungen Erde-Sonne (ES) und Erde-Mond (EM) durch Messung des Winkels, den die Geraden ES und EM bilden, wenn

der Mond im ersten Viertel ist. Aber zum einen ist es schwierig, den Augenblick, in dem die Mondscheibe genau halbiert ist, zu bestimmen, und zum anderen steht die Schattenlinie nicht exakt rechtwinklig. Deshalb irrte sich Aristarch: Er maß $\alpha = 87°$ anstatt $\alpha = 89,86°$. Daraus folgerte er: $ES/EM = 1/\cos 87° \sim 20$ anstatt $ES/EM = 1/\cos 89,86° \sim 400$. Wenn auch der von Aristarch errechnete Wert weit niedriger ist als der tatsächliche, so bewies er doch, daß die Sonne erheblich weiter entfernt ist, als man bis dahin angenommen hatte.

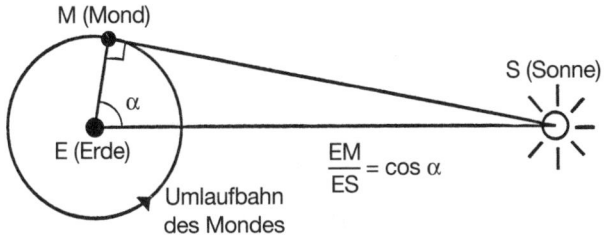

Das Verfahren des Aristarch zur Bestimmung der jeweiligen Entfernungen von Sonne und Mond.

8 Die Denkaufgabe, die Archimedes seinem Freund Eratosthenes und den Mathematikern in Alexandria stellte, bestand darin, die Gesamtzahl der Tiere in einer gedachten Herde von «Sonnenrindern» zu finden, und zwar aufgrund des zahlenmäßigen Anteils der verschiedenen Arten innerhalb dieser Herde: schwarze, weiße, braune und gefleckte Stiere und schwarze, weiße, braune und gefleckte Kühe. Er ließ sie nur wissen, daß die Anzahl sämtlicher weißen und schwarzen Tiere eine Quadratzahl ergeben müßte und die Anzahl sämtlicher braunen und gefleckten eine Dreieckszahl. Dieses «Rinderproblem» ist so teuflisch, daß Archimedes selbst davor zurückscheute: Er nannte keine Lösung. Heute weiß man, daß sich eine 120 000stellige Zahl ergeben würde.

9 Das heutige Assuan.

10 1 Myriade = 100 000.

11 Erst im 19. Jahrhundert entdeckten die Mathematiker, daß allein das Parallelen-Axiom die euklidische Geometrie kennzeichnet. Verzichtet man darauf, erhält man eine andere, eben nichteuklidische Geometrie. Sie ermöglicht die Vorstellung eines gekrümmten Raumes. Im 20. Jahrhundert bemerkte Einstein aufgrund seiner Allgemeinen Relativitätstheorie, daß sich der kosmische Raum durch eine solche nichteuklidische Geometrie beschreiben läßt.

12 Die Primzahlen faszinieren seit der Zeit der Pythagoreer. Eine Zahl ist eine Primzahl, wenn sie nur durch sich selbst teilbar ist. Das Sieb des Eratosthenes ist ein Verfahren zur Bestimmung der Primzahlen. Dazu denkt man sich alle ganzen Zahlen aufgeschrieben, um sie «auszusieben». Beginnen wir mit der 2, der nach 1 kleinsten Zahl; sie ist eine Primzahl. Wir streichen alle ihre Vielfachen: 4, 6, 8 etc. Die erste nicht gestrichene Zahl ist die 3 – eine Primzahl. Jetzt streichen wir deren Vielfache: 6, 9, 12, 15 etc. Die erste nicht gestrichene Zahl ist die 5. Und so geht es weiter, unendlich lang ... Mit dem «Sieb des Eratosthenes» lassen sich beispielsweise recht leicht die vierundzwanzig Primzahlen unter 100 finden: 2, 3, 5, 7, 11, 13, 17 ... 97.

13 Wenn die Sonnenstrahlen senkrecht auf Syene fallen, bilden sie in Alexandria einen Winkel α mit der Erde (dieser Winkel läßt sich aus der Länge d des Schattens berechnen, den ein senkrecht stehender Stab der Länge h wirft). Dieser Winkel entspricht dem Bogen zwischen Syene und Alexandria (Satz von der Gleichheit der Wechselwinkel). Eratosthenes fand einen Winkel von 7,2°, d. h. 1/50 des Kreises (50 x 7,2° = 360°). Der Erdumfang beträgt also das 50 fache des Abstands zwischen Syene und Alexandria.

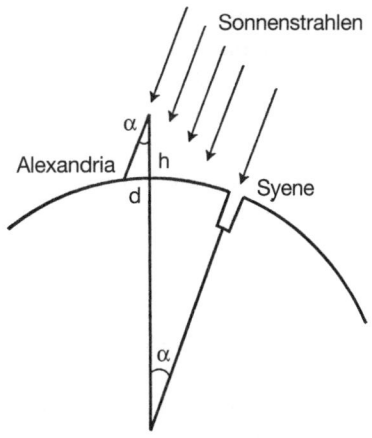

Sonnenstrahlen

α

Alexandria

h

d

Syene

α

Methode des Eratosthenes zur Bestimmung des Erdumfangs

14 In der Antike gab es mehrere «Stadien» genannte Einheiten; die gebräuchlichste war das «olympische Stadion», das 157,70 Meter betrug. Die von Eratosthenes errechneten 250 000 Stadien entsprachen also 39 375 km. Die Abweichung vom richtigen Wert beträgt weniger als 1 %! Damit die Überlegung zutrifft, müssen Syene und Alexandria auf demselben Längengrad liegen. Eratosthenes wußte, daß es besonders große Kreise gibt, die auf der kugelförmigen Erde leicht zu erkennen sind: die von Nord nach Süd verlaufenden Meridiane. Für seine Berechnung wählte er den bekanntesten Meridian, den von Rhodos, der durch Alexandria und Syene verläuft und ziemlich genau dem Nil folgt. Der Nil fließt zwar näherungsweise geradlinig von Süden nach Norden, weicht aber etwas nach Osten ab, was Eratosthenes wußte, wie seine Karte von Ägypten beweist. Doch diese Abweichung ist verschwindend gering, und das erklärt die erstaunliche Präzision der Ergebnisse.

15 Das Wort Pergament stammt von griech. pergamênè = Pergamonhaut.

16 Kallimachos-Gedicht, übers. v. Catull (Catulli carmina 66). Übers. Pressel-Hertzberg 52–62.

17 Diese von Hipparchos errechneten «Sonnen- und Mondtafeln» sind die Vorläufer unserer trigonometrischen Tafeln mit Sinus und Cosinus der Winkel.

18 Das Phänomen der Präzession der Äquinoktien fand erst zweitausend Jahre nach Hipparchos eine Erklärung mit Newtons Gravitationsgesetz. Weil die Anziehungskraft von Mond und Sonne beide auf den Erdkreisel wirken, ändert die Drehachse der Erde ihre Richtung im Raum: Sie beschreibt sehr langsam einen Kegel, in einem Zeitraum von fast 26 000 Jahren, was etwa 50,3 Bogensekunden pro Jahr entspricht (ein vollständiger Umlauf entspricht 360°, wobei jeder Grad unterteilt ist in 60 Bogenminuten und jede Minute in 60 Bogensekunden). Die von Hipparchos gemessenen 46 Bogensekunden kommen dem modernen Wert folglich sehr nahe.

19 Das heutige Menchiyeh in Oberägypten.

20 Ptolemaios' *Mathematike syntaxis* wurde im 9. Jahrhundert von Thabit ibn Qurra ins Arabische übersetzt und trug in der Folgezeit den Namen *Almagest*, was «das Größte» bedeutet.

21 Der Prophet verließ Mekka am 16. Juli 622. Diese Auswanderung, die arab. hiğra (Hedschra oder Hidschra) heißt, gilt als Beginn der islamischen Ära.

22 Um 370 n. Chr.

23 Die berühmteste Abhandlung zur Musik aus der Antike, die wir dem antiken Philosophen Nikomachos von Gerasa verdanken, benennt die Stufen der heptatonischen Tonleiter: Hypate, Mese, Nete etc. Diese Stufen führten zu jener Harmonie, die man der Welt der Gestirne zusprach. Die Hypate, die erste Stufe der Tonleiter, entspricht unserem heutigen Grundton, der Tonika.

24 22. Dezember 642.

25 Das Wort «Minarett» stammt vom arabischen *manāra* = Leuchtturm.

Danksagung

Bei der Ausarbeitung dieses Buches war André Balland mein Demetrios von Phaleron und Olivier Ikor mein Stab des Euklid. Die Fondation des Treilles war mein Museion von Alexandria, denn auch ihre Fürsten ermöglichen es Gelehrten und Dichtern, dank (erlesener) Kost und Logis in aller Ruhe die Geheimnisse des Universums auszuloten – wie einst die Ptolemaier. Wie soll man solchen Fürsten danken?